高等职业院校人力资源管理专业全国统编教材

管理基础与实务

全国人力资源和社会保障职业教育教学指导委员会组织编写

主　编：李依璘
副主编：王亚娟　李　霞　许　茜　张　慧
　　　　胡明慧　桂润楠
主　审：刘璐宁

中国劳动社会保障出版社

图书在版编目（CIP）数据

管理基础与实务/李依璘主编. -- 北京：中国劳动社会保障出版社，2021
高等职业院校人力资源管理专业全国统编教材
ISBN 978-7-5167-4649-3

Ⅰ.①管…　Ⅱ.①李…　Ⅲ.①管理学-高等职业教育-教材　Ⅳ.①C93

中国版本图书馆 CIP 数据核字（2021）第 032675 号

中国劳动社会保障出版社出版发行
（北京市惠新东街 1 号　邮政编码：100029）

*

三河市潮河印业有限公司印刷装订　　新华书店经销

787 毫米×1092 毫米　16 开本　21.25 印张　378 千字
2021 年 4 月第 1 版　　2021 年 4 月第 1 次印刷
定价：45.00 元

读者服务部电话：（010）64929211/84209101/64921644
营销中心电话：（010）64962347
出版社网址：http://www.class.com.cn

高等职业院校人力资源管理专业全国统编教材编委会

序

“高等职业院校人力资源管理专业全国统编教材”与读者见面了。这套教材是全国人力资源和社会保障职业教育教学指导委员会（以下简称人社行指委）组织编写的第一套针对高职院校人力资源管理专业的综合性教材，是人力资源管理专业学生的参考教材和学习资料。

一、教材组织编写的背景

习近平总书记指出“人才是实现民族振兴、赢得国际竞争主动的战略资源”，党的十九大报告明确提出“人才强国”战略，对新时代高等职业院校人力资源管理专业人才培养提出更高要求。

我国在高等职业院校开设人力资源管理专业 30 多年，该专业规模大、布点多。教育部公布的最新数据显示，全国开设人力资源管理专业的本专科院校共有 750 所，其中高职院校 288 所，平均每五个院校就有一所开设人力资源管理专业，毕业生规模为每年 1.2 万~1.4 万人。为满足迅速发展起来的人力资源管理专业教学需要，有关部门和高校组织编写了一系列教材，为这一专业的教学、人才培养、学科发展做出了贡献。但应该看到，由于我国人力资源事业发展变化较大、教材编写人员水平参差不齐等，人力资源管理专业教材建设从总体上讲还相当薄弱，存在体系不健全、内容陈旧、大量交叉重复等问题。这些问题不解决，不仅影响教学活动的顺利进行，而且影响这一专业的健康发展。

2015 年教育部印发了《普通高等学校高等职业学校（专科）专业目录》，为了更好地培养符合经济社会发展需求的高职人力资源管理专业人才，人社行指委受教育部委托，在对人力资源管理相关行业、企业、学校及毕业生展开广泛调研的基础上，组织全国相关院校优秀专家对人力资源管理专业教学标准进行了修订，并于 2019 年由教育部正式公布执行。

2019 年，人社行指委副主任委员单位北京劳动保障职业技术学院牵头组织的人力资源管理专业教学资源库已经正式列入国家职业教育资源库，并上线运行。人力资源管理专业教学资源库的建设和应用主要满足在校学生的学习需求、教师的教学及专业建设需求、社会学习者的自我学习及科普需求，建立在校学生学习资源中心、教师课程建设实践中心和社会学习者科普中心。在“互联网+”的应用模式下，建立与各学习中心相匹配的定制化学习路径，从而满足用户在PC端、平板端和手机端等各种工具的随时随地学习需求。

鉴于以上背景，基于对人力资源管理专业及这一专业人才培养高度负责的精神，人社行指委组织全国高等职业院校的优秀专家学者，编写了这套“高等职业院校人力资源管理专业全国统编教材”。

二、教材组织编写的原则

这套教材在编写伊始，即确定了五项编写原则：

1. 紧扣专业教学标准，突出职业教育特色。根据人力资源管理专业教学标准的培养目标及其对知识体系的要求，确立完整的课程体系和教材体系，充分满足该专业的学历教学和专业人员知识培训的需要。

2. 突出理论与实践相统一，强调实践性。适应项目学习、案例学习、模块化学习等不同学习方式和要求，注重以真实项目、典型任务、案例等为载体组织学习单元。

3. 立足现实，反映前沿，力求创新。在教材建设中，既反映已经成熟或公认的理论与学术思想，又能够反映具有代表性的人力资源领域的最新理论、最新技术和方法，在理论体系、结构框架、体例格式和写作风格上有自己的特色。

4. 立足高起点、权威性。为确保这一目标的实现，主编一般为教学经验丰富的一线人力资源管理专业教师，多位主编是人力资源管理专业国家级教学资源库的相应课程负责人，以确保教材能够满足适用性、权威性和先进性的要求。审稿人全部是人力资源管理领域的权威专家，由他们对大纲和成稿进行把关，以确保教材的理论性、系统性和科学性。

5. 线上线下，衔接开发。在教材开发上，与人力资源管理专业国家教学资源库配套开发，在课程设置、案例选用上充分发挥教学资源库的作用，使教师在使用教材的同时可以在教学资源库中找到相应的素材辅助教学，实现教材与教学库资源的配套使用。

三、教材的体系设计

本套教材的体系设计紧紧围绕人力资源管理专业教学标准的要求，请教学标准的执笔专家、审定专家进行解读，整理归纳出要开设的基础课和专业核心课，并与人力资源管理专业国家教学资源库相匹配。全套教材共13种，具体是《人力资源管理基础》《招聘与测评实务》《薪酬管理实务》《绩效管理实务》《培训管理实务》《劳动法理论与实务》《人力资源服务实务》《人力资源管理专业文书》《管理基础与实务》《员工关系管理实务》《组织行为管理实务》《劳动经济基础》《人力资源第三方服务实训》。

人力资源管理专业建设还处于逐步完善阶段，在人力资源事业发展过程中还会不断出现新情况、新问题。这套教材的编写也只能是反映人力资源事业发展的阶段性成果。希望广大人力资源管理专业教师和学生多提宝贵意见和建议，我们将在今后的修订改版过程中不断更新教材内容，提高教材水平，打造人力资源管理专业领域的精品教材，为人力资源管理专业学生能力和素质提升提供有力支持。

高等职业院校人力资源管理专业全国统编教材编委会

2021 年 1 月

前　言

《管理基础与实务》是人力资源管理专业及其相关专业必修的专业基础课程，全书紧紧围绕管理的计划、组织、领导、控制、创新等职能展开各项目内容，旨在培养学生通过了解和掌握管理学的基本原理及规律，树立现代管理理念，掌握管理的基本方法和技术，培养管理意识和创新意识，注重理论联系实际，具备一定的分析与解决人力资源管理实际问题的能力。

北京劳动保障职业学院作为全国人力资源和社会保障职业教育教学指导委员会副主任委员单位，自2017年开始主持申报教育部人力资源管理专业教学资源库，当年被列入备选库，2019年被正式列入国家专业教学资源库。《管理基础与实务》即为该资源库中的一门标准化课程，经过4年多的建设，目前本门课程已有近300个静、动态教学教辅资源，含文档资料、PPT课件、动画、微课、微视频等，能满足在校学生、社会学习者的学习和提升需求，随着每年的新增，确保课程内容与时俱进。

鉴于上述背景，本着满足高职人力资源管理专业管理基础与实务课程理实一体化教学改革、配合人力资源管理专业国家教学资源库开展线上线下混合教学的需要，我们组织编写了本教材。同时，本教材也是全国人力资源和社会保障职业教育教学指导委员会组织编写的高等职业院校人力资源管理专业全国统编教材之一。

教材内容的选取充分体现了基于工作过程的职业教学课程开发理念，本着“理论适度”的原则，紧密结合《企业人力资源管理师国家职业技能标准（2019年版)》中四级、三级的要求，围绕企业人力资源岗位通用管理能力，结合企业招聘专员、培训专员、绩效专员等岗位职责和主要工作内容展开，按照项目模块化编写。全书内容共分为六个项目，涵盖管理认知、周密计划、高效组织、领导激励、有效控制及管理变革与创新。

教材编写分工如下：四川工商职业技术学院张慧负责编写项目一、四川工商职业技术学院李霞负责编写项目二、四川工商职业技术学院许茜负责编写项目三、四川工商职业技术学院李依璘负责编写项目四、四川工商职业技术学院王亚娟负责编写项目五、芜湖职业技术学院胡明慧和桂润楠负责编写项目六。全书由李依璘统稿。

本教材具有以下特点：

1. 基于能力培养的行动体系导向课程，突出职业能力训练。将传统的基于理论知识的学科体系重构为基于能力培养的行动体系的导向课程，体现“做中学、学中做”，实现理实一体化。

2. 以任务为导向的内容编排，强化以学习者为中心，组建学习共同体的任务完成教学方式。每个项目由案例导入，提出问题，引出本项目知识任务、技能任务和素质任务，通过知识准备，学习相关理论知识，为团队任务做好理论铺垫，通过团队任务来强化基本理论知识，拓展学生团队的管理技能，通过精心设计任务目标、任务要求、任务准备、任务实施、任务记录、任务成果、任务反思、任务评价来形成任务训练闭环，提升学生理论联系实际、学以致用的解决问题能力。

3. 教材通过管理小知识、管理小案例、管理小故事、管理小游戏、趣味小测试以及习题练习紧密结合职场管理实际，训练学生应对未来职场挑战的能力。

4. 与教学资源库配套，嵌入信息化教学资源，满足线上线下混合教学需要。本书为人力资源管理专业国家教学资源库的配套教材，教材内容与资源库有效衔接，既促进了资源库的应用，也满足了线上线下混合教学的需要。

5. 紧扣管理实践最新发展成果，体现管理学科与时俱进的改革与创新。在 2020 年全民抗疫的大背景下，教材有针对性地引入了直播带货、线上办公、共享员工等最新管理实践，以培养学生的变革意识和创新精神。

本书广泛吸取和参考了国内专家同行最新的管理学术研究和管理咨询成果，在引注中予以列入，在此表示诚挚的谢意。教材从立项启动到出版，得到全国人力资源和社会保障职业教育教学指导委员会高尚秘书长，以及国内知名管理咨询专家康士勇、王贵军、刘璐宁和北京劳动保障职业学院李琦教授的大力支持，并为本书提出诸多指导性建议，在此一并致谢！

囿于编者水平，书中不足甚至错误之处在所难免，我们真诚恳请职教界同行、企业界朋友及广大读者对本书批评指正。

编者

2021 年 3 月

目录

CONTENTS

项目一　管理认知　001
●任务一　初相识——认知管理　002
●任务二　又相知——认知管理者　013
●任务三　再续缘——管理理论溯源　021
项目二　周密计划　035
●任务一　知己知彼——环境分析　038
●任务二　运筹帷幄——进行决策　056
●任务三　粮草先行——制订计划　071
项目三　高效组织　090
●任务一　挖地基——认识组织结构　093
●任务二　造楼房——设计组织结构　115
●任务三　搞装修——运作组织　134
项目四　领导激励　148
●任务一　雾里看花——领导风格　151
●任务二　士为知己者死——激励运用　166
●任务三　求同存异——有效沟通　179
●任务四　众人拾柴火焰高——团队建设　210

目录

CONTENTS

项目五　有效控制　229

●任务一　欲善其事——管理控制过程　232

●任务二　必利其器——选择控制方法　247

项目六　管理变革与创新　273

●任务一　冲破藩篱——组织变革　275

●任务二　迭代成长——组织创新　293

同步训练题答案　316

项目一

管理认知

【项目内容】

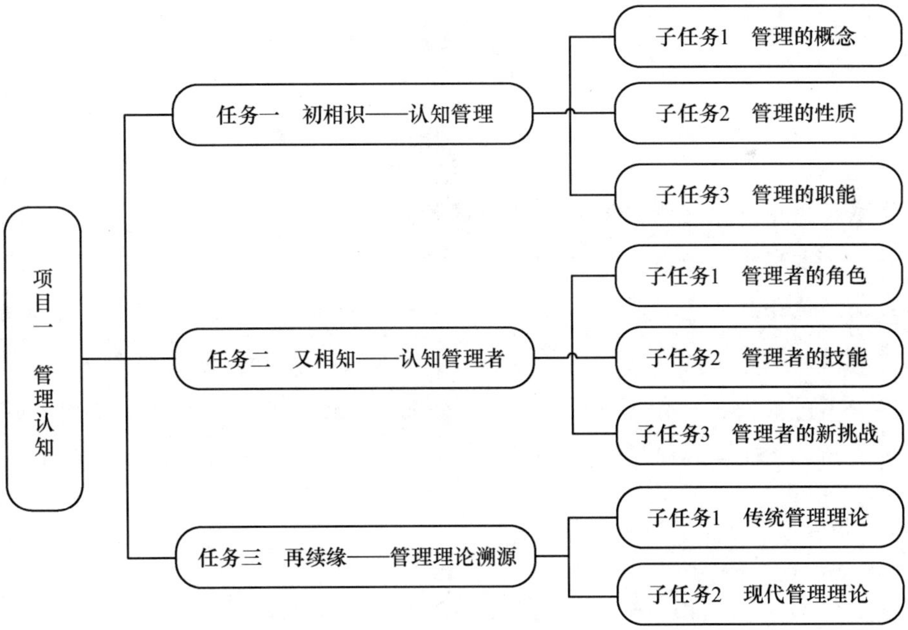

【项目理论】

1. 管理的相关概念。
2. 管理者的角色与技能。
3. 传统管理理论。
4. 现代管理理论。

【项目重难点】

重点：管理的相关概念。
难点：科学管理。

【项目成果】

1. 初步认识管理。
2. 掌握管理者的角色与技能。
3. 熟悉管理理论发展。

【项目导入】

木桶效应

所谓木桶效应，就是借用木桶描述系统论。木桶代表系统，一块块木板代表一个个子系统。当木板长短不齐时，木桶装水量取决于最短的板子，而不是最长的板子。这告诉我们系统论的一个哲学观点：某一子系统最优并不代表整体最优，必须所有子系统同步发展，动态均衡，整个系统功能才能更完备。此外，如果整个木桶的木板质地优良，但不同板块之间有缝隙，还是一样会漏水。这说明，子系统还必须紧密配合，即不仅所有的子系统要共同进步，还要配合紧密，这样才能达到 1+1>2 的效果。

任务一　初相识——认知管理

管理就是让别人去做自己想做的事情，并且别人愿意去做。

＊知识任务

1. 了解管理的概念。
2. 了解管理的性质。
3. 了解管理的职能。

＊技能任务

能够明确管理的不确定性。

＊素质任务

养成具体问题具体分析的能力。

任务导入

谁来承担损失

田野是某大学的一名大学生，为了准备全国英语六级考试，他在A书城购买了一本历年全国英语六级考试全真试题，没想到准备做试题时却发现，该书缺页多达40页。无奈之下，他只好找出购书时电脑打印的列有所购书名的付款小票，准备去调换一本。

到了书城，田野直接到总服务台说明了情况。营业员甲接过书和付款小票看了看，说："没问题，可以调换。请您直接去5层找营业员调换。"随即，田野来到5层，找到相应专柜的营业员乙。营业员乙马上在书架上找，结果却发现该书一本都没有了，于是对田野说："这本书已卖完了，不知仓库里有没有，你去总服务台问问。"此时，田野显得有些不耐烦了，问营业员乙为什么不能帮助顾客联系解决，而要顾客楼上楼下来回跑。营业员乙一边抱怨一边打电话给总服务台说："书架上已没有该书，请你们处理吧。"田野一脸无奈，只好再次跑下楼去找总服务台。

没想到总服务台营业员甲查完电脑记录后，告知田野该书已脱销，现在厂家也没有此书了。田野十分生气，本来只想调换一本，结果自己楼上楼下来回跑的结果却是一本没有。他要求退书，可是营业员甲说："退书必须在购书7日之内，您所购书是8天前买的，我们不能给您退。"田野此时已气愤之极，买了一本缺40页的书本来已经够恼火了，专门来调换却没有书可换。于是，他找到书城负责人理论说：“我从你们书城买的书缺了40页，我是来换书的，并不想来退书，可现在因为该书脱销你们不能给我换书我才退书的。”书城负责人不无遗憾地说：“这是单位规定，超过7天不给退，只能换。”田野据理力争道：“如果因为我个人的原因在7天之后要求退书，你们可以不退。但现在不是因为我的原因，而是你们卖给我的书少了40页，而该书又脱销，你们没有理由不给退。”书城负责人说：“不是我们不给你换，是没有书可换，我也没有办法，超过7天我们不予退书，要退，你找出版社去。”此时，围观的人越来越多，人们纷纷谴责书城负责人的做法。

请根据以上文字内容，思考书城负责人的做法是否有错，管理的本质是什么？

知识准备

一、管理的概念

管理活动自古即有，追溯起来源远流长，可以认为与人类群体相伴相生，与人类文明一样悠久。但是管理学作为一门跨学科的边缘科学和应用科学，是在20世纪初期诞生的。所以管理活动是一项古老的活动，而管理学是一门融合了社会学、心理学、行为学、人类学、政治学、经济学、数学、统计学、计算机科学等众多学科的年轻的学科。

对于管理的概念，一直以来不同的管理学派有不同的解读，从不同的角度出发，对管理又可以有不同的理解（见表1-1）。我们认为，管理是一个过程，是一个组织或个人为了实现组织的目标所采取的最有效、最经济的行动，是对行动的计划、组织、领导、激励和控制。管理的实质是协调，在于围绕共同目标解决矛盾，协调力量，形成一致。

表1-1　　不同管理学派对管理的解读

学派	解读
管理过程学派	管理就是实行计划、组织、指挥、协调和监督
科学管理学派	管理就是效率
行为科学学派	管理就是对人的管理
决策理论学派	决策贯穿管理的全过程，管理就是决策
管理科学学派	管理就是用数学模型与工具来表示计划、组织、控制、决策等合乎逻辑的程序，求出最优的解答，以达到组织的目标

因此，我们需要了解管理活动包括哪些基本要素。

1. 管理的主体

管理的主体是要解决由谁来管理的问题。在一个组织中，我们认为管理者是“大脑”，整个组织就是身体，那么身体如何行动以及行动是否成功，很大程度上依赖于大脑的活动。因此，一个组织是否能够有效运行，也在很大程度上依赖于管理者的决策。

2. 管理的客体

管理的客体是要解决管理什么的问题。虽然人是管理的核心要素，但是没有资源，没有组织架构，人也无法发挥应有的作用。因此，管理是组织活动的产物，没有组织就没有管理。只有组织存在，管理才会有存在的必要，而随着现代生活的发展，组织越复杂，管理就显得越重要。

3. 管理的环境

管理的环境是要解决在哪里管理的问题。一切事物都离不开环境，特定的环境会产生不同的结果，因此在讨论管理的时候也需要考虑环境的因素。由于外在环境的不断变化与不确定性，管理者必须能够洞察环境、利用环境、适应环境甚至改造环境，只有这样，才能很好地引领组织走向成功；反之，组织则会走向毁灭。

4. 管理的目标

管理的目标是要解决为什么管理的问题。如果没有目标，就会盲目，这样只会造成组织资源的浪费。管理本身就是为了降低企业成本，管理是有目标的行为，管理的目标就是实现组织的目标。任何组织想要有序运行，都必须制定一个切实合理的组织目标，并使组织的所有活动围绕目标而展开，这样管理才会有效。

5. 管理的手段

管理的手段是要解决怎样进行管理的问题。管理的职能就是管理的手段。一般认为管理的基本职能包括计划、组织、领导、激励和控制等。管理活动是一个动态过程，必须要将这些职能有机地结合起来，贯穿整个管理活动的始终，才能实现有效的管理过程。

由于环境的不断变化，管理具有很强的不确定性，也就体现了管理是一个过程的特点。环境发生变化，管理的方式方法就要跟着发生变化，因此我们认为管理也是不可预见的，是不可控的。

管理小故事

管理的不确定性

在商业社会，不确定性的趋势愈发明显。以东芝为例，2007 年 2 月 19 日，东芝公司宣布停止 HD DVD 播放器及录像机的开发和生产。东芝公司社长西田厚聪表示，东芝之所以决定退出 HD DVD，并非因为 HD DVD 没有技术优势，而是由于市场环境的突然变化。他指出，华纳兄弟公司 1 月 4 日突然宣布只支持蓝光格式的决策让东芝始料不及，并成为东芝放弃 HD DVD 的主要原因。对于东芝而言，此举虽然无奈，却也相当明智。

乔治·马歇尔说："只要目标正确，连一个尉官也能制定战略。"但问题在于，这是一个充满不确定性的社会，预期与实际结果之间往往并不一致。

在当今的商业环境中，不确定性的特点日益突出。竞争对手就有很强的不确定性，一些看起来完全不可能的企业会在某一日忽然成为对手。比如，就在很多年之前，有多少人料到诺基亚会成为柯达的对手，而微软又会成为诺基亚的对手？

对于如何驾驭不确定性，管理学者们已有许多研究，从大的原则上可以概括为 16 个字：周密计划、敏锐把握、灵活应对、果断抉择。

1. 周密计划

商业活动越来越像战争。就战争而言，周密计划是取胜的必要前提，自古至今无不如此。现代军事理论就认为，战争的成功很大程度上取决于先进而周密的作战计划，因此，一般在战争发起前数月，国家首脑会向国防部布置拟制作战计划的任务，由国防部组织各军种及有关战区司令部的指挥官研究、讨论并确定初步方案，方案经国家首脑批准后，才开始着手拟制详细的作战计划。作战计划制订后，也要不断进行修改和完善，有时还通过演习对作战计划进行检验，并根据演习结果做进一步完善。企业也应如此，在每个重大商业活动前都应制订周密计划，充分考虑方方面面的因素以及各种各样的可能性。

2. 敏锐把握

俗话说，计划没有变化快。再完善周密的计划也不可能不遇到变化，因为总有一些因素是计划制订者自身无法控制的。企业要做的就是敏锐把握这些可能会影响到其计划实施的因素，但这一点其实是知易行难的。对于显著的变化，企业领导人或某个具体计划的负责人一般都不会漠视，但有些变化却是隐性的、累积的、加速的，等到被发现时已经扑面而来，躲闪不及。仅仅依靠少数人的力量很难做到总能敏锐把握变化，因此，如何克服麻痹，如何动员企业大多数员工的力量去了解变化并迅速有效地将相关情况反馈到相关人员那里，这些是企业应予以足够重视的。

3. 灵活应对

古今中外，凡善用兵者无不强调灵活。毛泽东的游击战思想是典型之一，他提出的“敌进我退，敌驻我扰，敌疲我打，敌退我追”就是最浓缩的概括。许多大企业也都强调灵活敏捷，这其中就包括灵活应对各种不确定性。以松下为例，松下与日立合资的 IPS 阿尔法科技公司公布了新的八代液晶面板生产线建设计划。有分析师指出，这标志着松下终于迈出了从等离子向液晶转型的关键一步。在此之前，松下曾多次表示坚持其等离子发展战略。然而，市场情况的发展却是松下始料未及的，过去两年等离子电视制造商的收入大幅下降。2007 年情况进一步恶化，全球液晶电视出货量达到 7 200 万台，远远超过了等离子电视。正是在这个背景下，松下才不得不作出调整。为了灵活应对不确定性，一些企业采取了“战略备份”的做法。当年，微软在决定重点发展 Windows 操作系统时，仍同时进行 MS-DOS 和 OS/2 的开发，原因就是它看不透市场的前景。当然，这种做法也有其弊端，可能造成资源的分散和浪费，这就需要企业根据自身情况去权衡得失了。

4. 果断抉择

某些变化的出现，并不足以对企业或企业的某个计划产生根本性影响，在这种情况下，企业只需进行相应的调整即可。然而有些变化却恰恰相反，也就是说，由于这些变化的出现，原有计划或战略已失去了继续实施的依据。在这种条件下，企业就应果断抉择，以短痛避免长痛，东芝正是如此。尽管东芝在 HD DVD 上投入很大，但随着华纳兄弟公司的倒戈，东芝再坚持下去前景也不会很妙，“断腕”成了最佳选择。类似这样的例子不论正反都有许多，戴姆勒·奔驰公司并购克莱斯勒后艰难地整合了数年，最终还是不得不放弃克莱斯勒。这其中虽有诸多方面的因素，但显然没有果断抉择已给戴姆勒·奔驰公司造成巨大损失。

显而易见，确定性是非常态，不确定性才是常态，我们不能用非常态的确定性去理解和驾驭常态的不确定性。

二、管理的性质

1. 管理的二重性

管理的二重性是指管理的自然属性和社会属性。

第一，管理的自然属性是指管理是由许多人进行协作劳动而产生的。因此，管理的自然属性体现在两个方面：一是管理是社会劳动过程的一般要求。管理是社会化生产得以顺利进行的必要条件，它与生产关系、社会制度没有直接联系。二是管理是由社会分工所产生的社会劳动过程的一种特殊职能。只有管理才能把生产过程中各种要素组合起来并发挥作用，这也与生产关系、社会制度没有直接联系。

马克思曾经说过："一个单独的提琴手是自己指挥自己，一个乐队就需要一个乐队指挥。"因此，我们可以认为这是合理组织生产力的属性，是有效组织共同劳动所必需的。

第二，管理的社会属性是指管理是处理人与人之间关系的行为。因此，管理要受到一定的生产关系、社会制度的影响与制约，管理作为一种社会活动，只能在一定的社会历史条件下和一定的社会关系中进行。管理具有维护和巩固生产关系、实现特定生产目的的功能。

2. 管理的科学性与艺术性

管理的科学性与艺术性是指管理既具有科学性同时又具有艺术性。

第一，管理的科学性是指管理作为一门学科是被管理学家发现的，而不是制定出来的。这是因为管理工作具有客观规律性，人们通过长时间的实践与积累，探索到了这些理论，时至今日，管理已经形成了一整套系统的理论体系，管理学是由许多概念、原理、基本原则组成的知识体系。管理必须遵守一定的原则和方法，它是一门科学，且已形成学科。

第二，管理的艺术性是指由于环境的变化而充满了各种不确定性，管理学并不能为管理者提供一套解决一切问题的标准答案，管理活动必须强调实践性，即必须从实际出发，具体情况具体分析，充分发挥管理者的创造性与主观能动性。管理的最高检验标准是绩效，而不是知识或理论。管理者在管理工作中仅凭书本上的管理理论和方法是不能保证成功的，必须在实践中发挥积极性、创造性和灵活性，因地制宜地将知识与实际工作结合起来，才能有效管理。

哈罗德·孔茨指出："管理工作，如同医学、作曲、工程设计、会计工作甚至棒球运动等实践活动一样，是一门艺术。管理是技巧，即依据实际情况而行事。运用条理有序的管理学知识，管理人员会把管理工作完成得更好。而且也正是这种知识构成了科学。因此，管理实践是一门艺术，而指导这种实践活动的有条理的知识，可以称为一门科学。"

管理小故事

宝洁公司的尿布

宝洁公司是美国生产婴儿尿布的龙头企业，历史悠久，很多美国人都是屁股上包着宝洁公司生产的尿布长大的。20 世纪 80 年代，宝洁公司决定用在美国市场上最受欢迎的婴儿尿布来开拓中国香港市场和德国市场。

在一般的情况下，宝洁公司的产品每进入一个市场，都要经过“实地试营销”，以便发现和解决存在的各种问题。但这一次宝洁公司却胸有成竹地认为：“尿布就是尿布，婴儿尿布就是婴儿尿布，这种尿布已经在美国畅销多年，受到极其普遍的好评。因此，直接进入中国香港和德国的市场是绝对不会有任何问题的。不管是中国香港的婴儿也好，德国的婴儿也好，都是婴儿，都要尿尿，都需要尿布，不会有什么问题的。”非常遗憾，宝洁公司失算了。它没有想到，不同国家和地区的人们在使用婴儿尿布的习惯上，存在着很大的差异。

中国香港的消费者反映，宝洁公司的尿布太厚，没有必要。德国的消费者却反映，宝洁公司的尿布太薄，吸水性能不足。同样的尿布，怎么可能同时出现“太厚”与“太薄”这两种截然不同的反映呢？宝洁公司进行了详细的调查。最后发现，婴儿一天的平均尿量虽然大体相同，但婴儿尿布的使用习惯在中国香港和德国却大不相同。中国香港的母亲把婴儿的舒适当作头等大事，只要孩子一尿，立刻就换尿布，因此宝洁公司的尿布显得太厚了。德国的母亲比较制度化，早晨给孩子换块尿布，然后到晚上再换一次，于是宝洁公司的尿布就显得太薄了。结果对于一样薄厚的尿布，不同国家或地区的母亲有了截然不同的反映。“尿布风波”的教训，无疑是生动而深刻的。

这个故事说明，同样的商品在不同的国家销售会有不同的反响，同样的角色在不同的地方表演会有不同的效果。管理既具有科学性又具有艺术性，要根据时间、环境的不断变化而变化，这样才能奏出美妙的乐章。

三、管理的职能

管理作为一个活动过程，管理者要发挥其作用，就必须在管理的外在根本属性上发挥功效。企业管理就是通过管理职能体现出来的，因此管理职能对于管理而言至关重要。早期的管理理论如法国的法约尔认为，管理有五大职能：计划、组织、指挥、协调和控制。美国的古力克提出，管理有七项职能：计划、组织、指挥、协调、控制、人事和沟通。随着现代管理理论的不断发展，越来越多的研究者倾向管理的职能分为计划、组织、领导、激励、控制等。本书将管理的职能分为计划、组织、领导、激励、控制、变革、创新。

1. 计划

计划是指对未来的发展规划进行具体的设计，制定长远的发展蓝图、年度目标和日常工作安排等。从广义上讲，计划是指对未来所要从事的事业的谋划、规划和打算；从狭义上讲，计划是指未来可望达到或实现的具体目标。

古人云："凡事预则立，不预则废。"由此可知，无论管理任何组织，计划都是必不可少的一部分，如果没有计划，管理活动就无法展开，更不要提后续的控制，计划是管理其他所有活动的前提。

2. 组织

组织是指这样一个社会实体，它具有明确的目标导向、精心设计的结构与有意识协调的活动系统，同时又同外部环境保持密切的联系。组织的关键要素是人及其相互之间的关系，当人们通过相互作用以完成共同的目标时，就存在所谓的组织。

组织是实现总体目标和计划的保证，因为所有的目标和计划都是需要人来完成的，如果组织没有有序地安排所有的员工，那么组织内成员就会变成一盘散沙，也将一事无成。

3. 领导

领导是指拥有权力的个人或集团向他人施加影响，使之为实现既定的目标而努力的过程。实施领导意味着在同一个组织内建立起共同的价值观，意味着领导者要将企业的目标嵌入每一个成员的心中，意味着领导者要鼓舞下属的士气。如果一个人仅仅利用其职务权力，采取强制的手段来命令下属工作时，他充其量只能算是个管理者而非领导者，领导的实质在于一种影响过程。

4. 激励

激励是指由一定的刺激激发人的动机，使人产生一种内在的驱动力，并向所期望的目标前进的心理和行为过程。任何组织想要内部成员共同努力创造一个美好的明天，都需要对其成员进行激励，激励体现在管理过程中的很多环节上。

激励可以认为是激发员工的积极性、引导员工甚至是教育员工的过程。影响激励的因素有很多，包括思想的、物质的、周边环境等；激励的方式也很多，包括正强化、负强化等。因此，激励对于管理而言是非常重要的一个环节。

5. 控制

控制就是检查工作是否按既定的计划、标准和方法进行，发现偏差时分析原因，并进行纠正，以确保组织目标的实现。由此可见，控制职能几乎包括了管理者为确保实际工作与组织计划相一致所采取的一切活动。

有效控制的前提就是计划的制订，由于控制需要一个事先的标准，这个标准是由计划提出的，包括数量、质量等。有了这个标准，在实施的过程中，就可以通过各种手段进行数据的收集，并将这些数据与原本提出的标准进行对比；就可以很好地找到差距，通过分析偏差，找出原因；就可以及时纠正以确保目标的实现。

6. 变革

变革是指依据外部环境变化和内部状况的变化，及时调整并完善自身的结构和功能，以提高生存和发展的能力。这里的变革主要是指组织变革，产生组织变革的原因非常多，包括内部原因与外部原因等。

7. 创新

创新是指人们为了解决某个问题，自觉地、能动地综合运用各种方式方法，提出新颖有效的方案的思维过程。组织、领导、控制都是保证计划有效完成的方法与途径，但是企业不是一成不变的，企业所处的环境也不是一成不变的，因此，需要创新来提出新的思维方式以适应变化了的外在环境，其目的是获取潜在的利润，让企业更好地适应变化，迎接挑战与调整。

虽然不同的管理职能起着不同的作用，但是对于管理过程而言，每一个环节都必不可少，没有上下高低之分，相互之间密切联系，相互渗透。

团队任务——认知管理

1. 任务目标

根据所学的管理相关概念，进行管理本质的讨论。

2. 任务要求

团队走访不少于三个企业，归纳分析其管理模式，进行管理本质的讨论。

3. 任务准备

根据所学的管理理论，熟悉管理的要素。

4. 任务实施

步骤一：进行企业管理模式访谈提纲设计及调查问卷设计。

步骤二：实地或通过网络进行访谈，收集相应的佐证材料及图片。

步骤三：团队讨论管理的本质是什么。

步骤四：完成分析并按时提交。

步骤五：进行各团队间的分享交流。

步骤六：任务反思及改进。

5. 任务成果

分小组进行展示。

6. 任务评价

以下为本次任务的评价标准（总分 10 分），供参考。要求至少三位评委根据任务完成质量给出分数，最后取平均分为团队的最终成绩评定。

评分标准	完成访谈提纲及调查问卷设计并作为任务附件按时提交（2 分）	实地访谈管理者不少于三人并按要求提供佐证材料（1 分）	完成访谈要点记录（1 分）	完成团队内部讨论（2 分）	完成团队间分享交流（2 分）	完成任务表单修改及任务反思（2 分）	成绩总分
评委 1							
评委 2							
评委 3							
最终成绩							

自我评价：______________________________

____

教师评价：______________________________

____

任务二　又相知——认知管理者

指挥对于乐队就像经理对于企业，他们的存在是确保组织各项活动实现预定目标的条件。

* 知识任务

1. 管理者的角色。
2. 管理者的技能。
3. 管理者面临的新挑战。

* 技能任务

能够区分管理者在不同情境下的角色。

* 素质任务

能够形成积极向上、勤奋踏实的意识。

任务导入

马丁吉他公司转型

马丁吉他公司成立于1833年，它被公认为是世界上最好的乐器制造商之一。

这家家族式企业历经艰难岁月，已经延续了六代，现任首席执行官是克里斯琴·弗雷德里克·马丁四世，他传承了吉他的传统制作手艺，遍访公司在全世界的经销商，为他们举办培训讲座。

马丁吉他公司自创办起做任何事都非常重视质量。即使近年来在产品设计、分销系统以及制造方法方面发生了很大变化，但公司始终坚持对质量的承诺。公司把坚守优质音乐标准和满足特定顾客需求方面的坚定性渗透到公司从上到下的每一个角落。不仅如此，公司在质量管理中还长期坚持生态保护政策。因为制作吉他需要用到天然木材，所以公司非常审慎和负责地使用那些传统的天然材料，并鼓励引入可再生的替代木材品种。基于对顾客的研究，马丁吉他公司向市场推出了采用表面有缺陷的天然木材制作的高档吉他，然而，这在其他厂家看来几乎是无法接受的。不仅如此，马丁吉他公司始终遵守野生濒危动植物国际贸易公约的规定。

马丁吉他公司使新老传统有机地整合在一起。虽然公司继承了过去的优良传统，现任首席执行官马丁却毫不迟疑地推动公司朝向新的方向发展。例如，在20世纪90年代末，他作出了一个大胆的决策，开始在低端市场上销售每件价格低于800美元的吉他。低端市场在整个吉他产业的销售额中占65%。马丁为他的决策解释道："如果马丁吉他公司只是崇拜它的过去而不尝试任何新事物的话，那恐怕就不会有值得崇拜的马丁吉他公司了。"

现任首席执行官马丁的管理表现非常出色，销售收入持续增长，新的吉他品种不断推出。雇员们描述他的管理风格是友好的、事必躬亲的，但又是严格的、直截了当的。

请根据以上文字内容，分析管理者的角色，并讨论管理者之中是否也有不同分类。

知识准备

一、管理者的角色

管理工作是由管理者承担的。彼得·德鲁克指出："管理人员是每个企业中富有活力且赋予企业生机的因素。缺乏管理人员的领导，生产资源仍是生产资源，绝不会成为产品。尤其是在一种竞争的经济中，管理人员的素质和工作状态决定着企业的成败，甚至决定着企业的生存，因为管理人员的素质和工作能力是一个企业在一个竞争的经济中唯一能够拥有的有效的优势。"

如果管理者出现问题，这对于企业而言是非常可怕的事情，有可能会给整个组织带来致命的打击。

既然管理者这么重要，组织中的每一位管理者是否都是一样的呢？人们在集体中为了实现某个共同的目标都必须担当特定的角色。角色的意思就是指人们做一项工作应有明确的目标或目的。他们了解自己的工作任务如何构成集体中的一个组成部分，如何同时拥有这种角色必要的权力、手段和信息去完成任务。

20世纪60年代末期，亨利·明茨伯格的研究取得了重大的进展，树立了管理者角色领域的一个里程碑。长期以来，一个普遍的观点是管理者在进行决策之前，总是深思熟虑，系统而又仔细地处理信息。针对这一观点，明茨伯格进行了研究，并得出了不一致的结论。他发现，经理们并不像人们所想象的那样深思熟虑地思考，而是经常停下工作——超过半数的管理人员的工作持续时间不到 9 分钟，他们陷入了大量的、不断变化的、没有固定模式的短期活动之中。

在大量观察的基础上，明茨伯格提出了管理者角色纲要，主要分成三大方面，包括人际关系、信息传递和决策制定。具体分类见表 1–2。

表 1–2　　管理者角色纲要

角色类型	描述	特征活动
人际关系方面		
1. 挂名首脑	象征性的首脑，必须履行许多法律性或社会性的例行义务	接待外宾，签署法律文件
2. 领导者	负责激励和动员下属，负责人员配备，承担培训和交往的职责	实际上从事所有的外部委员会工作，从事其他由外部人员参加的活动
3. 联络者	维护自行发展起来的外部接触和联系网络，向人们提供恩惠和信息	发感谢信，从事外部委员会工作，从事其他有外部人员参加的活动
信息传递方面		
1. 监听者	寻求和获取各种特定的信息，以便透彻地了解组织内部和外面信息的神经中枢	阅读期刊和报告，保持私人接触
2. 传播者	将从外部人员和下级那里获得的信息传递给组织的其他成员（这些信息包括有些是关于事实的信息，有些是解释和综合组织里有影响力人物的各种价值观点等）	举行信息交流会，用电话形式传递信息
3. 发言人	向外界发布组织的计划、政策、行动、结果等信息，作为组织在产业方面的专家	举行董事会会议，向媒体发布信息
决策制定方面		
1. 企业家	寻求组织和环境中的机会，指定“改进方案”以发起变革，监督某些方案的策划	制定战略，检查会议决策执行情况，开发新项目
2. 混乱驾驭者	当组织面临重大的、意外的动乱时，负责采取补救行动	制定战略，检查陷入混乱和危机的时期

续表

角色类型	描述	特征活动
3. 资源分配者	负责分配组织中的资源，事实上是批准所有重要的组织决策	调度、询问、授权，从事涉及预算的各种活动和安排下级工作
4. 谈判者	在主要的谈判中作为组织的代表	参与工作，进行合同谈判

尽管管理者的角色非常多，但是并不意味着同一时间同一地点管理者需要扮演所有的角色，管理者的权力分配可以按照不同环境和不同层级，分别有所侧重。

二、管理者的技能

造人先于造物。

——松下幸之助

能否有效地开展工作取决于管理者发挥的作用，而管理者发挥作用大小，很大程度上取决于他们是否真正具备管理者所需的技能。

美国管理学家罗伯特·卡兹在《哈佛商业评论》发表了一篇名为《能干的管理者应具有的技能》的论文，指出管理者需要三种基本技能，即技术技能、人际技能和概念技能。卡兹指出："任何管理人员，不管其所处的管理地位怎样，必须不同程度地具有这三种技能。"

技术技能是指使用某一专业领域内有关的工作程序、技术知识来完成组织要求的工作任务的能力。不同层次的管理者对于技术技能的要求也是不同的，比如，对于高层管理者而言，虽然不要求他们必须成为某一行业领域的专家，但是必须对所在行业、组织的生产流程、产品性能等有一个大概的了解，否则就很难与企业内的专业技术人员进行沟通交流，提出有效的意见，对产品、细分人群无法有一个精准的把握，就更谈不上有效地开展管理工作了。而基层管理者与高层管理者不同，基层管理者对于技术技能的要求会更高一些，如车间主任就需要非常熟悉企业产品的特点、行业标准、机械性能、使用方法、操作流程等，这样才可以有效地开展工作。

人际技能是指在集体工作中，与他人合作、理解并激励他人的能力。管理者是通过别人完成工作目标的，因而必须具有良好的人际技能，这就要求管理者了解员工的需要、工作动机、价值观、思考方式、个性、感性以及对工作、对组织的态度，同时还要掌握一定的激励方法与技巧，及时对员工的表现进行评价与反馈，从而最大限度地调动员工的工作积极性。管理者的人际技能不仅在于激励方面，更重要的在于沟通方面，这让人际技能的内涵更为深远。

概念技能是指洞察到组织所面临的复杂环境并进行分析的能力。现代社会环境变化迅速且复杂，这对管理者的素质要求很高，需要管理者能够透过复杂多变的现象，厘清关系，分析组织应该如何在多变的环境中更好地自保并谋求发展机会。可以简单理解为环境会影响组织，组织同时也可以反过来影响环境，这中间存在一定的联系，而管理者需要及时地作出正确的决策，这就需要概念技能。概念技能比较复杂，培养概念技能并不是一个简单的过程，需要管理者首先形成系统思维，也就是把组织视为一个整体，并将这个整体放置在复杂多变的环境中，预测决策对整个系统的影响，同时还要培养创新与抽象思维，能够透过现象看到本质并有效地提出新思路、新想法，不墨守成规。

要想成为一名合格的管理者就要不断地提升自己的管理技能，不想成为将军的士兵不是好士兵，每一位想成为管理者的员工都需要全面发展自己！

管理小故事

升职的烦恼

李峰最近被一家生产机电产品的公司聘为总裁。在准备去接任此职的前一天晚上，他浮想联翩，回忆起他在公司工作20多年的经历。

李峰大学学的是工业管理，大学毕业获得学位后就到该公司工作，最初担任液压装配单位的助理监督。他当时真不知道如何工作，因为他对液压装配所知甚少，在管理工作上也没有实际经验，每天都手忙脚乱。可是他非常认真好学，一方面他仔细参阅该单位的工作手册并努力学习有关的技术书刊；另一方面监督长也对他主动指点，使他渐渐摆脱了困境，胜任了工作。经过半年多的努力，他已有能力独自担任液压装配监督长的工作。可是，当时公司没有提升他为监督长，而是直接提升为装配部经理，负责包括液压装配在内的四个装配单位的领导工作。

在他当助理监督时，他主要关心的是每日的作业管理，技术性很强。而当他担任装配部经理时，他发现自己不能只是关心当天的装配工作状况，还得做出此后数周乃至数月的规划，还要完成许多报告和参加许多会议，因此他没有多少时间去从事他过去喜欢的技术性工作。当上装配部经理不久，他就发现原有的装配工作手册已基本过时，因为公司安装了许多新的设备，吸收了一些新的技术，这使他花了整整一年时间去修订工作手册，使之切合实际。在修订工作手册过程中，他发现要让装配工作与整个公司的生产作业协调起来是有很多讲究的。他还主动到几个工厂去参观访问，学到了许多新的工作方法，并把这些吸收到修订的工作手册中去。由于该公司的生产工艺频繁发生变化，工作手册也不得不经常修订，他都完成得很出色。工作了几年后，他不但自己学会了这些工作，而且还学会了如何把这些工作交给助手去做，教他们如何做好，这样，他就可以腾出更多时间用于规划工作和帮助他的下属工作得更好，以及花更多的时间去参加会议、批阅报告和完成自己向上级的工作汇报。

当他担任装配部经理6年之后，正好该公司负责规划工作的副总裁辞职，他便主动申请担任此一职务。在同另外5名竞争者较量之后，他被正式提升为负责规划工作的副总裁。他自信拥有担任此一新职务的能力，但由于此职务工作的复杂性，仍使他在刚接任时碰到了不少麻烦。此外，在新的工作岗位上他还要不断协调市场营销、财务、人事、生产等部门之间的工作，这些他过去都不熟悉。他在新岗位上体会到越是职位上升，就越难以仅仅按标准的工作程序去进行工作。但是，他还是渐渐适应了，做出了成绩，以后又被提升为负责生产工作的副总裁，而这一职务通常是由该公司资历最深、辈分最高的副总裁担任的。到了现在，他又被提升为总裁。他知道，一个人当上公司最高主管时，应该自信自己有处理可能出现的任何情况的能力，但他也明白自己尚未达到这样的水平。因此，他不禁想到自己明天就要上任了，今后数月的情况会是怎样？他不免为此而担忧！

试分析不同层次管理者管理技能的差异。

三、管理者的新挑战

> 微软离破产永远只有18个月。
>
> ——比尔·盖茨

随着时代的变迁，先进的科学技术变更周期变得越来越短。从工业革命到计算机时代再到人工智能，人类的发展速度越来越快，社会环境变化也日趋复杂，企业作为环境中的一个组成部分，既受环境的影响，也会影响环境。但是要想在错综复杂的环境下把握住转瞬即逝的机会，是一件非常不容易的事情。组织的发展在很大程度上依赖于管理者的决策，管理者一个错误的决定，就可能会导致企业的死亡，如诺基亚与智能手机擦肩而过等案例无不令人惋惜。因此，现代社会对于管理者的要求更为严格，也提出了更高的标准，管理者肩负着更为沉重的责任，这既是责任也是新的挑战，只有能够完成挑战的强者，才能带领企业走出混沌，发展得更好。

管理者都希望看到世界上任何地方的企业环境都不发生任何变化，这样他们可以很好地组织企业，日复一日，年复一年，高效地为客户生产同样的产品，不需要新产品，也不需要思考客户的相关问题，可以准确地计划生产，有效地完成企业控制，每个人都很愉快。但是实际上并非如此，全球人口不断增长，市场规模自然扩大，随着公司经验的累计，成本降低，利润提高，环境的变化仍在持续，管理者需要变革、需要创新，因此管理的职能也在发生变化，管理的过程也在发生变化，这些对管理者提出了新的要求，管理者必须去适应这些变化。

复杂的环境变化又为管理者带来了哪些变化呢？我们可以举例说明，比如现阶段生产一个产品，假设设计、开发在中国，生产在柬埔寨，那么销售要在哪里？全球同步还是分地区？假设我们就在中国销售这个产品，如果卖得好，那么我们是否要将这个产品再在其他地区上市？如果上市，是否会和中国市场表现一致？是否已经充分地了解了这些市场？这个产品在全球各地是否需要重新进行改造或者部分改造，还是就只提供同一种产品规格？

由此可以发现，任何一个产品上市都会有极大的挑战，每一个产品的背后都是管理者的决策与战略，这影响到公司的未来发展，稍有不慎就会堕入悬崖，多少企业已经栽在某一代产品的更迭中。同时这也对管理者的要求高之又高，要求的不仅是管理者有效的管理技能，更是管理者的长远眼光甚至胆识。只有能够直面这些挑战的人，才能最终成长为独当一面的管理者，并带领企业走向美好的未来。这样的人才难能可贵，是企业必须拼尽全力留下的人才！

团队任务——认识管理者

1. 任务目标

根据所学的管理者角色理论进行案例分析。

2. 任务要求

各团队分别找一个案例，共享给其他小组，进行不同管理者角色的讨论。

3. 任务准备

根据所学的管理者角色理论，熟悉管理者的不同技能，并了解如何进行管理。

4. 任务实施

步骤一：收集资料，整理案例。

步骤二：分小组进行展示。

步骤三：团队间就管理者角色、管理者技能等进行讨论。

步骤四：完成分析并按时提交。

步骤五：进行各团队间的分享交流。

步骤六：任务反思及改进。

5. 任务成果

分小组进行展示。

6. 任务评价

以下为本次任务的评价标准（总分 10 分），供参考。要求至少三位评委根据任务完成质量给出分数，最后取平均分为团队的最终成绩评定。

评分标准	完成案例收集整理并作为任务附件按时提交（2 分）	分小组进行展示（2 分）	完成团队内讨论（2 分）	完成团队间分享交流（2 分）	完成任务表单修改及任务反思（2 分）	成绩总分
评委 1						
评委 2						
评委 3						
最终成绩						

自我评价：______________________________

____

教师评价：______________________________

____

任务三　再续缘——管理理论溯源

19 世纪是工业世纪，20 世纪则作为管理世纪载入史册。

——肯德

* 知识任务

1. 了解传统管理理论。
2. 了解现代管理理论。

* 技能任务

能够梳理管理学的发展脉络。

* 素质任务

能够建立终身学习、不断创新的精神。

任务导入

克莱斯勒公司的挑战

20 世纪 80 年代，李·艾柯卡由于拯救濒临破产边缘的美国汽车巨头之一——克莱斯勒公司而声名鹊起，颇具传奇色彩。今天，克莱斯勒公司又面临另外一场挑战：在过热的竞争和可预测到的世界汽车产业生产能力过剩的环境中求生存。为了度过这场危机并再次成功地进行竞争，克莱斯勒不得不先解决以下问题。

第一个问题，世界汽车产业的生产能力过剩，意味着所有汽车制造商都将竭尽全力保持或增加它们的市场份额。不仅美国的汽车公司要靠增加投资来提高效率，日本的汽车制造商也不断在美国建厂。另外，欧洲和韩国的厂商也想增加它们在美国的市场份额。艾柯卡承认，需要对某些车型降价，为此，他运用全面打折和其他激励手段来吸引消费者进入克莱斯勒的汽车陈列室。

艾柯卡和克莱斯勒都认为，价格是唯一得到更多买主的方法。事实上，那不是最好的方法，尤其是从长期性来看。克莱斯勒必须解决的第二个问题是：改进它所生产的汽车的质量和性能。

艾柯卡承认，他犯了一个错误：因为他把注意力过分集中在市场营销和财务方面，从而把产品开发拱手让给了其他厂家。此外，克莱斯勒还必须重视向消费者提供的售后服务的高质量。产业分析家一致认为，优良的消费者服务在一种饱和市场中至关重要。

艾柯卡的第三个问题，是把美国汽车公司和克莱斯勒的运作结合起来。兼并美国汽车公司意味着克莱斯勒不得不解雇许多员工，其中既有蓝领工人又有白领员工，剩余的员工对公司解雇工人的态度由愤怒到担心，这种局面给克莱斯勒的管理产生了巨大的压力，不仅难以和劳工方面密切合作，还难以确保汽车质量和劳动生产率。

为了生存，克莱斯勒承认，公司各级管理人员和员工（设计、营销、工程和生产）必须通力协作，以团队的形式开发和制造与消费者需要相匹配的产品。克莱斯勒的未来还要以提高效率为基础。克莱斯勒一直注重降低成本、提高质量并靠团队合作的方式提高产品开发的速度，并发展与供应商和消费者更好的关系。在其他方面，艾柯卡要求供应商提供降低成本的建议——他已收到上千条这样的建议。艾柯卡说，降低成本的关键是“让全部 1 万名员工都谈降低成本”。

艾柯卡现在已从克莱斯勒公司总裁的职位退休。有些分析家开始预见克莱斯勒的艰难时光。一位前管理人员说：“感受到（克莱斯勒）的时光确实一去不返。（艾柯卡）与其说是一种资产不如说是一种负债。”但一位现任主管却反诘道：“克莱斯勒有一项大优势，那就是它从前有过一次危机，却又度过了危机并生存了下来，所以，克莱斯勒能够向过去学到宝贵的东西。”

请根据以上内容分析，如果环境发生了变化，管理的思想与理论是否也应跟着发生变化。

（资料来源：周三多，等．管理学——原理与方法：第 7 版［M］．上海：复旦大学出版社，2018.）

知识准备

管理是人类社会存在的一种方式，自有人就开始有了管理活动。管理思想来源于管理实践，是对管理经验的概括和总结。我们把系统的管理理论出现以前的管理思想分为两个主要阶段，18 世纪是这两大阶段的分界线。古典管理理论出现以前的管理思想是非常朴素的、直观的，虽然在军队管理、国家行政管理、教会管理等方面的管理思想已经极其丰富，但这些思想主要还是停留在经验描述或类比思维的阶段，不具有系统的理论形式。如中国的“田忌赛马”和《孙子兵法》、埃及的金字塔建立、罗马天主教会控制教众活动等，这些管理思想四处散落在中国、埃及、罗马等地的史籍和宗教文献中。

工业革命爆发后，随着机器为主的现代工厂成为现实，社会生产得到极大的进步，企业规模越来越大，产品越来越复杂，管理的矛盾越来越尖锐，部分学者开始专门进行管理研究，因此管理开始有了系统的理论。这个时期是管理理论产生的萌芽时期，代表人物有亚当·斯密、大卫·李嘉图以及罗伯特·欧文等。

现代经济学之父亚当·斯密主要提出了劳动分工与“经济人”的人性假设等观点。亚当·斯密认为，分工的起源是由于人的才能具有自然差异，这又起因于人类独有的交换与易货倾向。交换及易货属于私利行为，其利益决定于分工，假定个人乐于专业化及提高生产力，经由剩余产品的交换行为，促使个人增加财富，此过程将扩大社会生产，促进社会繁荣，并达到私利与公益的调和。

他列举制针业来说明：“如果他们各自独立工作，不专习一种特殊业务，那么他们不论是谁，绝对不能一日制造二十枚针，说不定一天连一枚也制造不出来。他们不但不能制造出今日由适当分工合作而制成的数量的二百四十分之一，就连这数量的四千八百分之一，恐怕也制造不出来。”

分工促进劳动生产力的原因有三：第一，劳动者的技巧因专业而不断提高；第二，由一种工作转到另一种工作时通常需损失不少时间，有了分工就可以免除这种损失；第三，许多简化劳动和缩减劳动的机械发明，只有在分工的基础上才有可能实现。

亚当·斯密驳斥了旧的重商学说。他否决了重农主义者土地是价值主要来源的观点，提出了劳动的重要性。他强调劳动分工会引起生产的大量增长，抨击了阻碍工业发展的一整套腐朽的、武断的政治限制。

与此同时，他还指出要获得协助，不能只依赖于他人的同情心或利他主义，还要靠激起他人的利己心来实现——“请给我我所要的东西吧，同时，你也可以获得你所要的东西。”换言之，在经济生活中，一切行为的原动力主要是利己心而不是同情心或利他主义。

作为一个经济原动力的利己心，同时也是一个经济交换的基础，要从别人那里获得自己所需要的东西，必须给出别人所需要的东西。于是，就有分工、交换、价值、货币等现象产生。人们在利己心的支配下做各种劳动，从而构成了私人财富和社会财富的源泉。将利己心看作人的本性，将经济活动看作利己心作用的结果，实际上反映了一切经济现象是客观的，都受某种自然规律的支配。

一、传统管理理论

传统管理理论阶段是管理理论的形成阶段，大量的管理学家活跃在世界各国的舞台上，帮助企业家更好地进行管理，这个时期的代表人物有科学管理之父泰勒、管理理论之父法约尔以及组织理论之父马克斯·韦伯等。

1. 泰勒的理论

泰勒对科学管理下了这样的定义，即“诸种要素（不是个别要素）的结合，构成了科学管理，它可以概括如下：科学，不是单凭经验的方法。协调，不是不和别人合作，不是个人主义。以最高的产量取代有限的产量，发挥每个人最高的效率，实现最大的富裕。”这个定义，既阐明了科学管理的真正内涵，又综合反映了泰勒的科学管理思想。泰勒的科学管理主要有两大贡献：一是管理要走向科学，二是劳资双方的精神革命。

泰勒认为，科学管理的根本目的是谋求最高劳动生产率，最高工作效率是雇主和雇员达到共同富裕的基础，要达到最高工作效率的重要手段是用科学化的、标准化的管理方法代替经验管理。因此他提出了几条原则，包括制定工作标准、科学利用工时、实行差别计酬、科学地选拔和培训工人、计划和执行分离、实行例外原则等。

2. 法约尔的理论

法约尔把企业的全部活动分为 6 种：技术活动、商业活动、财务活动、安全活动、会计活动、管理活动。他把管理定义为实行计划、组织、指挥、协调和控制。法约尔根据自己多年的工作经验提出了著名的 14 项管理原则：劳动分工、权利和责任、纪律、统一指挥、统一领导、个人利益服从集体利益、人员的报酬、集权、等级制度、秩序、公平、人员的稳定、首创精神、集体精神。这些原则都与合作有密切的关系。

3. 马克斯·韦伯的理论

马克斯·韦伯的管理组织理论认为，任何组织都必须以某种权威为基础，只有这样才能实现目标，只有权威才能变混乱为秩序，但不同组织赖以建立的权威不同。他认为，古往今来，组织赖以建立的权威有三：一是传统权威，它以对社会习惯、社会传统的尊崇为基础；二是超凡权威，它以对领袖人物的品格、信仰或超人智慧的崇拜为基础；三是合理—合法的权威，它以对法律确立的职位权力的服从为基础。马克斯·韦伯认为，以传统权威或超凡权威为基础建立的组织不是科学的、理想的组织，只有建立在合理—合法权威基础上的组织，才能更好地开展活动，才是理想的组织。

这种组织在精确性、稳定性、纪律性和有效性等方面比其他组织都优越，马克斯·韦伯称这种组织为官僚制组织。官僚制组织理论是适应传统封建社会向现代工业社会转变的需要而提出的，它具有里程碑意义，影响十分深远。

二、现代管理理论

进入20世纪50年代以来，科学技术发展迅猛，现代科学技术的新成果层出不穷，企业的竞争更加激烈。由于工人运动的发展，员工素质、劳资关系等都出现了新的变化，经济学、数学、统计学、社会学、人类学、心理学、法学、计算机科学等各学科的研究成果越来越多地应用于管理，管理理论也因此发生了变化，行为科学学派也在这个时期有了长足的发展。之后管理理论进入了百花齐放、百家争鸣的状态，管理理论开始分散化，形成了诸多的学派，称为管理理论的丛林阶段。

行为科学学派主要研究个体行为、团体行为与组织行为，重视研究人的心理、行为等对高效率完成组织目标的影响作用，代表成果有梅奥的人际关系理论、马斯洛的需求层次理论、赫兹伯格的双因素理论、麦格雷戈的X-Y理论等。

1. 霍桑实验与梅奥的人际关系理论

20世纪20年代末30年代初，美国的乔治·埃尔顿·梅奥等人进行了著名的霍桑实验，提出了“社会人”的假设，这种假设下的人们除了追求金钱，还有一种更重要的需求，也就是社会方面和心理上的需求，即追求人与人之间的友情、爱情、安全感、归属感等。他们认为，人是社会人，有社会需求，如果能够满足这种需求，使他们获得工作方面的满足感，就会情绪高涨，提高工作效率。因此，在管理方式方法上要更加注重员工的满意度，生产条件、工资报酬等后置于第二位，激励手段除了物质奖励以外增加了精神方面的激励。

2. 马斯洛的需求层次理论

马斯洛的需求层次理论认为，个体成长发展的内在力量是动机，而动机是由多种不同性质的需要组成的，各种需要之间存在着先后顺序或高低层次的区别，即人类的需要是分层次的，是由低到高一层层得到满足的，这五层包括生理需要、安全需要、社交需要、尊重需要和自我实现需要。

（1）生理需要，这是人类最原始的需求，如吃饭、穿衣、睡觉等。如果无法满足生理需要，则有生命危险。生理需要是最强烈的、不可避免的最低层次需要。

（2）安全需要，即劳动的安全、职业的安全、生活的安全等，是人们规避灾难、希望未来有所保障的需要，比生理需要高了一个层次。当生理需要被满足后，人们就想要得到保障安全的需要。

（3）社交需要，这是归属与爱的需要，是指人们渴望得到家庭、团体、同事、朋友的关怀与理解，是爱情、友情、亲情、信任、温暖等的需要。这种需要与个人性格、经历、生活环境、民族、生活习惯、宗教信仰等都有关系，因此更难以捉摸，更细致入微。

（4）尊重需要，包括自我尊重、自我评价和尊重他人，是自尊、他尊和权力欲的表现，一般情况很难得到完全的满足，但是基本满足也可以产生很大的动力。

（5）自我实现需要，是最高层次的需要。满足这种需要要求完成与自己相配的工作，充分发挥自己的潜能，成为自己期望的人。这也是人性假设的核心，认为人们追求的是使自身才能充分得到发挥。因此，管理开始将注意力放在如何创造一个使人能够更好地发挥才能的环境上，而不是放在对人的具体行为的管理上，奖励方面也更加依靠员工自身内在的激励。

3. 赫兹伯格的双因素理论

美国心理学家赫兹伯格于1959年提出双因素理论，其全名是“激励、保健因素理论”。通过在匹兹堡地区的11个工商业机构对200多位工程师、会计师调查征询，赫兹伯格发现，受访人员举出的不满意因素大多与环境相关，但满意因素一般都与工作本身相关。传统理论认为，满意的对立面应该是不满意，但是根据双因素理论，满意的对立面是没有满意，不满意的对面是没有不满意，这两种因素即保健因素与激励因素彼此独立。

激励因素即满意因素，是指那些使职工感到满意的因素，只有它们的改善才能让职工感到满意，给职工较高的激励，调动工作积极性，提高生产效率，主要包括工作表现机会、工作本身的快乐、工作上的成就感等。

保健因素即不满意因素，是指那些造成职工不满的因素，它们的改善能够消除职工的不满，但并不能让职工感到满意并调动积极性，主要包括企业的政策、劳动保护、工作监督、行政管理等。

4. 麦格雷戈的X–Y理论

20世纪50年代，管理学家认为，“经济人”“社会人”和“自我实现人”的假设都太过简单化了，美国学者艾德佳·沙因在综合了前三种人性假设的基础上，提出了“复杂人”的观点。他认为人的需要和潜在愿望是多种多样的，而且这些需要的模式随着年龄、在社会中所扮演的角色、所处的境遇和人际关系的变化而不断发生着变化。应当说，沙因的观点弥补了前几种人性假设的缺失，是比较全面的。而在1957年，麦格雷戈提出了 X-Y 理论，他认为人的本性复杂，对于人性的认识应该有两种截然不同的观点。

麦格雷戈把传统的管理理论观点称为 X 理论，其主要内容是：

（1）大多数人是懒惰的，他们尽可能地逃避工作；

（2）大多数人是没有什么上进心的，也没有雄心壮志，也不喜欢担负责任，宁可别人来领导自己；

（3）大多数人的个人目标是与组织目标相矛盾的，为达到组织目标必须靠外力严格管束；

（4）大多数人是缺乏理智的，不能克制自己，很容易受到他人影响；

（5）大多数人为了满足生理需要与安全需要，会选择那些在经济上获利最大的事情去做；

（6）人群大致可以分为两种，大多数人符合上述观点，少数人可以控制自己，这部分人应该负起管理责任。

与之相对应的，麦格雷戈认为上述观点是建立在错误因果观念上的，他在对人性和人的行为动机更为深入认识的基础上提出了 Y 理论，其主要内容是：

（1）一般人并不是天生不喜欢工作的，工作中体力和脑力的消耗就像游戏和休息一样自然，工作可能是一种满足，会自愿去执行，但也可能是一种处罚，到底怎样要看环境而定；

（2）外来的控制和惩罚，并不是促使人们完成组织目标的唯一方法，有时甚至还是对人的一种威胁和阻碍，会放慢了人们成熟的脚步，人们比较起外力控制更喜欢以自我约束、自我激励的方式来完成工作；

（3）人的自我实现的要求与组织的目标并没有矛盾，如果给人们提供恰当的机会，就能把个人目标与组织目标统一起来；

（4）一般人在适当条件下，不仅可以学会接受职责，甚至会谋求职责，逃避责任、缺乏抱负不是人的本性；

（5）大多数人在解决组织的困难问题上，都能发挥较高的想象力、才能与智慧；

（6）大多数人的智慧潜能并没有得到完全的发挥，有着很大的上升空间。

管理理论的丛林阶段有非常多的管理学家、管理流派，大致可以分成以下几种主要学派：

（1）管理过程学派，以哈罗德·孔茨和西里尔·奥唐奈为代表；

（2）经验主义学派，以德鲁克和戴尔等人为代表；

（3）社会系统学派，以切斯特·巴纳德为代表；

（4）决策理论学派，以赫伯特·西蒙为代表；

（5）管理科学学派，以伯法等人为代表，又称数量学派或运筹学派；

（6）系统管理学派，以卡斯特、罗森茨威克和约翰逊等为代表，在系统论的基础上提出。

其中，管理过程学派的代表哈罗德·孔茨和西里尔·奥唐奈主要研究管理者的管理过程及其功能，并以管理职能作为其理论的概念结构。经验主义学派的代表德鲁克和戴尔主要从管理者的实际管理经验方面来研究管理，认为成功的组织管理者的经验是最值得借鉴的。社会系统学派的代表切斯特·巴纳德将社会学的概念引入管理，在组织的性质和理论方面做出了杰出贡献。决策理论学派的赫伯特·西蒙认为管理的关键在于决策，管理必须采用一套制定决策的科学方法及合理的决策程序。数量学派注重量化分析，强调应用数学模型解决管理决策问题，以寻求决策的科学化与精确化等。

20 世纪 60 年代末 70 年代初，一方面，企业面临着瞬息万变的外部环境，环境的不确定性与企业经营的风险与日俱增；另一方面，企业内部的生产经营、管理、技术也更加复杂。于是，系统管理学派应运而生，代表人物为美国管理学者卡斯特、罗森茨威克和约翰逊。

20 世纪 80 年代以后，社会、经济、文化迅速发展，特别是信息技术的发展与知识经济的出现，使世界形势发生了极为深刻的变化。面对信息化、经济全球化等新的形势，企业之间竞争加剧、联系增强，管理出现了深刻的变化与全新的格局。

20 世纪 70 年代末 80 年代初，由于经营风险增大，竞争激烈，管理日趋复杂，在西方管理理论界出现了一种非理性主义倾向和重视企业文化的思潮。

进入 20 世纪七八十年代，市场竞争日趋激烈。美国企业为应对来自日本、欧洲的威胁而展开探索。1993 年，美国麻省理工学院教授迈克尔·哈默与詹姆斯·钱皮提出了企业再造理论，即“为了飞越地改善成本、质量、服务、速度等重大的现代企业运营基准，对工作流程进行根本的重新思考与彻底翻新”。

20 世纪 90 年代以来，知识经济的到来使信息与知识成为重要的战略资源，相应地诞生了学习型组织理论。学习型组织理论是美国麻省理工学院教授彼得·圣吉在其著作《第五项修炼》中提出来的。他认为，“未来真正出色的企业，将是能够设法使各阶层人员全心投入，并有能力不断学习的组织”。在学习组织中，有五项新的技能正在逐渐汇集起来，这五项技能被他称为“五项修炼”，包括锻炼系统思考能力、追求自我超越、改善心智模式、建立共同愿景目标和开展团队学习等。

管理小案例

学习型企业

某机构曾做过一项“构建学习型企业”的调查。当时初步的调查结果显示，55%以上的受访人认为华为是最符合“学习型组织”的企业。

创立于1987年的华为，历经多年的成长，从寂寂无闻成长为行业领头羊。截至2014年年底，华为公司掌握的技术专利数量已在行业内处于领先位置，这显然是组织学习与创新学习的结果。有人说，正是学习型组织的构建，使华为成长为有竞争实力的世界级公司。

任正非说：“在华为，人力资本的增长要大于财务资本的增长。追求人才更甚于追求资本，有了人才就能创造价值，就能带动资本的迅速增长。”

华为强调，人力资本不断增值的目标优先于财务资本增值的目标，但人力资本的增值靠的不是炒作，而是有组织的学习。让人力资本增值的一条途径就是培训，华为的培训体系经过多年的积累已经自成一派。

任正非对于培训有一个精辟的见解，他说：“技术培训主要靠自己努力，而不是天天听别人讲课。其实每个岗位天天都在接受培训，培训无处不在、无时不有。成功者都主要靠自己努力学习，成为有效的学习者，而不是被动的被灌输者，要不断刻苦学习，提高自己的水平。”可见，华为培训的本质或许并不单单是让员工具有某种技能，而是培养他们具备自我学习的能力。

华为旨在把自己打造成一个学习型组织，因此建立了一套完善的以华为大学为主体的华为培训体系，集一流教师队伍、一流教学设备和优美培训环境于一体，拥有千余名专兼职教师和能同时容纳3 000名学员的培训基地。

华为的培训对象很广，不仅包括本公司的员工，还包括客户方的技术维护、安装等人员；华为的培训不仅在国内进行，也在海外基地开展；同时华为还建立了网络培训学院，培养后备军。

如何才能让新员工主动学习、提高自己呢？华为采取的办法是全面推行任职资格制度，并进行严格的考核，从而形成了对新员工培训的有效激励机制。

比如，华为的软件工程师可以从一级开始做到九级，九级的待遇相当于副总裁的级别。新员工进来后，如何向更高级别发展，怎么知道个人的差距，华为有明确的规定，如一级标准是写过万行代码、做过某些类型的产品等，有明确的量化标准，新员工可以根据这个标准进行自检。

任职资格制度的实施，较好地发挥了四个方面的作用：一是镜子的作用，照出自己的问题；二是尺子的作用，量出与标准的差距；三是梯子的作用，知道自己该往什么方向发展和努力；四是驾照的作用，有新的岗位了，便可以应聘相应职位。

除任职资格制度外，华为还通过严格的绩效考核，运用薪酬分配这个重要手段来实现“不让雷锋吃亏”的承诺。即使考核结果仅仅相差一个档次，可能收入差别就是十万二十万甚至更多，所以在华为不存在“大锅饭”问题。华为就是通过这样的方式来识别最优秀的人，给他们更多的资源、机会、薪酬和股票，以此牵引员工不停地向上奋斗。

华为是国内最早实行“导师制”的企业。华为对导师的确定要求必须符合两个条件：一是绩效必须好，二是充分认可华为文化。这样的人才有资格担任导师。同时规定，导师最多只能带两名新员工，目的是确保成效。

华为规定，导师除了对新员工进行工作上的指导、岗位知识传授外，还要给予新员工生活上的全方位指导和帮助，包括帮助解决外地员工的吃住安排，甚至化解情感方面的问题等。

华为的员工要以“之”字形实现个人成长，即一个员工如果在研发、财经、人力资源等部门做过管理，又在市场一线、代表处做过项目，有着较为丰富的工作经历，那么他在遇到问题时，就会更多从全局、全流程考虑问题。任正非一直强调干部和人才的流动，形成例行的轮岗制度，并要求管理团队不拘一格地从有成功实践经验的人中选拔优秀专家及干部，推动优秀的、有视野的、意志坚强的、品格好的干部走向“之”字形成长的道路，培养大量的将帅团队。

华为强调“让听见炮声的人呼唤炮火”，就是要求“班长”在最前线发挥主导作用，让最清楚市场形势的人指挥，提高反应速度，抓住机会，取得成果。这要求上级对战略方向正确把握，平台部门对一线组织有效支持，班长们具有调度资源、及时决策的授权。其基础是组织和层级简洁而少（如 3 层以内），决策方式扁平，运营高效。这样战争中的主角——优秀“班长”就在战争中主动成长，从而成为精英中的精英。

按照学习型组织的概念，整体提升组织的“创造未来的能力”就是提升组织未来发展的竞争力，这取决于三个核心能力：理解复杂性、开创性交谈、培育热情。学习型组织强调从整体系统的观念上来重新思考组织的学习行为，从而解决传统组织学习无效率的问题。从个体学习到组织学习，学习动力、学习环境、学习资源等方面的全盘考虑是必要的，否则就不能称为学习型组织。

团队任务——分析管理理论

1. 任务目标

根据所学的管理理论，进行管理实际问题分析。

2. 任务要求

团队走访不少于三个企业，归纳分析不同的企业在进行管理的时候采用了哪些管理理论，并进行讨论。

3. 任务准备

根据所学的管理理论，熟悉不同阶段的管理理论。

4. 任务实施

步骤一：进行企业访谈提纲设计及调查问卷设计。

步骤二：实地或通过网络进行访谈，收集相应的佐证材料及图片。

步骤三：团队内讨论不同企业采用的理论有哪些。

步骤四：完成分析并按时提交。

步骤五：进行各团队间的分享交流。

步骤六：任务反思及改进。

5. 任务成果

分小组进行展示。

6. 任务评价

以下为本次任务的评价标准（总分 10 分），供参考。要求至少三位评委根据任务完成质量给出分数，最后取平均分为团队的最终成绩评定。

评分标准	完成访谈提纲及调查问卷设计并作为任务附件按时提交（2 分）	实地走访不少于三个企业并按要求提供佐证材料（1 分）	完成访谈要点记录（1 分）	完成团队内讨论（2 分）	完成团队间分享交流（2 分）	完成任务表单修改及任务反思（2 分）	成绩总分
评委 1							

续表

评分标准	完成访谈提纲及调查问卷设计并作为任务附件按时提交（2分）	实地走访不少于三个企业并按要求提供佐证材料（1分）	完成访谈要点记录（1分）	完成团队内讨论（2分）	完成团队间分享交流（2分）	完成任务表单修改及任务反思（2分）	成绩总分
评委 2							
评委 3							
最终成绩							

自我评价：____

____

教师评价：____

____

同步训练题

一、填空题

1. 根据双因素理论，工作环境应该属于（　　）。
2. 霍桑实验的结论中对员工的定性是（　　）。
3. 麦格雷戈 X 理论建立的基础是（　　）。
4. 管理者的技能包括（　　）（　　）和（　　）。

二、判断题

1. 双因素理论认为只有保健因素的满足才能激发人们的积极性。（　　）
2. 管理的艺术性就是强调实践性。（　　）
3. 具有高超人际关系技能的管理者更容易获得员工的支持与理解。（　　）
4. 学习型组织就是全员学习。（　　）
5. 决策理论学派认为管理就是决策。（　　）

三、选择题

1. 亨利·明茨伯格认为，管理者扮演的十大角色可以归入三大类，即（　　）。

A. 领导角色、人际角色与信息角色　　B. 人际角色、信息角色与决策角色

C. 人际角色、信息角色与技术角色　　D. 领导角色、决策角色与技术角色

2. 组织理论之父是（　　）。

A. 法约尔　　B. 泰勒　　C. 韦伯　　D. 梅奥

3. 在特定专业领域内使用有关的程序、技术、知识、方法完成组织任务的能力称为（　　）。

A. 人际技能　　B. 技术技能

C. 概念技能　　D. 以上均不是

4. 提出劳动分工观点和经济人观点的人是（　　）。

A. 查尔斯·巴贝奇　　B. 弗雷德里克·泰勒

C. 亚当·斯密　　D. 马克斯·韦伯

5. 提出管理 14 条原则的人是（　　）。

A. 甘特　　B. 泰勒　　C. 法约尔　　D. 韦伯

四、论述题

马斯洛需求层次理论是什么？

五、资料分析题

北京某公司章总，工龄有三十多年，在行业内也算是前辈，工作态度非常严谨细致。他对公司组织的每一次培训都非常重视，从培训课程内容设置、培训讲师选聘、培训酒店场地确定，到培训证书印制、培训现场条幅悬挂、培训期间餐饮订单等，事无巨细，从头抓到尾。他经常亲自蹲点于培训现场，中间还不时打断讲师讲课，指正讲授内容。其间，由于公司人员需要找他签字，他不时召唤秘书奔走往返于培训现场办理公文或处理文件。

有一次，章总突然指示培训部下周举办经销商销售顾问培训班和市场经理培训班，完全脱离培训工作实施规划。培训部不得不马上开始确定培训讲师、拟制培训日程表、商谈培训教室、拟订培训通知等。由于某种原因，报到实际人数没有达到理想状态，章总在培训报到现场，果断指示将两个班合并为一个班举办，以节省开销。尽管前期已经安排妥当，培训讲师林教授也强调培训对象不同和培训内容侧重点不一样，最关键的是报到时间也不同，但章总一概置之不理。结果经销商参训学员得知突然变更计划，怨声载道，全都怪罪培训部。章总竟然也在众人面前大声斥责培训部负责人：为什么培训工作做得一塌糊涂。然后章总又命令公司其他所有部门负责人全部到场蹲点。

这下更热闹了，培训工作不光章总亲自指导，各部门负责人也不时指东道西，甚至连总经理秘书也插手指挥。可想而知，一个简单的培训活动最终搞得乱七八糟。培训结束第二天，培训部负责人递交了辞职报告。

试分析培训部负责人为什么会递交辞职报告？公司管理者的角色定位是什么？

任务拓展

一个经典管理类的拓展游戏

学生们可以两人一组，组成不同的队伍进行游戏，需要提前准备好道具——七巧板。由老师随机指定队伍中的某一位同学为指导者，另一位同学为操作者，共同完成游戏。操作者闭着眼睛进行盲拼，由指导者指导操作者来完成，指导者只能用言语进行指导，并不可以用身体碰触操作者或者道具。在规定时间内，看哪个组能够最先完成道具的拼凑任务，完成得好的小组进行经验分享，剖析为何可以快速完成任务，完成得不好的小组也要找寻原因。这个游戏可以帮助学生在实践中更好地发现管理思维对于我们的重要意义，同时锻炼学生的语言表达能力、逻辑推理能力、逻辑判断能力等。

项目二

周密计划

【项目内容】

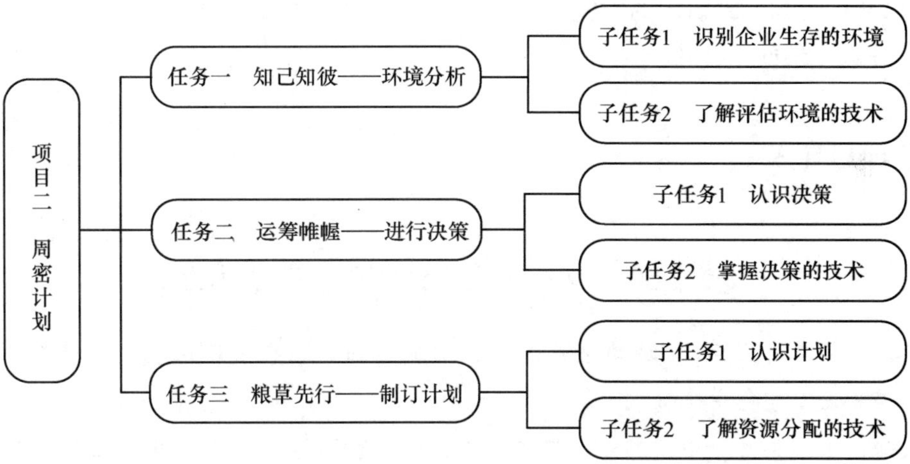

【项目理论】

1. 评估环境的技术。
2. 决策的技术。
3. 资源分配的技术。

【项目重难点】

重点：

1. 迈克尔·波特“五力模型”。
2. SWOT 分析方法。
3. 甘特图法。

难点：

1. 线性规划决策法。
2. 决策树。
3. 盈亏平衡点分析。

【项目成果】

1. 企业生存环境影响因素的分析思路。
2. “五力模型”分析技巧。
3. SWOT 分析方法使用技巧。
4. 计划技术使用技巧。

【项目导入】

华为连遭抵制？英媒：谁都阻止不了华为！

华为已经算得上5G领域的翘楚了，相比美国的高通也毫不逊色。但是华为的5G之路走得并没有想象中那么顺畅。

从国内市场来看，中国移动选择将最大的5G订单交给了“虎落平阳”的诺基亚，签订了高达78.4亿人民币的订单，这不禁让很多人替华为惋惜。

再到国外市场，华为的5G之路简直称得上艰难险阻。自从2017年美国宣布抵制华为电子产品之后，华为的海外市场就开始不断萎缩。

2018年8月，澳大利亚以“华为电子产品存在安全隐患”为由，单方面禁止华为5G技术，禁售华为一切电子产品。

2018年9月，韩国和日本也公开表示，正式将华为、中兴作为“问题公司”，拒绝华为进入5G市场。

接着，印度也宣布终止与华为、中兴的5G合作，并转投思科、三星、爱立信、诺基亚的怀抱。

据悉，欧洲方面也已经有英国等部分国家禁售华为产品了。加拿大、俄罗斯这些国家也曾表态不愿意采用华为的5G技术。

截至2018年12月，至少有7个以上的国家直接宣布了终止与华为之间的合作，其他国家是否在蠢蠢欲动还不得而知。很多网友都说，华为这次可谓是内忧外患呀！

然而，2018年12月19日，英国媒体却说，谁都阻止不了华为！

它们给出的原因是：

1. 华为5G全球领先！

在通过的5G标准立项中，中国21项，美国9项，欧洲14项，日本4项，韩国2项，华为遥遥领先！

2. 华为5G是全世界唯一真正的5G！

英国电信首席架构师麦克瑞说："迄今为止，真正有资格被称作5G供应商的公司仅有一家——那就是华为！"在5G网络试运行中，华为网络测速达18.23 Gbps，创造了当时的世界纪录。相比之下，华为竞争对手的网络测速刚过1 Gbps。竞争对手比华为差了18倍！竞争对手的所谓5G只不过是伪5G！

3. 华为5G是全球唯一商用的5G！

华为5G已经开始试运行商用了，而竞争对手的5G产品还停留在纸面上。

4. 华为已拿下25份5G商用合同！

到目前为止，华为已拿下全球25份5G商用合同，而且这个名单还在迅速增加中！有66个国家正在与华为开展商用测试！华为已在中国以外的欧洲等地建了1万座5G基站！而华为竞争对手的产品还在"思考人生"。

5. 华为5G标准就是世界5G标准！

华为5G技术在全球遥遥领先，华为5G是全世界唯一真正的5G，再加上全世界最大的5G市场——中国市场的加持，华为的5G标准就是全世界的5G标准！

华为副董事长、轮值CEO胡厚崑说："我们认为5G网络将是全球第四次工业革命的基石！"无人驾驶飞机、无人驾驶汽车、智能家电、5G手机等人工智能没有5G为基石是不可想象的。华为5G将让人类进入万物互联的新时代！

任务一　知己知彼——环境分析

物竞天择，适者生存。

——达尔文

* 知识任务

1. 掌握企业所处的环境分类。
2. 掌握迈克尔·波特“五力模型”。
3. 掌握 SWOT 分析方法。

* 技能任务

1. 能够运用环境分析的方法对某个企业所处环境进行归类。
2. 能够运用 SWOT 分析方法对某个企业所处环境进行分析。

* 素质任务

培养学生的危机意识、问题意识。

任务导入

2018 年世界经济形势回顾

2018 年，世界经济延续温和增长，但动能有所放缓。主要经济体增长态势、通胀水平和货币政策分化明显，美国经济表现超出市场预期。美联储持续加息，新兴经济体资本流出加剧，金融市场持续震荡。保护主义和单边主义抬头，美国、墨西哥和加拿大达成新的高标准贸易协定，世贸组织（WTO）改革箭在弦上，国际经济规则酝酿深刻调整。总体来看，美国的一系列政策举措成为 2018 年影响世界经济增长、扰动国际金融市场和改变国际经贸规则的主要源头。

2018 年，前三季度美国实际 GDP 按年率计算分别增长 2.2%、4.2%和 3.5%，其中第 2 和第 3 季度增速明显超过上年同期的 3.0%和 2.8%；10 月美国失业率保持在 3.7%，为 49 年来最低；产能利用率较上年进一步提高，9 月为 78.1%，逐步接近 1967 年以来 80.26%的历史平均水平。

欧元区经济保持稳步增长，前三季度实际 GDP 同比增速分别为 2.4%、2.2%和 1.7%，德国、法国经济继续发挥龙头和引擎作用，希腊经济经历长期衰退后复苏步伐有所加快；9 月欧元区失业率保持在 8.1%，处于 2008 年 9 月以来最低点。

日本经济 1 季度环比折年率萎缩 0.9%，2 季度实现 3%的反弹，7 月以来制造业采购经理人指数（PMI）一直处于 50 荣枯线以上，显示经济仍处于扩张状态。印度经济增长比较强劲，前两个季度 GDP 同比增速分别为 7.7%和 8.2%，较上年同期增速分别提高 1.6 和 2.6 个百分点。

2018 年以来国际油价继续震荡上行，4 月以来铁矿石价格稳中有升，俄罗斯、巴西等能源资源出口国经济保持复苏态势。前两个季度，俄罗斯 GDP 同比分别增长 1.3%和 1.9%，9 月失业率降至 4.5%，为 1992 年以来最低；巴西 GDP 同比分别增长 1.2%和 1%，明显超过上年同期 0 和 0.4%的增速。

国际货币基金组织预计，2018 年全球货物贸易量增长 3.9%，远低于 2017 年 5.1%的增速。荷兰国际集团报告甚至预测，2018 年全球货物贸易增速将降至 2.6%，再次低于全球经济增速。联合国贸发会议报告显示，主要受美国税改推动其跨国公司利润回流影响，2018 年上半年全球直接投资同比下降 41%。

国际经贸规则出现深刻调整趋势。2018 年以来，美国采取保护主义、单边主义和构建新型经贸规则“三箭齐发”的政策组合，推动国际经贸规则同时出现保守化、碎片化和高标准化三大趋势。

1. 保守化。美国抛开 WTO 框架下的反倾销、反补贴等措施，更多采取基于国内法的“301”调查、“232”调查等，对进口商品增加关税壁垒，下一步不排除对技术等出口施加更多管制。美国的保护主义加上其贸易伙伴的普遍反制，将显著提高各种关税和非关税壁垒，导致国际贸易自由化水平出现严重倒退。

2. 碎片化。美国政府奉行单边主义，期望通过“一对一”的施压和谈判达成有利于美国的系列经贸协定。在美国的影响下，国际金融危机爆发后就已出现的区域贸易协定缔结浪潮或呈愈演愈烈之势，这将对以 WTO 为核心的多边贸易体制造成巨大冲击。

3. 高标准化。美国与墨西哥、加拿大达成新的贸易协定，在规则标准方面较跨太平洋伙伴协议（TPP）有过之而无不及。美国等发达经济体在2018年7月WTO关于我国的第七次贸易政策审议中，就国有企业、知识产权、技术转让、产业政策、补贴政策等诸多议题提出质疑，关注的议题范围之广前所未有，这些议题被纳入WTO改革中或成大势所趋。

知识准备

一、识别企业生存的环境

> 道者，令民与上同意，可与之死，可与之生，而不畏危也。天者，阴阳、寒暑、时制也。地者，远近、险易、广狭、死生也。将者，智、信、仁、勇、严也。法者，曲制、官道、主用也。凡此五者，将莫不闻，知之者胜，不知者不胜。
>
> ——孙子

任何企业的经营活动，都是在特定的环境中进行的。企业与环境之间存在着密切的联系。一方面，环境是企业赖以生存的基础，企业经营的一切要素都要从外部环境中获取。同时，企业的产品也必须通过外部市场进行销售，没有市场，企业的产品就无法得以生存和发展。另一方面，企业是一种具有活力的社会组织，它并不是只能被动地为环境所支配，而是在适应环境的同时也对环境产生影响，推动社会的进步与经济繁荣。

因此，识别企业生存环境会在很大程度上决定企业的战略制定、日常运营和决策等一系列活动。企业管理者通过对影响企业经营的各种内外环境因素及其作用的评估、平衡，审时度势、趋利避害，适时采取对策，作出适应环境的动态抉择，以维持企业生存，促进企业发展，实现企业外部环境、内部条件及综合动态平衡的结合。

企业生存的环境分为外部环境和内部环境，而外部环境又分为宏观环境和微观环境。

1. 宏观环境分析

宏观环境包括政治、法律环境，经济环境，社会、文化、人口和自然环境，技术环境等。这些因素对企业及其微观环境的影响力较大，一般都是通过微观环境对企业间接产生影响。

（1）政治、法律环境，主要是指那些影响和制约企业的政治因素和法律、法规体系及其运行的状态，具体包括国家政治制度、政党制度、政治军事态势，国家当前的方针和政策、法律、法规、法令及其执行的状况等。

（2）经济环境，主要是指构成企业生产与发展的社会经济状况和国家的经济政策，具体包括社会经济制度、经济结构、经济政策、经济发展水平及未来的经济发展趋势等。

（3）社会、文化、人口和自然环境，主要是指企业所处地区的社会结构、风俗习惯、宗教信仰、价值观念、行为规范、生活方式、文化水平、人口规模与地理分布等因素的形成与变动。这些因素对企业的生产经营有着潜移默化的影响。

（4）技术环境，主要是指与本企业有关的科学技术的现有水平、发展趋势和发展速度，以及国家科技体制、科技政策等，如科技研究的领域、科技成果的门类分布及先进程度、科技研究与开发的实力等。21 世纪是知识的世纪、科技的世纪，科技素来有双刃剑的说法，因此，技术环境对企业的影响可能是创造性的，也可能是破坏性的，企业必须预见这些新技术带来的变化，并采取相应的措施予以应对。

2. 微观环境分析

微观环境，也被称为经营环境，包括竞争状况、市场需求状况、资源状况等，涉及行业性质、竞争者状况、消费者、供应商、中间商及其他社会利益集团等多种因素，这些因素会直接影响企业的生产经营活动。

竞争包括竞争规模、竞争对手实力与数目、竞争激烈程度等。具体因素有同行竞争、替代产品行业竞争、购买者竞争、供应者竞争等。

市场需求包括现实需求和潜在需求。现实需求是指顾客有支付能力的需求；潜在需求是指处于潜在状态，由于某些原因不能马上实现的需求。现实需求决定企业目前的市场销量，而潜在需求则决定企业未来的市场。

资源是指企业从事生产经营活动应投入的所有资源，包括人、财、物、技术、信息等。资源状况包括各种资源开发利用状况、资源的供应状况、资源的发展变化情况等。

企业是在一定行业中进行生产经营并提供产品或服务的。因此，在微观环境分析中，最重要也是最核心的是对行业的分析。行业分析主要包括行业概貌分析和行业竞争结构分析等方面。

行业概貌分析主要是指掌握该行业所处的发展阶段、行业在社会经济中的地位、行业的产品和技术特征等。

行业竞争结构分析主要是指掌握该行业的竞争态势。一般而言，行业竞争结构分析的方法是迈克尔·波特“五力模型”，如图 2-1 所示。

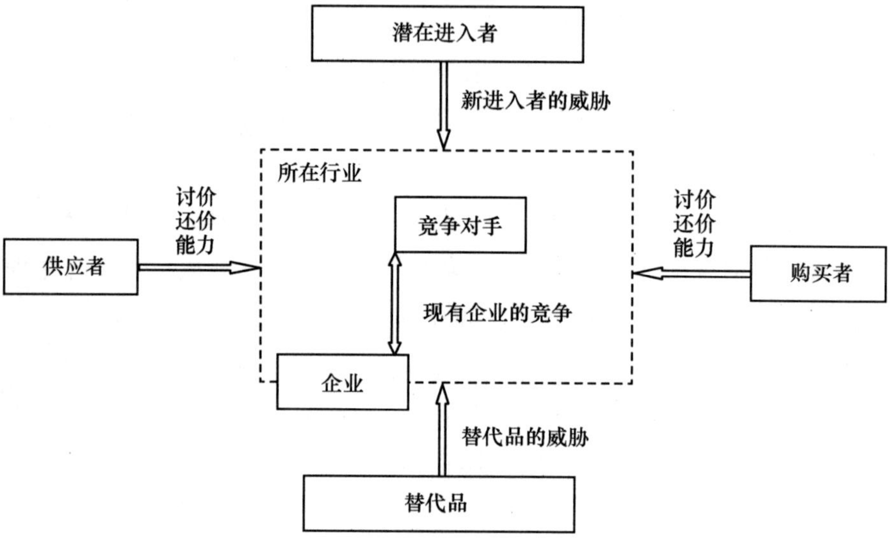

图 2-1　迈克尔·波特“五力模型”

迈克尔·波特认为，任何企业在本行业中，都要面临以下几个方面的竞争压力。

（1）潜在进入者的威胁

新进入者在给行业带来新生产能力、新资源的同时，也希望在已被现有企业瓜分完毕的市场中赢得一席之地，这就有可能会与现有企业发生原材料与市场份额的竞争，最终导致行业中现有企业盈利水平降低，严重的话还有可能危及这些企业的生存。这种威胁的严重程度取决于两方面的因素，即进入新领域的障碍大小与预期现有企业对于进入者的反应情况。

其中，进入新领域的障碍主要包括规模经济、现有企业对关键资源的控制、现有企业的市场优势、限制进入定价、进入对方领域。

1）规模经济。当产业规模经济显著时，处于最小有效规模或超过最小有效规模经营的老企业对于较小的新进入者就有成本优势，构成进入障碍。

2）现有企业对关键资源的控制。这一般表现为对资金、专利或专有技术、原材料供应、分销渠道、学习曲线等资源及资源使用方法的积累与控制。如果现有企业控制了生产经营所必需的某种资源，则其不会被进入者侵犯。

3）现有企业的市场优势。这表现在品牌优势上，是产品差异化的结果；有时也表现在政府政策上。

4）限制进入定价。这往往是在位的大企业报复进入者的一个重要武器，特别是在那些技术优势正在削弱、投资正在增加的市场中。限制进入定价在限制价格的背后包含有一种假设，即从长期看，在一种足以阻止进入的较低价格条件下所取得的收益，将比一种会吸引进入的较高价格条件下所取得的收益要大。

5）进入对方领域。这是寡头垄断市场上常见的一种报复行为，其目的在于抵消进入者首先采取行动可能带来的优势，避免对方行动给自己带来的风险。

（2）替代品的威胁

两个处于同行业或不同行业中的企业，可能会由于所生产的产品互为替代品，从而在它们之间产生相互竞争行为，这种源自替代品的竞争会以各种形式影响行业中现有企业的竞争战略。第一，现有企业产品售价以及获利潜力的提高，将由于存在着能被用户方便接受的替代品而受到限制；第二，由于替代品生产者的侵入，使得现有企业必须提高产品质量，或者通过降低成本来降低售价，或者使其产品具有特色，否则其销量与利润增长的目标就有可能受挫；第三，源自替代品生产者的竞争强度，受产品买主转换成本高低的影响。总之，替代品价格越低、质量越好、用户转换成本越低，其所能产生的竞争压力就强；而这种来自替代品生产者的竞争压力的强度，可以具体通过考察替代品销售增长率、替代品厂家生产能力与盈利扩张情况来加以描述。

产品替代分为两类：

1）直接产品替代，即某一种产品直接取代另一种产品。

2）间接产品替代，即由能起到相同作用的产品非直接地取代另外一些产品。

直接产品替代与间接产品替代只是相对的概念，有时很难界定。

（3）供应者、购买者讨价还价的能力

"五力模型"的水平方向是对产业价值链的描述，它反映的是产品（或服务）从获取原材料开始到最终产品的分配和销售过程，描述的是厂商之间为生产最终交易的产品或服务所经过的价值增值的活动过程。

产业价值链上的每一个环节都具有双重身份：对其上游单位，他是购买者；对其下游单位，他是供应者。购买者和供应者讨价还价的主要内容围绕价值增值的两个方面——功能与成本。

讨价还价的双方都力求在交易中使自己获得更多的价值增值。因此，对购买者来说，希望购买的产品物美而价廉；而对供应者来说，则希望提供的产品能体现最大的价值。

供应者和购买者讨价还价能力的大小，取决于买方（卖方）的集中程度或业务量的大小、产品差异化程度与资产专用性程度、纵向一体化程度、信息掌握程度等因素。

供应者主要通过其提高投入要素价格与降低单位价值质量的能力，来影响行业中现有企业的盈利能力与产品竞争力。供应者力量的强弱主要取决于他们所提供购买者的是什么投入要素，当供应者所提供的投入要素的价值构成了购买者产品总成本的较大比例、对购买者产品生产过程非常重要或者严重影响购买者产品的质量时，供应者对于购买者的潜在讨价还价能力就大大增强。

一般来说，满足如下条件的供应者集团会具有比较强大的讨价还价力量：

1）供应者行业为一些具有比较稳固市场地位而不受市场激烈竞争困扰的企业所控制，其产品的购买者很多，以至于每一单个购买者都不可能成为供应者的重要客户；

2）供应者各企业的产品各具有一定特色，以至于购买者难以转换或转换成本太高，或者很难找到可与供应者企业产品相竞争的替代品；

3）供应者能够方便地实行前向联合或一体化（产业链纵向延伸的能力），而购买者难以进行后向联合或一体化。

购买者主要通过其压价与要求提供较高的产品或服务质量的能力，来影响行业中现有企业的盈利能力。一般来说，满足如下条件的购买者可能具有较强的讨价还价力量：

1）购买者的总数较少，而每个购买者的购买量较大，占了供应者销售量的很大比例；

2）供应者行业由大量相对来说规模较小的企业所组成；

3）购买者所购买的基本上是一种标准化产品，同时向多个供应者购买产品在经济上也完全可行；

4）购买者有能力实现后向一体化，而供应者不可能实现前向一体化（即客大欺主）。

（4）产业内现有企业的竞争

影响产业内竞争激烈程度的因素包括：产业内有众多的或势均力敌的竞争对手，产业发展缓慢，顾客认为所有的商品都是同质的，产业中存在过剩的生产能力，产业内进入障碍低而退出障碍高。

3. 企业内部环境分析

企业内部环境包括企业的物质环境和文化环境，它反映了企业所拥有的客观物质条件、工作状态及企业的综合能力，是企业系统运营的内部基础，其目的在于掌握企业实力现状，找出影响企业生产经营的关键因素，辨别企业的优势和劣势，以便寻找外部发展机会，规避外部风险，以利于企业长期处于竞争优势的地位。

（1）企业资源分析

企业的任何活动都需要借助一定的资源来进行，企业资源的拥有和利用情况决定其活动的效率和规模。

一般而言，企业的资源可分为有形资源和无形资源。有形资源主要是指那些能被观察到和可以被量化的资源，包括人力资源、实物资源、财务资源等。无形资源主要是指那些难以量化、无法包含在资产负债表中的资源，往往看不见或不明显，很难被竞争者购买或模仿，可分为技术资源和信息资源等，包括声誉、企业结构、规划过程、专利、商标、企业家精神等。

人力资源包括员工的数量、素质和使用状况。具体的分析内容有各类人员（包括一线人员、技术人员、管理人员）的数量、技术水平、知识结构、能力结构、年龄结构、专业结构、民族结构、党派结构；各类人员的配备状况、合理使用的情况；各类人员的学习能力、培训情况、进修情况、学历提升情况以及员工管理制度的分析等。

实物资源包括各种有形资产，如建筑、机器设备与设施、办公用品等，其分析就是要研究企业生产经营活动需要的物质条件的拥有情况和利用程度。

财务资源是一种能够获取和改善企业其他资源的资源，对它的管理是企业管理最重要的内容之一。财务资源分析一般包括企业资金的拥有情况、构成情况、筹措渠道和资金使用状况，具体有财务管理分析、财务比率分析、经济效益分析等。

技术资源主要分析企业的技术现状，包括设备和各种工艺装备的水平、测试及计量仪器的水平、技术人员和技术工人的水平及其能级结构等。

信息资源包括各种情报资料、统计数据、规章制度、计划指令等，主要分析现有信息渠道是否合理、畅通，各种相关信息是否掌握充分，企业组织现状、企业组织及其管理存在的问题及原因等。

（2）企业文化分析

企业文化是企业战略制定与成功实施的重要条件和手段，它与企业内部物质条件共同组成企业的内部约束力量。企业文化分析主要是分析企业文化的现状、特点及其对企业活动的影响。

企业文化的内容将在以后章节中加以详细解释。

（3）企业能力分析

企业能力是指企业有效利用资源的能力。拥有资源不一定能有效运用，因此，企业有效利用资源的能力是企业内部环境分析的重要组成部分。

按重要程度，企业能力分为一般能力和核心能力；按综合性，企业能力分为综合能力和专项能力；按内容，企业能力分为组织能力、社会能力、产品及营销能力、生产及技术能力、市场开拓能力和管理能力等。不同的能力有不同的分析重点，如产品及营销能力，主要分析产品的发展性、收益性、竞争性，以及市场营销的现状及潜力等，具体评价内容有产品质量、销售增长率、市场占有率、销售利润率、产品市场潜力等；生产及技术能力分析，主要包括生产计划与组织、生产管理能力、生产技术装备水平、物资供应及工业实施能力、技术开发能力等。

企业要形成和保持竞争优势，只拥有一般的资料和能力还不行，必须形成超出竞争对手的特殊技能和能力。核心能力是指企业独有的，能为顾客带来特殊效用，使企业在某一市场上长期具有竞争优势的内在能力。它是企业在发展过程中逐渐积累起来的知识、技能及其他资源相结合而形成的一种体系或集合，是企业拥有的最主要的资源或资产。核心能力可以是技术，也可以是管理和业务流程，还可以是技术、经营、管理等能力的结合，它的储备状况决定了企业的经营范围。

企业核心能力主要有 4 个特征。①稀缺性，即必须是企业所特有的，能为企业带来超过平均水平的利润的能力。②难以模仿性，即竞争对手难以模仿的能力，是企业中不同单位和个人相互作用的结果，是通过协调和组织企业生产技术方面的资源而获得的。这种能力在发展过程中，通过自身的学习和积累，不断得到强化，从而使竞争优势得到巩固和持续。③价值优越性，即企业能否显著地降低成本、提高产品质量、提高服务效率、增加顾客效用等，从而使企业在创造价值和降低成本方面比竞争对手更优秀。④可延展性，即企业能否同时处理多个不同的任务，使企业在较大范围内满足顾客的需要。

分析企业核心能力可以从三个方面入手：一是企业的核心能力是什么，现状如何；二是企业核心能力是否能奠定和维持企业的竞争优势；三是如何开发和培育企业的核心能力。

团队任务——分析企业经济环境的影响因素

1. 任务目标

通过团队协作，列出影响企业经济环境的关键因素，掌握具体是哪些经济因素对企业会产生关键影响。

2. 任务准备

线下知识：管理学参考文献或书籍。

线上知识：在线学习资源平台。

3. 任务实施

步骤一：学习有关企业宏观环境的知识。

步骤二：学习要点记录。

步骤三：团队讨论。

步骤四：完成任务表单并提交。

步骤五：进行各团队间的分享交流。

步骤六：修改表单。

步骤七：任务反思及改进。

4. 任务记录

请将学习要点记录在以下空格处。

宏观环境定义：______________________________

经济环境定义：______________________________

将经济环境的关键因素填入下表。

例：税率	

这些关键因素对企业是如何发生影响的：______________________________

____

____

5. 任务反思

团队间分享交流后，表单修改要点为：______________________________

____

本次任务反思：______________________________

____

6. 任务评价

以下为本次任务的评价标准（总分 10 分），供参考。要求至少三位评委根据任务完成的质量给出分数，最后取平均分为团队的最终成绩评定。

评分标准	完成任务并填写好表格（6分）	线上课程资源平台学习不少于10分钟（1分）	完成学习要点记录（1分）	完成团队内讨论（1分）	完成团队间分享交流（1分）	成绩总分
评委1						
评委2						
评委3						
最终成绩						

自我评价：____

____

教师评价：____

____

团队任务——运用“五力模型”分析某企业的行业环境

1. 任务目标

通过团队协作，运用“五力模型”分析当地某著名企业所处的行业环境。

2. 任务准备

线下知识：管理学参考文献或书籍。

线上知识：在线学习资源平台。

老师指导学生组队，形成2~3人学习小组；学生在老师指导下，选择当地某著名企业，作为本次任务的研究对象。

3. 任务实施

步骤一：学习有关“五力模型”的知识。

步骤二：学习要点记录。

步骤三：团队讨论所选企业的行业环境因素。

步骤四：完成任务表单并提交。

步骤五：进行各团队间的分享交流。

步骤六：修改表单。

步骤七：任务反思及改进。

4. 任务记录

请将学习要点记录在以下空格处。

“五力模型”的含义：____

____

填写企业“五力模型”分析图，如图 2-2 所示。

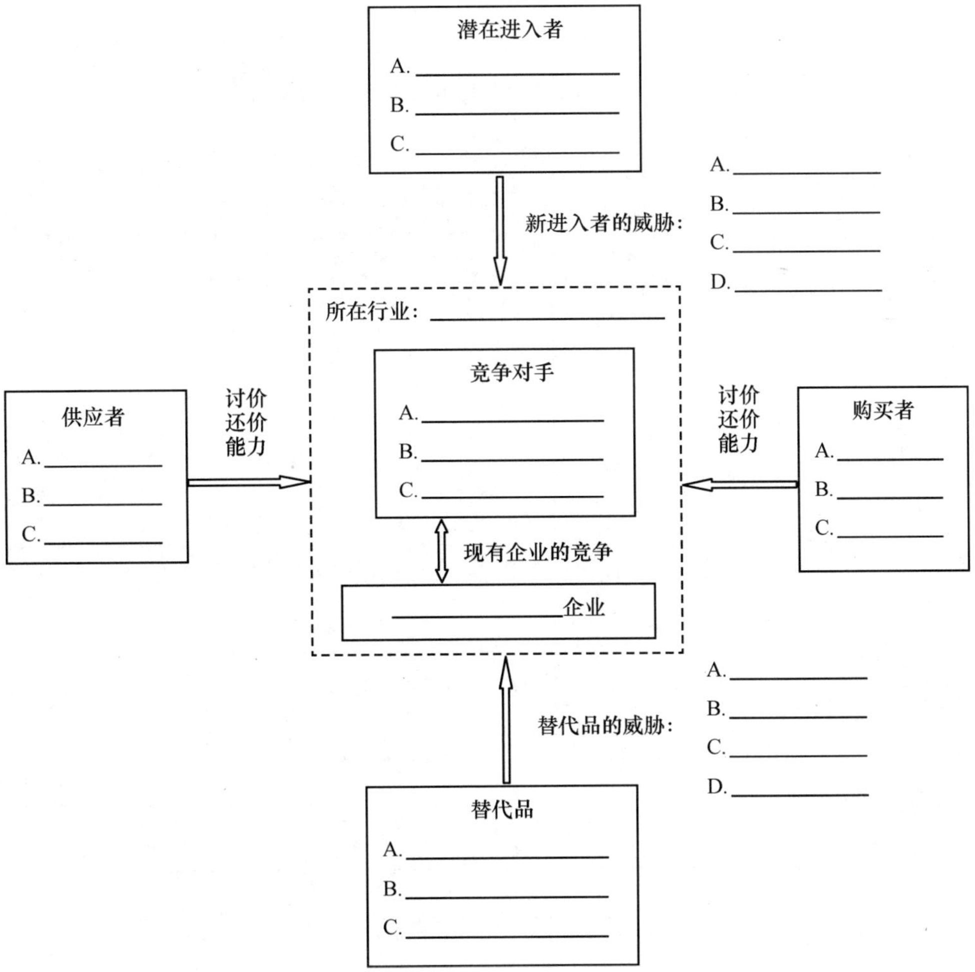

图 2-2　企业“五力模型”分析图

这些关键因素对企业是如何产生影响的：

5. 任务反思

团队间分享交流后，表单修改要点为：

本次任务反思：

6. 任务评价

以下为本次任务的评价标准（总分 10 分），供参考。要求至少三位评委根据任务完成的质量给出分数，最后取平均分为团队的最终成绩评定。

评分标准	完成任务并填写好表格（6 分）	线上课程资源平台学习不少于 10 分钟（1 分）	完成学习要点记录（1 分）	完成团队内讨论（1 分）	完成团队间分享交流（1 分）	成绩总分
评委 1						
评委 2						
评委 3						
最终成绩						

自我评价：

教师评价：

知识准备

二、了解评估环境的技术

> 至诚可以前知，预测未来才能做好计划。
>
> ——曾仕强

1. 环境扫描

现在的管理者越来越认识到环境对企业的潜在重要性，因此无论是小型还是大型组织的管理者，都应运用环境扫描的技术收集大量的环境信息，以便预测和揭示环境正在发生的变化。

环境扫描的一种重要技术是竞争对手情报法。所谓竞争对手情报法，就是组织借助合法手段或方式收集竞争对手的信息，试图得到如下信息：谁是竞争对手？他们目前有什么新产品、新技术或新的战略计划？竞争对手的行动将对我们产生什么影响？

竞争对手情报法并非是一种组织的间谍活动。广告、促销材料、新闻发布会、年度报告、报纸以及产业研究报告等是企业收集情报的基本信息来源，而且一般情况下管理者需要了解的竞争对手信息的80%可以从该企业的员工、供应商和顾客那里得到。

2. 预测

第二种评估环境的技术是预测。由于计划是对未来行为的规划，那么有效地预测未来的事件就是组织计划工作的重要部分。

预测技术可分为定量预测和定性预测。定量预测是运用数学规则，根据以往的数据来预测未来；定性预测是运用判断，根据以往经验和熟悉情况的人员的意见来预测未来。

如果能够收集足够多的数据，那就应用定量预测技术；如果只能收集到有限的数据，那就应用定性预测技术。

表2-1列举了几种目前常用的预测技术。定量预测技术将数学的概念和理论应用于预测，使组织对环境的了解更具体、更清晰、更直观，也使收集到的信息得以科学地分析，使其能够更合理地应用于企业实践。定性预测技术往往应用于那些定量预测技术不足以应用的情况，这时需要利用专家或组织成员的经验、知识以及个人的素质，对收集到的有限信息进行评价和分析，使组织对其环境的变化有一定程度的了解，为

组织决策提供指导。

表 2-1 常用的预测技术

预测技术	描述
定量预测技术	
时间序列分析	用数学方程拟合趋势曲线来预测未来
回归模型	根据已知的或假设的变量预测另一个变量
经济计量模型	采用回归模型模拟经济的某个部分
替代效应模型	采用数学模型预测某种新产品怎样，何时，以及在什么情况下将替代原有产品
定性预测技术	
评审小组意见	综合专家的意见
销售人员意见	综合销售人员的估计来确定顾客的购买意向
顾客评价	综合现有顾客购买情况进行估计

资料来源：斯蒂芬·P.罗宾斯，玛丽·库尔特. 管理学：第 7 版［M］. 孙健敏，等译，北京：中国人民大学出版社，2004.

3. SWOT 分析方法

SWOT 分析即基于内外部竞争环境和竞争条件下的态势分析，就是将与研究对象密切相关的各种主要内部优势、劣势与外部的机会、威胁等，通过调查列举出来，并依照矩阵形式排列，然后用系统分析的思想，把各种因素相互匹配起来加以分析，从中得出一系列结论，而结论通常带有一定的决策性。

S（Strengths，优势）和 W（Weaknesses，劣势）是内部因素，O（Opportunities，机会）和 T（Threats，威胁）是外部因素。按照企业竞争战略的完整概念，战略应是一个企业“能够做的”（即组织的强项和弱项）和“可能做的”（即环境的机会和威胁）之间的有机组合。

运用这种方法，可以对研究对象所处的状况进行全面、系统、准确的研究，从而根据研究结果制定相应的发展战略、计划以及对策等。SWOT 分析方法常常被用于制定集团发展战略和分析竞争对手情况，在战略分析中，它是最常用的方法之一。

SWOT 分析方法从某种意义上来说属于企业内部分析方法，即根据企业自身的条件在既定的框架内进行分析。

著名的竞争战略专家迈克尔·波特提出的竞争理论从产业结构入手，对一个企业“可能做的”方面进行了透彻的分析和说明，而能力学派管理学家则运用价值链解构企业的价值创造过程，注重对公司的资源和能力的分析。SWOT 分析就是在综合了前两者的基础上，以资源学派为代表，将公司的内部分析（即20世纪80年代中期管理学界权威们所关注的研究取向），与以能力学派为代表的产业竞争环境的外部分析（即更早期战略研究所关注的中心主题，以安德鲁斯与迈克尔·波特为代表）结合起来，形成了自己的结构化的平衡系统分析体系。与其他的分析方法相比较，SWOT分析从一开始就具有显著的结构化和系统性的特征。就结构化而言，在形式上，SWOT分析方法表现为构造SWOT结构矩阵，并对矩阵的不同区域赋予了不同的分析意义；在内容上，SWOT分析方法的主要理论基础也强调从结构分析入手对企业的外部环境和内部资源进行分析。

进行SWOT分析时，主要包括以下几个方面的内容。

（1）分析环境因素

运用各种调查研究方法，分析出公司所处的各种环境因素，即外部环境因素和内部环境因素。外部环境因素包括机会因素和威胁因素，它们是外部环境对公司的发展有直接影响的有利和不利因素，属于客观因素。内部环境因素包括优势因素和弱点因素，它们是公司在其发展中自身存在的积极和消极因素，属于主观因素，在调查分析这些因素时，不仅要考虑到历史与现状，而且要考虑未来发展问题。

1）优势，是组织机构的内部因素，具体包括有利的竞争态势、充足的财政来源、良好的企业形象、技术力量、规模经济、产品质量、市场份额、成本优势、广告攻势等。

2）劣势，也是组织机构的内部因素，具体包括设备老化、管理混乱、缺少关键技术、研究开发落后、资金短缺、经营不善、产品积压、竞争力差等。

3）机会，是组织机构的外部因素，具体包括新产品、新市场、新需求、外国市场壁垒解除、竞争对手失误等。

4）威胁，也是组织机构的外部因素，具体包括新的竞争对手、替代产品增多、市场紧缩、行业政策变化、经济衰退、客户偏好改变、突发事件等。

SWOT分析方法的优点在于考虑问题全面，是一种系统思维，而且可以把对问题的“诊断”和“开处方”紧密结合在一起，条理清楚，便于检验。

（2）构造SWOT矩阵

将调查得出的各种因素根据轻重缓急或影响程度等排序，构造SWOT矩阵。在此过程中，将那些对公司发展有直接的、重要的、大量的、迫切的、久远的影响因素优先排列出来，而将那些间接的、次要的、少许的、不急的、短暂的影响因素排列在后面。

（3）制订行动计划

在完成环境因素分析和SWOT矩阵的构造后，便可以制订出相应的行动计划。制订计划的基本思路是：发挥优势因素，克服弱势因素，利用机会因素，化解威胁因素；考虑过去，立足当前，着眼未来。

团队任务——运用 SWOT 分析方法分析自己学校所处的环境

1. 任务目标

运用 SWOT 分析方法，分析学生所在学校所处的内外部环境。

2. 任务准备

线下知识：管理学参考文献或书籍。

线上知识：在线学习资源平台。

3. 任务实施

步骤一：学习有关 SWOT 分析方法的知识。

步骤二：学习要点记录。

步骤三：团队讨论所在学校所处的内外部环境。

步骤四：完成任务表单并提交。

步骤五：进行各团队间的分享交流。

步骤六：修改表单。

步骤七：任务反思及改进。

4. 任务记录

请将学习要点记录在以下空格处。

SWOT 分析方法的含义：______________________________

____

填写所在学校 SWOT 分析矩阵，如图 2-3 所示。

SWOT 分析方法对企业制定长期规划有何影响：______________________________

____

____

5. 任务反思

团队间分享交流后，表单修改要点为：______________________________

____

____

S优势	W劣势
O机会	T威胁

SO战略	WO战略
ST战略	WT战略

图 2-3　所在学校 SWOT 分析矩阵

本次任务反思：____

____

6. 任务评价

以下为本次任务的评价标准（总分 10 分），供参考。要求至少三位评委根据任务完成的质量给出分数，最后取平均分为团队的最终成绩评定。

评分标准	完成 SWOT 任务分析（4 分）	线上课程资源平台学习不少于 10 分钟（1 分）	完成学习要点记录（1 分）	完成团队内讨论（1 分）	完成任务表单填写并按时提交（2 分）	完成团队间分享交流（1 分）	成绩总分
评委 1							
评委 2							
评委 3							
最终成绩							

自我评价：____________________

____

教师评价：____________________

____

任务二　运筹帷幄——进行决策

真正高明的领导，最大的本事并非今天人们分外推崇的“沟通”和“协调”，而是从纷繁复杂的万物万象中，发现重心是哪里，枢纽在何处。

——金一南

* 知识任务

1. 掌握决策的定义、分类、条件和风格。
2. 掌握不同条件下决策的方法。

* 技能任务

能够运用决策技术在不同条件下进行较正确的决策。

* 素质任务

培养学生“抓重点，抓主要矛盾”的思维素养。

任务导入

越南战争时美国的增兵决策

1964年8月到1973年1月，美国对越南北部不断进行空袭，轰炸目标先是军事基地，继而是桥梁、铁路和主要公路等运输补给线，再是油库和储油系统、发电厂、钢铁厂、飞机场，最后则集中轰炸“胡志明小道”。美军虽千炸万炸，却不进入距中越边界40公里内的“轰炸禁区”；之所以“狂轰”而不“烂炸”，我们可以从侵越美军总司令威斯特摩兰上将和约翰逊总统的一段话中看出原因。

1967年4月，威斯特摩兰对约翰逊说：“如果把兵力增加到68万人，能够在两年以内结束越战；如果只增加到56万人，结束战争则需三年。”约翰逊满脸不高兴地反问：“我们增兵，对方就不能增兵？这样下去的尽头在哪里呢？”威斯特摩兰回答说：“武元甲的增兵能力接近尽头，美国人消灭他们的速度已经超过他们的补充速度。”约翰逊又问：“如果武元甲要求中国派遣志愿军，情况会怎样？”威斯特摩兰无言以对，半天才说了一句：“哦，那倒是一个大问题。”

（资料来源：金一南. 心胜［M］. 武汉：长江文艺出版社，2017.）

知识准备

一、认识决策

> 对统帅来说，正确而准确的眼力比诡计更为重要，更为有用。
>
> ——拿破仑

1. 决策的定义

对于决策的定义，不同管理学家的看法不同。这里列举几位著名管理学家的观点。

斯蒂芬·P. 罗宾斯认为：“每个人不论在何种组织内或组织的哪个领域中，都在制定决策，也就是说他们要在两个或者更多的方案中作出选择。”

路易斯·戈梅斯-梅西亚认为：“决策是识别问题和机会，并解决问题或利用机会的过程。”

在本书中，我们将决策定义为：决策是为了实现组织的某一目的，而从若干个可行方案中选择一个满意方案的分析、判断过程。

这个定义包含四层含义：

（1）决策是为实现一定的目标服务的，在对决策方案作出选择前一定要有明确的目标；

（2）必须要有两个或两个以上的方案；

（3）要进行方案的比较，选择一个满意的方案；

（4）决策是一个多阶段、多步骤的分析、判断过程，是一个优选的过程。

2. 决策的类型

（1）按制定决策的过程分

制定决策的过程可以是理性的、有限理性的和直觉的。

1）理性的决策过程。倘若人们制定决策时，都能够是理性的决策过程，那么这个决策直接导致的结果将是完美的。但事实上并不是所有的决策都是理性的，因为理性的决策是以下列假设为前提的：

☑ 待解决的问题是清楚的、不模糊的；

☑ 要达到的是单一的、明确定义的目标；

☑ 所获得的信息是充分的、真实的；

☑ 所有的备选方案和结果是已知的；

☑ 决策偏好是清晰的，是不变的和稳定的；

☑ 不存在时间和成本方面的限制；

☑ 最终选择的方案将使经济回报最大化。

理性的决策过程假定决策的制定是符合组织最佳经济利益的，或者说决策者被假定为是追求组织利益最大化的，而不是其个人利益的最大化。这个假设的含义是，决策者所制定的决策是前后一致的，是追求特定条件下价值最大化的。

然而现实生活中，许多决策是在以上假设不适用的情况下作出的，例如，亟待解决的问题没能得到很好识别，或问题本身是不清楚的。此外，人们所能获得的信息也是有限的，获取信息是需要时间和花费成本的。这些因素都使得制定决策的过程不能够是理性的。

2）有限理性的决策过程。既然在现实生活中，决策者所面临的绝大多数决策是不完全符合理性假设条件的，那么他们的决策行为只能表现出一定程度的理性，使他们能够制定满意的而不是使目标最大化的决策。这时，他们就是在按照有限理性的假设制定决策。也就是说，所接受的决策方案只是“足够好”的，它们的合理性受到决策者获取信息的充分程度和对信息处理能力的限制。

例如，假设你的家庭想买一套住房，你们希望获得的住房处于城市比较繁华的地段，附近有便利的交通设施，如地铁、公交车站；有良好的教育设施，如教学条件比较好的幼儿园、小学、中学；为了购物的方便，还要有超市；此外，房价能够在3 000~4 000 元/m^2，而且从工作地点回到家里不超过 5 分钟。但现实的结果可能是你们买了一套住房，它的房价在 3 500 元/m^2，附近仅有地铁站且它在晚上 7 点关闭，附近仅有的最好的小学距住房要 20 分钟的路程，从工作地点回到家里将近 60 分钟。

3）直觉的决策过程。有时人们制定决策时，既不会严格识别问题，也不会认真收集信息，甚至基本不怎么思考就进行了决策。这时，人们进行决策的依据是他们的经验，我们称这类决策过程为直觉的决策过程。

直觉的决策过程是一种潜意识的决策过程，基于决策者的经验，以及积累的判断。当面对的新情况与以往的经验相匹配，并与以往的情况有类似性质时，决策者就会运用基本重复的模式。

直觉非常依赖于管理者以往的经验，如果他缺乏经验或发现所处的局面非常独特，这时，直觉就不太可靠了。

（2）按所处理的问题分

决策的定义既强调识别问题，也强调解决问题。管理者每天都会遇到各种各样的问题，管理者采用什么决策取决于其所面临的问题的性质。根据所处理的问题的性质不同，决策可分为程序化决策和非程序化决策。

1）程序化决策。交通警察对闯红灯的驾驶员开具罚款单，消费者在超市或百货商店退货或换货，学校对违纪学生予以处分等，这些问题对决策者来说是非常熟悉的，决策者的目标也是很清楚的，信息的收集较为容易，我们称这类问题为结构良好的问题。因为结构良好的问题是经常发生的，所以通常处理这类问题有一定标准的程序和确定的惯例，这种情况下管理者的决策被称为程序化决策。

结构良好的问题的解决方案通常是熟悉的和被过去的实践证明是成功的方案。因此，程序化决策是相对简单的和主要依据以前的解决方法的决策，是一种仿照先例的决策，管理者通常依据系统化的程序、规则或政策来制定决策。

2）非程序化决策。与结构良好的问题不同，有些问题是新颖的、不经常发生的，或者收集到的信息是不完整的，这类问题被称为结构不良的问题。例如，联想公司收购 IBM 公司个人电脑业务。通常处理这类问题几乎没有以前的程序或惯例可循，这种情况下管理者的决策被称为非程序化决策。非程序化决策是“具有唯一性的和不可重复性的决策”，它具有极大的偶然性和随机性，很少重复发生，无先例可循，是具有大量不确定因素的决策活动。

那么，当管理者面临结构不良或者独特的问题时，由于没有现成的解决方案，他需要根据面对的具体问题制定解决方案。这时，为了保证问题的可靠解决，大部分的非程序化决策都是由知识和经验丰富的管理者和专家完成的。

事实是，当管理者面对亟待解决的问题时，很少有哪个管理决策是完全程序化或完全非程序化的。我们这里只是介绍了两个极端情况。绝大多数决策是落在这两个极端之间的。那么，一种比较合适的方式是，将问题看作主要是程序化的或主要是非程序化的，而不是将它们看作完全程序化的或完全非程序化的。

程序化决策更有助于提高组织的效率，因此，管理决策应当尽可能程序化。然而，非程序化决策往往比程序化决策更重要，因为它们更复杂，对组织的绩效造成的影响更大。

（3）按决策的影响范围和时间范围分

决策的影响包括参与决策的人和受决策影响的人；决策的时间范围可以是一年、一个月、一天，也可以是更长的时间。那么，根据决策的影响范围和时间范围的不同，决策可分为战略决策、战术决策和运营决策。

1）战略决策。战略决策，一般是由组织的最高管理者制定的3~5年的长期规划。它确定了组织未来的发展方向，事关组织远景的全局性、长远性和大政方针方面的决策。

2）战术决策。战术决策，一般是由中层管理者制定的。它是战略决策的短期具体化，是在战略决策指导下进行的，解决的是一年或少于一年的规划问题，关注的是组织的部门或工作团队的经营目标。例如，生产计划就是在企业总体战略框架下，对企业经营领域生产系统的建立和运行制定全局性的规划。

3）运营决策。运营决策又被称为执行性决策或业务决策，是在战术决策指导下为提高日常工作的工作效率、生产效率，合理组织业务活动进程等而作出的决策，一般由一线管理者或一线员工作出，如客户服务、不合格品的处理等。

3. 制定决策的条件

在制定决策时，要考虑的一个重要因素是我们的决策是在什么条件下作出的。所处条件不同，我们作出的决策也将不同，导致的结果也是不同的。一般情况下，管理者将面对三种条件，即确定性条件、风险性条件和不确定性条件。

（1）确定性条件

在确定性条件下，决策者确切地知道每一种备选方案的结果，这样，决策者只要对各个方案的结果直接比较，就可以制定出精确的决策。但这种条件不是大多数管理决策所处的条件，它更多的是一种理想化的条件。

例如，每学期开学后，当你拿到你的选课表格时，你就确切地知道每门课程上课的时间、地点以及老师，那么你也就能够选择你喜欢的课程和老师，你也就知道从这些课程和老师那里可以学习到哪些方面的知识。

（2）风险性条件

决策者作出决策的更一般的、更常见的条件是风险性条件。在这种条件下，决策者不能确切知道每一种备选方案的结果，但能够估计出每一种备选方案的可能结果，因为决策者具有的历史数据使他们能够给各个备选方案分配概率。

（3）不确定性条件

在作出一些特殊的决策时，决策者要面临更复杂的决策条件。在这种条件下，决策者不能肯定各个备选方案的结果，也不能对概率作出合理的估计，这样的条件是不确定性条件。这时，决策方案的选择将受到决策者能够获得的有限的信息，以及决策者心理定位的影响。

4. 决策的风格

不同的决策者，即使处于相同的决策条件，面对相同的待解决问题，作出的决策也是不会相同的，因为他们是以不同的方式进行决策的。决策者处理问题和制定决策的方式之间的差异，就是决策风格。

一般而言，管理学家认为决策风格有四种类型，即命令型风格、分析型风格、概念型风格和行为型风格。

（1）命令型风格

具有命令型风格的决策者，往往在思考问题的方式上是理性的，他们讲究效率和逻辑性，依靠确定的规则和程序来决策。这是因为他们在制定决策时，希望避免处理大量信息，只考虑少数几个备选方案。

（2）分析型风格

具有分析型风格的决策者，往往在制定决策之前喜欢尽可能地收集到更多的信息和考察更多的备选方案，并且对所收集的信息数据进行客观的分析，从而进行决策。这种决策者以谨慎为特征，具有适应和符合某些特殊情况的能力。

（3）概念型风格

具有概念型风格的决策者，往往愿意考察更多的备选方案，他们的视野更开阔，更加关注决策的长期效果，以及更愿意寻求创造性解决问题的方案。

（4）行为型风格

具有行为型风格的决策者，愿意与他人讨论问题，并寻求解决问题的方案，更加愿意关注下级的成就和接受来自下级的建议，他们通常通过协商解决的方式进行决策。

管理小故事

“信息倒置”下的决策困境

北京时间1999年5月8日5：45分，即当地时间5月7日23：45分，我驻南联盟使馆被炸，3 人死亡，20 余人受伤，但是由于使馆的通信系统遭到破坏，国内并未在第一时间得到报告。当时的消息传播过程是这样的：北京时间早晨6：00，《人民日报》驻南联盟记者吕岩松用手机打电话到《环球时报》主编的家里，告知情况，主编再把电话打给外交部，外交部领导获悉后又将电话打到吕岩松的手机上，这才与使馆取得了联系。6：10 分以后，有关部门才陆续向中央报告。7：30 分以后，驻南大使潘占林才正式向中央报告。这就是我们当时所能达到的最快速度了。

那时网络的速度如何呢？

北京时间 5 月 8 日 6：24 分，新浪网在国内率先发出简讯：大使馆被炸。事件发生后大约 1 小时，早晨6：40 分，新浪网发出详细报道，全方位介绍了中国驻南联盟使馆被炸和人员的伤亡情况。

国内各界一片哗然，新浪网新闻中心瞬间塞车，访问量达到平时的 5 倍以上，紧急将服务器由 1 台增加到 5 台。

1962 年，古巴导弹危机之后，美国总统肯尼迪封锁消息 6 天，媒体无一知晓，国家安全委员会有充分的时间开会商议。现在，如果再遇到这种情况，美国总统恐怕连 2 个小时的缓冲时间都没有。

信息传播速度意味着长期以来自上而下的传递顺序被打破，普通民众不但能够与领导者同步，甚至可能先一步获知消息，美国人称这种状况为“信息倒置”。

在这种情况下，领导者决策时间大大缩短，一些关键角色甚至只有在众目睽睽之下进行决策，接受检验。所有的领导者，不论国内还是国外，都想内部决定、处理完毕、对外宣布。但今天，要达成这一过程越来越困难。

（资料来源：金一南．心胜［M］．武汉：长江文艺出版社，2017.）

个人任务——案例分析

假定你的专业是财务，在你毕业时想找到一份工作，你愿意做一个个人理财计划人员，起薪不低于 5 000 元/月，工作地点距离你家不超出 100 公里。现在你找到了一个企业信用分析师的职位，它并不是你所希望的个人理财计划人员，但仍属于财务领域。这项工作是在一家银行中供职，距离你家 60 公里，起薪是 5 100 元/月。

如果进行一次更广泛的工作检索，你可能会在一家信托公司中发现一个个人理财计划人员职位，公司距离你家 30 公里，起薪是 5 500 元/月。但这家公司对应聘人员的要求非常严格，你对被录用的概率没有把握。

请问：如果是你，你会怎样选择？

1. 任务目标

单独完成上述案例分析。

2. 任务准备

线下知识：管理学参考文献或书籍。

线上知识：在线学习资源平台。

3. 任务实施

步骤一：学习有关决策的知识。

步骤二：学习要点记录。

步骤三：完成任务表单并提交。

步骤四：进行同学间的分享交流。

步骤五：修改表单。

步骤六：任务反思及改进。

4. 任务记录

决策的定义：______________________________

____

____

决策的条件：______________________________

____

____

决策的风格：______________________________

____

____

5. 任务反思

同学间分享交流后，表单修改要点为：______________________________

____

本次任务反思：______________________________

____

6. 任务评价

以下为本次任务的评价标准（总分 10 分），供参考。要求至少三位评委根据任务完成的质量给出分数，最后取平均分为学生的最终成绩评定。

评分标准	阅读不少于两篇参考文献或两本书籍（2分）	线上课程资源平台学习不少于10分钟（1分）	完成学习要点记录（1分）	完成任务表单填写并按时提交（2分）	完成同学间分享交流（2分）	完成任务表单修改及任务反思（2分）	成绩总分
评委1							
评委2							
评委3							
最终成绩							

自我评价：______________________________

____

教师评价：______________________________

____

知识准备

二、掌握决策的技术

> 巨匠在限制中表现自己。
>
> ——歌德

决策理论日益完善，决策的技术也愈加充实，但总体来说，组织常用的决策技术可分为两大类，即“硬”技术和“软”技术。

1. 决策的“硬”技术

决策的“硬”技术是指在运用数学方法、建立数学模型的基础上，利用电子计算机辅助决策，对比较复杂的问题通过计算求得结果，最后经过分析、比较，选择满意方案的一种方法。它的核心是把决策的变量与变量、变量与目标之间的关系，用数学关系表达出来，借助于科学方法和工具对各种因素进行定量分析。

其中应用比较广泛、比较成熟的技术，是以统筹学和计量经济学为主要内容的计算机决策支持系统，它大大提高了决策的准确性和实时性。

由于“硬”技术的数学模型往往要求的条件必须是明确的，而社会经济活动和管理活动却是不断变化且不易用数学变量和数学关系来表示的，存在着决策者难以控制的和不确定的条件因素，使“硬”技术在运用上具有局限性。

此类技术适用于重复性和程序化的决策。

2. 决策的“软”技术

决策的“软”技术是指在心理学、社会学、行为科学等学科的基础上，结合各学科专家的经验和能力，根据收集的信息和资料分析，对组织的决策目标、决策方案和实施提出见解，供决策者进行决策的“专家法”，即“专家创造力技术”。

“软”技术最适合于受社会因素影响较大、所含不确定因素较多的综合性决策，特别是战略决策问题。此类技术常以集体决策的方式应用，根据决策方式的不同，可分为头脑风暴法、名义小组技术和德尔菲技术。

（1）头脑风暴法

头脑风暴法的创始人是英国的心理学家奥斯本，它是组织比较常用的集体决策技术，通常是将与某项决策有关知识领域的专家集合在一起，在完全不受约束的条件下，集思广益、畅所欲言地提出解决问题的决策方案。

头脑风暴法通过有合理知识结构的专家群体，依靠现代科学手段掌握的大量信息，迅速严密地进行分析、归纳和演绎，提出决策的目标、方案和参数，并作出相应评价和选择。

应用头脑风暴法，需要遵守以下原则：

☑ 对他人的建议不做任何评价，将相互讨论限制在最低限度内；

☑ 建议越多越好，在这个阶段，参与者不要考虑自己建议的质量，想到什么就说出来；

☑ 鼓励每个参与者独立思考，广开思路，想法越新颖、越奇异越好；

☑ 可以补充和完善已有的建议以使它更有说服力。

头脑风暴法的目的在于营造一种畅所欲言、自由思考的氛围，诱发创造性思维的共振和连锁反应，产生更多的创造性思维。它主要用于收集新思路、新设想。

（2）名义小组技术

在集体决策中，当对问题的性质不是完全了解且决策者的意见分歧严重时，可采用名义小组技术。

在此技术下，管理者先召集一些与决策有关知识领域的专家组成一个小组，把要解决的问题的关键内容告知他们，并让他们独立思考、互不通气，也不能在一起讨论和商议，从而使小组只是名义上的。接下来，要求每个人尽可能地将自己的备选方案和意见写下来；然后，再按次序让他们逐个陈述自己的观点；最后，在此基础上，由小组成员对提出的全部备选方案进行投票，赞成人数最多的备选方案即为所选方案。

（3）德尔菲技术

德尔菲技术也称为专家征询法，是一种简单、常用的主观判断决策法。它起源于20世纪40年代的兰德公司，被用来听取有关专家对某一问题的意见。

运用这种技术首先要设法取得有关专家的合作，然后把待解决的关键问题分别告知专家们，请他们单独发表自己的意见。在此基础上，管理者收集并综合各位专家的意见，再把综合后的意见反馈给各位专家，让他们再次进行分析并发表意见。如果遇到差别很大的意见，则把提供这些意见的专家集中起来进行讨论并综合。如此反复多次，最终形成代表专家组意见的方案。这个方案就是所选方案。

“软”技术弥补了“硬”技术对政治、社会和人文因素无法定量测算分析的缺陷。

3. 决策的具体方法

在不同的条件下，决策的方法有较大差异。根据决策的条件，决策方法可分为确定性条件下决策的方法、风险性条件下决策的方法和不确定性条件下决策的方法。

（1）确定性条件下决策的方法

确定性条件下决策的方法是线性规划法。线性规划法是运筹学中研究较早、发展较快、应用广泛、方法较成熟的一个重要分支，它是辅助人们进行科学管理的一种数学方法。

线性规划所研究的是在一定条件下，合理安排人力、物力等资源，使经济效果达到最好的问题。

一般来说，求解线性目标函数在线性约束条件下的最大值或最小值的问题，统称为线性规划问题。决策变量、约束条件、目标函数是线性规划的三要素。

当得到的目标函数为线性函数，约束条件为线性等式或不等式时称此数学模型为线性规划模型。

建立线性规划模型的步骤有：

1）确定影响目标的决策变量；

2）列出约束条件及目标函数；

3）画出约束条件所表示的可行域；

4）在可行域内求解目标函数的最优解。

（2）风险性条件下决策的方法

在风险性条件下，每个备选方案都会遇到几种不同的可能情况，但是如果已知每一种情况出现的可能性有多大，即发生的概率有多大，作出决策时就可根据方案在各种可能的自然状况下发生的概率，计算各方案损益值的期望值，并以此判断方案的优劣。需要说明的是，不论选择哪一种方案，都要承担一定的风险。

常用的决策方法有以期望值为标准的决策方法、以等概率（合理性）为标准的决策方法和以最大可能性为标准的决策方法。

1）以期望值为标准的决策方法，是以收益和损失矩阵为依据，分别计算各可行方案的期望值，选择其中期望收益值最大（或期望损失值最小）的方案作为最优方案。此方法一般适用于三种情况：一是概率的出现具有明显的客观性质，而且比较稳定；二是决策不是解决一次性问题，而是解决多次重复的问题；三是决策的结果不会对决策者带来严重的后果。

2）以等概率（合理性）为标准的决策方法，是因为各种自然状态出现的概率无法预测，所以假定几种自然状态的概率相等，然后求出各方案的期望损益值，最后选择期望收益值最大（或期望损失值最小）的方案作为最优方案。此方法适用于各种自然状态出现的概率无法得到的情况。

3）以最大可能性为标准的决策方法，是以一次试验中事件出现的可能性大小作为选择方案的标准，而不是考虑其经济的结果。此方法适用于各种自然状态中某一状态的概率显著地高于其他方案所出现的概率，而期望值相差不大的情况。

在这些风险性条件的决策方法中，最常用的方法是决策树法。决策树法是对决策局面的一种图解法，它是把各种备选方案、可能出现的自然状态及各种损益值简明地绘制在一张图表上，使决策问题形象化的一种决策方法。

1）决策树法中常见的几个概念

先验概率，是指根据过去经验或主观判断而形成的对各自然状态的风险程度的测算值。

自然状态，是指各种可行方案可能遇到的客观情况和状态。

2）决策树法的构成要素

①决策点：所要决策的问题，用方框表示。

②方案枝：表示一个方案，与状态节点相连。

③状态节点：反映各种自然状态所能获得的机会，在各个方案枝的末端，用圆圈表示。

④概率枝：反映各种自然状态可能出现的概率，从状态节点引出。

⑤损益值点：反映在各种自然状态下可能的收益值或损失值，用三角形表示。

3）决策树法的步骤

①绘制决策树图。

②计算各方案的期望值，即将各种自然状态的损益值分别乘以各自概率枝上的概率，再乘以计算期限，然后将各概率枝的值相加。

③剪枝。比较各方案的期望值，在落选的方案枝上画“//”，表示舍弃不用，最终只剩下一条贯穿始终的方案枝，它的期望值最大，是最佳方案，将此最大值标在决策点上。

决策树图的分析程序，是先从损益值开始由右向左推导的。

[例题]

××照相器材厂是一家有着20年照相机生产历史的企业。最近，企业实行改制，由国有独资企业改制为股份制企业，并通过猎头公司招聘李远担任公司的总经理。李远上任后要求公司的发展规划部为公司的未来发展提出方案。发展规划部提出了两个方案供公司领导班子选择：一个方案是继续生产传统产品，另一个方案是生产数码相机。

根据发展规划部的分析测算，如果照相机市场需求量大的话，生产传统相机一年可获利30万元，而生产数码相机则可获利50万元。如果市场需求量小，生产传统相机仍可获利10万元，生产数码相机将亏损5万元。根据对照相机市场所进行的调研和市场分析，市场需求量大的概率为0.8，需求量小的概率为0.2。以李远为总经理的公司领导班子根据发展规划部提交的方案将作出怎样的决策？

解：绘制决策树和计算期望值，如图2-4所示。

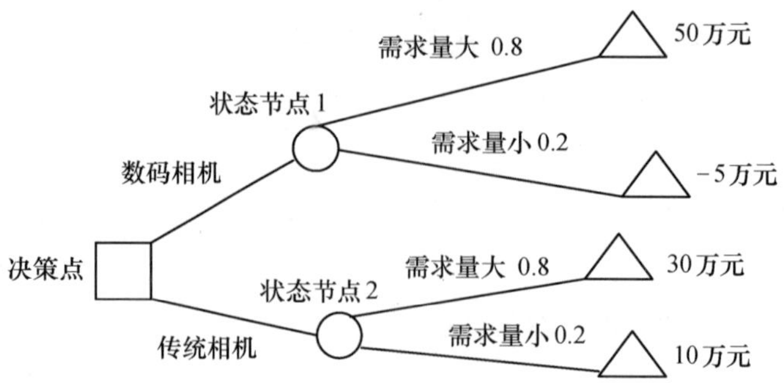

图2-4　决策树图

期望值一=30×0.8+10×0.2=26 万元

期望值二=50×0.8+（−5）×0.2=39 万元

比较两个方案的期望收益，显然生产数码相机方案可使企业年度获利最多。

（3）不确定性条件下决策的方法

在不确定性条件下，由于存在不可控的因素，一个方案可能出现几种不同的结果，而对各种可能结果没有客观概率作为依据，那么管理者就不知道未来情况将如何发展。此时，常用的方法有小中取大法、大中取大法和最小最大后悔值法。

1）小中取大法。小中取大法也称瓦尔德决策准则、保守法。采用这种方法的管理者对未来持悲观态度，认为未来会出现最差的自然状态，不论采用哪种方案，都只能获取方案的最小收益。决策目标是避免最坏的结果，力求风险最小。

小中取大法是将在最差状态下的收益进行比较，选择收益最大或损失最小的方案作为所选方案。

2）大中取大法。大中取大法也称乐观决策法、冒险法。采取这种方法的管理者对未来持乐观态度，认为未来会出现最好的自然状态，因此，不论采用哪种方案，都会获取该方案的最大收益。决策的目标是在最好的自然状态下确保获得最大可能的利润。

大中取大法是将在最好状态下的收益进行比较，选择收益最大或损失最小的方案作为所选方案。

3）最小最大后悔值法。最小最大后悔值法也称萨凡奇决策准则。管理者在选择了某方案后，如果将来发生的自然状态表明其他某个方案收益更大，那么他会为自己的选择而后悔。决策的目标是确保避免较大的机会损失。

最小最大后悔值法就是使管理者的后悔感觉最小的方法。这里，后悔的感觉用后悔值来表示，那么，某方案在某自然状态下的后悔值可用以下公式计算：

后悔值=该状态下其他某个方案的最大收益−该方案在该状态下的最大收益

找出各个方案的最大后悔值并进行比较，选择后悔值中最小的方案作为所选方案。

个人任务——决策方法训练

1. 任务目标

单独运用本任务中所学的决策方法，完成下述练习，达到熟练掌握这些决策方法的目的。

2. 任务准备

线下知识：管理学参考文献或书籍。

线上知识：在线学习资源平台。

3. 任务实施

步骤一：学习有关决策方法的知识。

步骤二：学习要点记录。

步骤三：完成任务并提交。

步骤四：进行同学间的分享交流。

步骤五：任务反思及改进。

4. 任务记录

【练习 1】

为保增长、促发展，某地计划投资甲、乙两个项目。市场调研得知，甲项目每投资 100 万元需要配套电能 2 万千瓦，可提供就业岗位 24 个，增加 GDP 260 万元；乙项目每投资 100 万元需要配套电能 4 万千瓦，可提供就业岗位 36 个，增加 GDP 200 万元。已知该地为甲、乙两项目最多可投资 3 000 万元，配套电能 100 万千瓦，并要求它们提供的就业岗位不少于 840 个。那么，如何安排甲、乙两项目的投资额，使增加的 GDP 最高？

【练习 2】

某企业固定费用为 2 700 万元，产品单价为 800 元/台，单位变动成本 600 元/台。请计算其盈亏平衡点。当年产量在 12 万台时，为实现目标利润 40 万元，最低销售单价应定多少元？

【练习 3】

某冷饮店出售冰激凌，要求第二天的订单必须在当天下午四点钟之前送出。根据统计资料，冰激凌的销售与天气有关，晴天可销售 3 000 支，多云天气可销售 2 000 支，阴天可销售 1 600 支，下雨天可销售 800 支。该店向冰激凌厂家订货批量有 3 000 支、2 000 支、1 600 支、800 支四种，每售出一支冰激凌可得利润 5 角钱，如果订购的冰激凌没有及时售出将损失 6 角钱。

天气预报报道：第二天天气为晴天、多云、阴天、雨天的概率分别是 0.2、0.5、0.2、0.1，那么第二天应该订购多少支冰激凌？

5. 任务反思

本次任务反思：____

____

6. 任务评价

以下为本次任务的评价标准（总分 10 分），供参考。要求至少三位评委根据任务完成的质量给出分数，最后取平均分为学生的最终成绩评定。

评分标准	完成练习（6 分）	线上课程资源平台学习不少于 10 分钟（1 分）	完成学习要点记录（1 分）	完成任务表单填写并按时提交（1 分）	完成同学间分享交流（1 分）	成绩总分
评委 1						
评委 2						
评委 3						
最终成绩						

自我评价：____

____

教师评价：____

____

任务三　粮草先行——制订计划

夫未战而庙算胜者，得算多也；未战而庙算不胜者，得算少也。多算胜，少算不胜，而况于无算乎！吾以此观之，胜负见矣。

——孙子

* 知识任务

1. 计划的定义、分类、要素。
2. 资源分配技术。

* 技能任务

1. 能够编写行之有效的计划。
2. 能够运用常见的资源分配技术。

* 素质任务

培养学生的规划能力和超前意识。

任务导入

恰当性即有效性

战略思维的焦点是对目标的判定。没有了目标，也就没有了战略。

战略的现实性与有效性，集中体现在目标的现实性与有效性上。在其他条件不变的情况下，目标选择既决定战略本身的性质——攻还是防及攻防程度，也决定战略实施的成败。

第二次世界大战中，英国和美国对德国进行大规模的战略轰炸，目标最初选定为军事设施、工矿企业、大中城市、交通及能源设施。投弹量分配如下：军事设施30.5%，工矿企业13.5%，大中城市24%，交通及能源设施32%。

从1939年10月至1945年5月，英国空军和美国空军共向德国61个城市投下50万吨以上的高爆炸弹、燃烧弹和杀伤炸弹，炸死30万人，炸伤80万人，摧毁住宅360万套，相当于德国全部住宅的10%，使750万人无家可归；其中德国首都柏林被全部摧毁的地区达到70%。

但这种将德国后方几乎所有目标都包括进去的攻击方法，并没有收到预期效果。轰炸虽然使德国损失巨大，但对其军工生产并没有产生大的影响；因为对房屋的破坏与对机床的破坏不成比例，所以德国恢复生产的速度比预料的快得多。

直到1945年，英美空军才领悟到问题出在目标选择上。诺曼底登陆前后，英国空军和美国空军对目标重新作出选择——以德国的交通及能源设施为主要攻击目标。

这一改变立即使战略轰炸变得真正有效。交通运输线的破坏对德国的煤炭分配造成灾难性影响，鲁尔区的煤和焦炭堆积如山，运输几乎完全停顿，很多设备完好却也只能停产。对石油加工厂的轰炸更使德国石油产品从每月近 32 万吨急剧下降到每月 17 000 吨，生产能力损失达 95%；橡胶产量也从每月 12 000 吨下降到不足 2 000 吨，仅为原来产量的 16%。德国的战争潜力因此迅速下降。

只有到了这个时候，英美的战略轰炸才变成了真正的战略轰炸。

（资料来源：金一南. 心胜［M］. 武汉：长江文艺出版社，2017.）

知识准备

一、认识计划

> 坐在指挥台上，如果什么也看不见，就不能叫领导。坐在指挥台上，只看见地平线上已经出现的大量普遍的东西，那是平平常常的，也不能算领导。只有当着还没有出现大量的明显的东西的时候，当桅杆顶刚露出的时候，就能看出这是要发展成为大量的普遍的东西，并能掌握住它，这才叫领导。
>
> ——毛泽东

哈罗德·孔茨认为："计划工作是一座桥梁，它把我们所处的此岸和要去的彼岸连接起来，以克服这一天堑。"虽然我们很难预知确实的未来，很难去对那些超出我们控制的未来进行精确的干扰，但是，唯有计划能帮助我们在这种不确定的管理工作中减少损失，并使我们的工作有条理、有逻辑，使我们更方便、更迅速地达到管理的目标。

1. 计划的定义

很多管理学家对此都进行了探索，并给计划下了各种定义，但通观这些定义，我们可以从广义和狭义两方面进行归纳。

（1）计划在广义上的定义

从广义上讲，计划是指对未来所要从事的事业的谋划、规划和打算。这里，计划包含两层意思。

1）从动态角度看，计划是指准备在未来从事某项工作时，预先确定行动的时间、方法、步骤、手段等的过程，通常称为"计划工作"，包含确定组织的目标、制定企业的战略（既可以是企业的总体战略，也可以是职能战略）以实现目标，以及制定与目标相关的一组广泛的计划以整合和协调组织的工作。

计划工作既关系到结果（做什么），也关系到手段（怎么做）。计划工作的任务可表述为：一个组织根据自身的能力和所处的环境，制定出组织在一定时期内的奋斗目标，并通过计划的编制、执行、检查、协调，合理安排组织中各方面的经营和管理活动，优化配置组织的各种资源，取得合理的经济效益和社会效益。

2）从静态角度看，计划是指规划好的行动方案或蓝图。这里，计划仅是“计划工作”的结果，是关于行动方向、内容和方式安排的管理文件，它以文字和指示等形式进行表述。一般而言，我们常谈到的“计划”就是静态意义上的计划，如各种商业计划书、各种企划方案等。

（2）计划在狭义上的定义

从狭义上讲，计划是指未来可望达到或实现的具体目标。这时，计划是指根据实际情况，通过科学、准确的预测，提出在未来一定时期内的目标及实现目标的方法，包括明确组织的目标、考核的指标、实现目标的手段选择、进度的安排等。

2. 计划的分类

仔细研究组织计划并总结以往各管理学理论后，我们可以发现对组织计划类型的描述最常见的是按照计划所覆盖的宽度、时间、特殊性、使用频率、职能部门以及管理层次进行划分，见表2-2。表面上看，它们相互独立，但事实上，在组织中，一个战

表 2-2　　计划的类型

分类标准	类型
宽度	战略性计划 运营性计划
时间	长期计划 短期计划
特殊性	方向性计划 具体性计划
使用频率	一次性计划 持续性计划
职能部门	营销计划、人力资源计划 财务计划、生产计划、科学技术研发计划
管理层次	高层计划 中层计划 基层计划

略性计划往往是长期的、具有方向性的、仅使用一次的而且是由高层管理者制订的。与此相对，一个运营性计划往往是短期的、可具体执行的、可多次使用的、可能是由职能部门或基础管理者制订的。

（1）按计划所覆盖的宽度分

1）战略性计划。战略性计划是应用于组织整体的计划，其任务在于建立组织的全局目标和寻求组织在环境中的定位。它趋向于覆盖较长的期间和较宽的领域，而且还包含目标的构建。

2）运营性计划。运营性计划是具体规定如何实现全局目标的细节的计划。它要具体制定达到组织目标的手段和方法，并且往往覆盖较短的时间，是未来各个较短时期内的行动方案，如月度计划、年度计划。

战略性计划的制订为运营性计划提供了方向，而运营性计划是战略性计划的具体落实。两者相辅相成，共同为实现组织目标提供指导。

（2）按计划执行的时间分

1）长期计划。在过去，定义长期计划往往是那些超过 5 年以上的计划，有的甚至能达到 10 年以上。但是，在现在科学技术、经济水平发展如此之快的环境下，企业制定一个 5 年以上的计划，它的可操作性和指导性可想而知。组织环境变得越来越不确定，因此长期计划的期限也应进行相应的调整。

通常，组织的做法是定义 3～5 年的计划为长期计划。当然，也有特殊情况，有的企业由于所处行业的特点，它所制订的长期计划有时会达到 8 年以上，甚至更长时间。

长期计划描述了组织在较长时期内的发展方向，规定了组织在这个较长时期内要达到的目标。

2）短期计划。一般，组织定义 1 年或短于 1 年的计划为短期计划，常见的短期计划有月度计划、周计划等。

短期计划具体规定了组织在较短时期内所应从事的活动，以及短期要达到的目标，因此它为各组织成员在近期内的行动提供了依据。

短期计划要在长期计划的指导下制订，要为实现长期目标做出贡献。

（3）按计划的特殊性分

1）具体性计划。具体性计划是指具有明确定义的目标和没有其他解释余地的计划，它不存在模糊性，不存在理解上的歧义。例如，生产进度计划中会规定某种产品的零部件应在何时到达装配线开始总装，何时会出厂发货。

2）方向性计划。方向性计划是一种非常灵活的计划，它一般不明确规定组织的目标或明确规定在某个具体目标上采取某个具体的行动，但它会设立一般的指导原则，提供了未来努力的方向。例如，方向性计划不会详细地规定营销部门在未来6个月内增长4%的营业额，往往更多的是以利润在未来6个月将提高5%~10%的方式来表述。

相对于方向性计划而言，具体性计划更便于员工操作或执行、考核及控制，但它所要求的“清晰性和可预见性”往往并不容易具备。但是，当环境变化较大、不确定性较高，或者管理者需要保持较高的灵活性以响应不可预见的意外时，方向性计划更可取。

（4）按计划的使用频率分

1）一次性计划。一次性计划是指为“满足特定情况”而设计的、仅被使用一次的计划，如联想集团针对“以12.5亿美元收购IBM个人电脑事业部”这个项目所制订的计划。

2）持续性计划。持续性计划是针对重复进行的工作提供持续指导，它包括政策、规则和程序，如对同种材料按定量订货法采购的订货计划。

（5）按制订计划的职能部门分

1）营销计划。营销计划是指在对企业市场营销环境进行调研分析的基础上，制定企业及各业务单位的营销目标以及实现这一目标所应采取的策略、措施和步骤的明确规定和详细说明。

营销计划需要在仔细研究企业内外部环境的条件下确定并预计客户的需求，再通过一系列的研发、生产、销售、客户服务环节去满足客户的需求，以期达到保证企业盈利的目的。它可以为市场营销管理人员提供重要的依据，并且使得营销管理人员进行逻辑的思考，形成行动方案，从而为企业的营销服务。

2）人力资源计划。人力资源计划是指根据企业的发展规划，通过诊断企业现有人力资源状况，结合企业经营发展战略，并考虑未来的人力资源需求和供给状况的分析及估计，对职务编制、人员配置、教育培训、人力资源管理政策、招聘和录用等内容进行的人力资源部门的职能性规划。

人力资源计划需要研究如何保证组织未来发展所需成员的素质，考虑如何准备必要的管理者力量，如何将不同素质特点的员工安排在不同的岗位上并使他们学以致用等。

3）财务计划。财务计划研究如何为企业提供长期的资金保障，如何在资本的提供和利用上促进业务活动进行。

4）生产计划。生产计划是指根据国家、市场的需要和企业的技术、设备、人力、物资、动力等资源能力条件，合理地安排计划期内应当生产的品种、产量和出产进度，充分满足社会和用户的需要。它是企业对生产任务作出的统筹安排，是企业组织生产运作活动的依据。

5）科学技术研发计划。这是技术开发部门为使企业更能适应企业间竞争，保持企业的核心竞争力而制订的，是针对未来企业经营范围提供的新产品、新领域应如何研制、开发的一种职能性计划。

（6）按制订计划的管理层次分

1）高层计划。高层计划是由企业高层管理者制订的计划，一般具有普遍指导性，是涉及企业未来长期目标的计划。

2）中层计划。中层计划是由中层管理者制订的计划，一般是下达有关基层负责并执行的计划，它影响企业的生产、经营和资源分配，是高层计划的具体化。

3）基层计划。基层计划是对中层计划的细分或具体化，是由基层管理者制订的计划，一般是可操作或可执行的作业计划，如班组工作计划等。

3. 计划的要素

计划的要素一般概括为六个方面，即做什么（What）、为什么做（Why）、何时做（When）、何地做（Where）、谁去做（Who）和怎么做（How），简称5W1H。

（1）做什么，就是要明确计划的目标任务和要求，明确每一个时期的中心任务和工作重点。

（2）为什么做，就是要明确设立目标任务的必要性，并论证实现目标任务的可行性。

（3）何时做，就是选定计划实施的时机，以及规定计划中各项工作开始和完成的进度，以便进行有效控制和对能力资源进行平衡。

（4）何地做，就是规定计划实施地点或场所，了解计划实施的环境条件和限制，以便合理安排计划实施的空间组织和布局。

（5）谁去做，就是计划不仅要明确规定目标任务、地点和进度，还应规定由哪个主管部门负责。

（6）怎样去做，就是制定实施计划的措施，以及相应的政策和规则，对资源进行合理分配和集中使用，对人力、生产能力进行平衡，对各种派生计划进行综合平衡等。

管理小故事

建设新型国家应急管理体系

应急管理是国家治理体系和治理能力的重要组成部分，承担防范化解重大安全风险、及时应对处置各类突发公共事件的重要职责。要发挥我国应急管理体系优势，就需要不断提升应急管理科学化、专业化、智能化和精细化水平。

一、应急管理科学化

应急管理科学化是指，以“一案三制”——应急预案、应急管理体制、应急管理机制和应急管理法制——为基本框架的应急管理体系能够充分适应现代突发公共事件的特有属性，能够以理性化方式来应对突发公共事件。

要健全应急预案，真正建成“横向到边、纵向到底”的能够涵盖各类突发公共事件的预案体系，不断提高应急预案的权威性和规范性，适时对预案进行动态调整和修改。同时，以政府为主导的应急管理主体要加强对应急预案的演练，提升应急预案的适应性和可操作性。

要完善应急管理体制。需要根据突发公共事件的属性和各类治理主体的功能优势来优化中央政府与地方政府、政府与职能部门、政府与市场和社会等主体之间的应急管理职权和职责；需要完善“属地管理原则”，确保中央政府的统筹协调优势、地方政府的治理优势与职能部门的技术优势能够有机融合；需要充分发挥市场和社会的功能，各类非政府组织、志愿者、企业等多元主体能够有序参与应急管理过程，从而与国家形成应急管理合力。

要强化应急管理机制。确保应急监测预警、信息沟通、应急决策和协调、分级负责与响应、社会动员、应急资源配置与征用、奖惩、社会治安综合治理、城乡社区管理、政府与公众联动、国际协调等应急管理机制能够灵敏和有机运转。

要完善应急管理法制。既要及时修改不适应应急管理实践的现有法律，也要前瞻性地制定新的应急管理法律，提高政府处置突发事件的预期性，明确市场、社会和群众在应急管理中的权利和义务，维护国家和社会公共利益，保护公民、法人和其他组织合法权益。

二、应急管理专业化

应急管理专业化是指，应急管理的组织机构、人员设备、管理技术、管理文化等软件和硬件符合应对突发公共事件的规范标准。

提升应急管理专业化水平首先要提升应急管理人员和救援人员的专业技术技能。需要加强对应急管理中承担决策、指挥和领导等管理职责的人员，特别是领导干部的应急培训和考核，提升领导干部解决和处理急难险重突发公共事件的知识技能；通过应急管理专业资格认证、应急演练和实战训练等方式来强化应急救援人员的专业救援和处置能力。其次要健全应急管理组织机构。根据应急管理任务来加强基层应急管理机构建设，合理设置应急管理机构的内部科室，建设标准化应急指挥机构，以稳定的组织机构和编制、不断积累的应急管理经验来提升应急管理专业能力。

要完善应急管理设施设备和应急管理技术的标准化建设。根据应急管理内在机理和特有属性，加强应急管理通信设施、指挥设施、救援设施、物质保障设施等的规范化建设，加强实验室、检测和鉴定机构等技术性设施建设；通过科技创新、总结经验、实践探索、对照国际先进、科学分类等方式来提升应急管理技术标准化水平。

要培育应急管理专业文化。通过案例展示、舆论宣传等方式提升应急决策和管理人员、应急救援队伍的应急管理专业化意识，在全社会形成专业化的应急管理文化氛围。

三、应急管理智能化

应急管理智能化是指，应急管理过程与大数据、物联网、人工智能、区块链、云计算、互联网+、远程遥控技术等现代具有智慧特征的新技术结合，将技防与人防、物防相结合，实现应急管理“智慧化”。

要建立和健全一个反应灵敏、先进可靠、功能齐全的全国统一应急管理技术平台，消除安全生产、城市消防、抗旱防洪、防震减灾、食品安全、公共卫生等各应急管理领域的信息孤岛，打通国家、省、市、县各级应急管理部门的信息传递链路，进一步延伸到企事业单位，甚至居民家庭，形成全覆盖的应急指挥系统。这就需要将云计算大数据服务器系统作为应急管理技术平台的信息处理中心，通过云存储、云计算、大数据挖掘分析、人工智能模型、计算机辅助决策等技术，有效地利用海量信息，对采集到的各种类型数据信息进行跨行业跨领域跨系统分析，实时通过专用网络连接到相关各部门，实现统一指挥和协调行动。

要在依法保护隐私权和商业秘密的前提下，充分利用模拟高清、高清新智能视频等各种新技术手段率先在城市，进而在农村重要场所建立和健全一套智能监控系统。智能监控系统的本质是一个跨地域、跨行业、跨应用的综合性安全防控网络和大型联网监控系统。智能监控系统必须具有强大接入能力，以实现大规模大范围的监控点覆盖；同时必须支持灵活接入方式，以适应各个监控点网络传输条件的差异性，确保应急指挥者能适时看得见现场，看明白智能化效果。

承担应急管理职责的行政机关和企事业单位在履行风险防范，应对突发公共事件过程中要善于运用智能手机、微信群、政府公共账号、卫星定位系统、地理信息系统等普通智慧工具，第一时间向社会公众传播权威信息。

要加强应急管理智能化基础设施投入，分步骤按计划逐步实现全领域、全过程应急管理智慧化，完善云计算、云存储等先进智慧技术。

四、应急管理精细化

应急管理精细化是指，一种应急管理目标、标准、任务和流程细分，实施精确应急管理计划、精确应急管理决策、精确应急管理控制和精确奖惩考核的应急管理模式，以更精、更准、更细和更严的标准来应对突发公共事件，避免冗杂化、分散化、碎片化和粗放化的弊端。

确保应急预案制定的精细化。预案具有应急规划、纲领和指南的作用，是应急行动的宣传书、动员令和冲锋号。对于常规突发事件，需要制定标准化的应急预案，明确应急管理目标、任务、流程、决策、手段、物质保障等内容；对于不确定性的非常规突发事件类型，应加强情景模拟，提高对未知风险的预见性，建立灵活多变的模拟应急预案。

要加强应急管理体制的精细化建设。需要进一步规范应急管理部的职权和职责，厘定应急管理部与承担公共卫生、国家安全、社会治安等领域的应急管理职责的部门之间的关系；需要界分横向的地方人民政府与纵向的应急管理部门之间的职权和职责；需要科学设定企事业单位、非政府组织等主体的应急管理职责（义务）和职权（权利），明确与政府之间的法律关系；需要进一步规定党政同责、一岗双责、权责一致、失职追责的领导干部应急管理责任制，明确地方各级党委和政府主要责任人同为应急管理第一责任人，把应急管理工作纳入党委和政府议事日程。

要完善应急管理机制的精细化水平。进一步明确常态管理机制进入应急管理机制的标准，以及应急管理机制结束的条件，防止混淆常态机制与应急机制；优化政、企、军等多元主体之间的应急联动机制，提高协作能力和应急联动效率；要健全重大突发公共事件的应急响应机制，完善集中统一高效的领导指挥体系，做到指令清晰、系统有序、条块畅达、执行有力。

要形成精细化的应急管理理念。承担应急管理职责，履行应急管理义务的各类主体需要形成精益求精的观念、持续改善的态度、严谨认真的作风、严于自律的意识，将更精、更准、更细和更严的要求内化为自身的行动，贯彻到应急管理的全过程、全领域。

（资料来源：戚建刚，怎样推进应急管理体系和能力现代化？新华社客户端，2020年7月28日。）

个人任务——编制自己的家庭旅行计划

1. 任务目标

独立编制一份家庭旅行计划，以熟练掌握计划的要素、内容和格式。

2. 任务准备

线下知识：管理学参考文献或书籍。

线上知识：在线学习资源平台。

3. 任务实施

步骤一：学习有关计划的知识。

步骤二：学习要点记录。

步骤三：完成任务并提交。

步骤四：进行学习交流。

步骤五：修订计划。

步骤六：任务反思及改进。

4. 任务反思

本次任务反思：____

____

5. 任务评价

以下为本次任务的评价标准（总分 10 分），供参考。要求至少三位评委根据任务完成的质量给出分数，最后取平均分为学生的最终成绩评定。

评分标准	完成家庭旅游计划（5 分）	线上课程资源平台学习不少于 10 分钟（1 分）	完成学习要点记录（1 分）	完成任务表单填写并按时提交（2 分）	完成学习交流（1 分）	成绩总分
评委 1						
评委 2						
评委 3						
最终成绩						

自我评价：____

____

教师评价：____

____

知识准备

二、了解资源分配的技术

凡事预则立，不预则废。

组织的资源就是组织的资产，它包括财务资源（自有资金、贷款、权益以及其他金融资产）、物质资源（厂房、办公楼、设备、原材料等有形资产）、人力资源、无形资产（品牌、专利、版权等）等。如何有效配置这些资源来实现组织的目标，在会计、财务、人力资源管理和生产管理等课程中都有各种资源分配的技术，如预算、盈亏平衡分析法、流量法和线性规划法等。我们这里仅介绍几种常用的方法。

1. 甘特图

甘特图也称为条状图、横道图，是在1917年由亨利·劳伦斯·甘特发明的。其内在思想是，以图示的方式通过活动列表和时间刻度形象地表示出任何特定项目的活动顺序与持续时间。

甘特图是一张线条图，横轴表示时间，纵轴表示活动（项目、机器设备名称、操作人员和编号），线条表示在整个期间上计划和实际的活动完成情况。图表内以线条、数字、文字代号等来表示计划（实际）所需时间、计划（实际）产量、计划（实际）开工或完工时间等。

甘特图直观地表明任务计划在什么时候进行，以及实际进展与计划要求的对比，显示项目进度和其他与时间相关的系统的内在关系随着时间推移进展的情况。管理者由此极为便利地弄清一项任务（项目）还剩下哪些工作要做，并可评估工作是提前还是滞后，抑或正常进行。

甘特图和时间表是两种不同的任务表达方式。甘特图使用户可以直观地知道有哪些任务、这些任务在什么时间段要做；而时间表则提供更精确的时间段数据。

甘特图具有简单、醒目和便于编制等特点，在企业管理工作中被广泛应用。甘特图按反映的内容不同，可分为计划图表、负荷图表、机器闲置图表、人员闲置图表和进度表五种形式。

（1）甘特图的优点：图形化概要，通用技术，易于理解；中小型项目一般不超过30项活动；有专业软件支持，无须担心复杂计算和分析。

（2）甘特图的局限：甘特图事实上仅部分地反映了项目管理的三重约束（时间、成本和范围），因为它主要关注进程管理（时间）；甘特图尽管能够通过项目管理软件描绘出项目活动的内在关系，但是如果关系过多，纷繁复杂的线图必将增加甘特图的阅读难度。

专门用于制作甘特图的软件有 Ganttproject、Gantt Designer 和 Microsoft Project 等，当然还可以在 Microsoft Excel 中手工绘制。

下面使用一个例子来简单说明甘特图。

如图 2-5 所示，时间以月为单位表示在图的下方，主要活动从上到下列在图的左边。计划需要确定书的出版包括哪些活动，这些活动的顺序，以及每项活动持续的时间。时间框里的实心黑线条表示计划的活动顺序，空白的线条表示活动的实际进度。甘特图作为一种理想的控制工具，帮助管理者发现实际进度偏离计划的情况。在本例中，除了印刷和排版校对以外，其他活动都是按计划完成的。

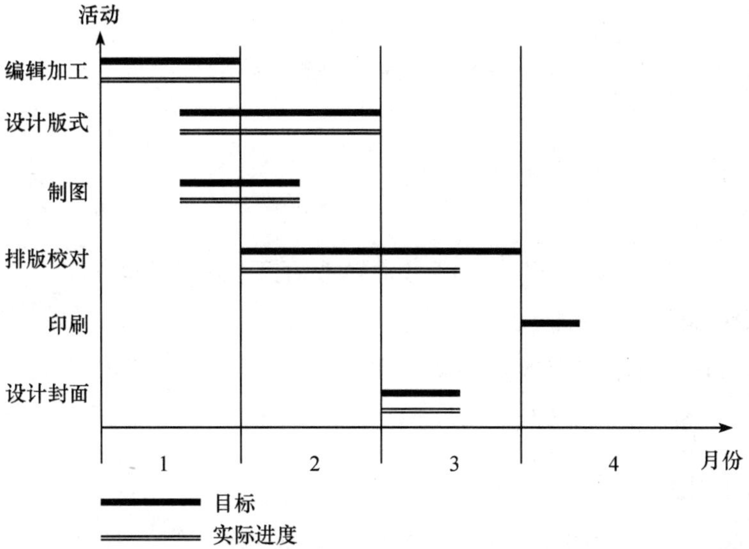

图 2-5　图书生产的甘特图

2. 计划评审技术

当活动的数量较少且相互独立时，甘特图是很有用的。但是，如果管理者要计划一个大型项目，如组织变革或重组、开发新产品，这样的计划要协调成百上千个活动，那么管理者应如何对这类项目进行计划呢？计划评审技术（Program Evaluation and Review Technique，PERT）就是非常适合复杂项目的进度计划。

计划评审技术起源于美国，是一种科学的计划管理方法，它借助于网络图的形式反映工程项目各项活动的先后顺序及相互关系，通过网络分析计算网络时间值，找出影响全局的关键活动和关键路线，达到对项目进行统筹安排和调度的目的。其优点是，能缩短活动时间，降低成本，实现资源的优化配置，提高经济效益。PERT 图的组成要素有以下四类。

（1）节点

节点也称为事件或事项，是指一项活动开始或完成的瞬间，是一项活动与另一项活动的连接点，起承上启下的作用。它既不消耗资源，也不占用时间。

（2）活动

活动也称为作业或工序，是指在项目中需消耗资源并在一定时间内完成的独立工作。

（3）线路

线路也称为路线，是指从网络图的始点开始，顺着箭头方向连续不断地到达网络图终点的一条通路。

在一张 PERT 图中，一般有许多条线路，每条线路的长度是不一样的，其中线路最长的一条称为关键线路。位于关键线路上的活动，称为关键活动，这些活动完成的快慢直接影响着整个计划的进度和工期。

（4）松弛时间

松弛时间，是指单个活动在不影响整个项目完工期的前提下可能被推迟完成的最长时间。关键线路上活动的松弛时间为零。

绝大多数 PERT 项目都是大量的复杂活动，这就要求管理者识别完成项目所需的所有关键活动，并按照发生的次序排列它们，估计每项活动的完成时间。

3. 滚动计划法

滚动计划法也称为滑动计划法，是按照“近细远粗”的原则制订一定时期内的计划，然后根据计划的执行情况和环境变化来调整和修订，并逐期向前推移，把短期计划和长期计划结合起来的一种计划方法。

滚动计划法是一种动态编制计划的方法，它不像静态计划方法那样，等一项计划全部执行完了之后再重新编制下一时期的计划，而是在每次编制或调整计划时，均将计划按时间顺序向前推进一个计划期，即向前滚动一次。

具体用法是：在已编制计划的基础上，每经过一段固定的时期（如一年或一个季度，这段固定的时期称为滚动间隔期），便根据变化了的环境条件和计划的实际执行情况，从确保实现计划目标出发对原计划进行调整。每次调整时，保持原计划期限不变，而将计划期顺序向前推进一个滚动期。在编制计划时，近期计划部分较详细，远期计划部分较粗略。如图 2-6 所示，某企业在 2018 年年底制订了 2019—2023 年的五年计划，如采用滚动计划法，到 2019 年年底，根据当年计划完成的实际情况和客观条件的变化，需对原有的五年计划进行必要的调整，在此基础上再编制 2020-2024 年的五年计划。

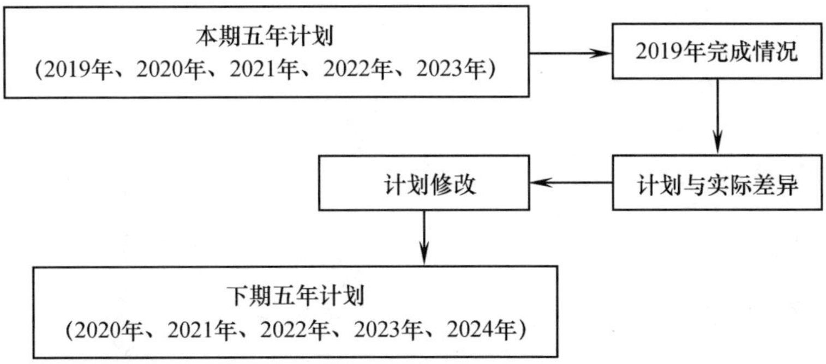

图 2-6　某企业的五年滚动计划

滚动计划法既可用于编制长期计划，也可用于编制年度、季度生产计划和月度生产作业计划。不同计划的滚动期不一样，一般长期计划按年滚动，年度计划按季滚动，月度计划按旬滚动等。

需要指出的是，滚动间隔期的选择要适应企业的具体情况。如果滚动间隔期偏短，则计划调整频繁，好处是有利于计划符合实际，缺点是降低了计划的严肃性。一般情况是，生产比较稳定的大批量生产企业宜采用较长的滚动间隔期，生产不太稳定的单件小批量生产企业则可考虑采用较短的滚动间隔期。

采用滚动计划法，可以根据环境条件变化和实际完成情况，定期对计划进行修订，使组织始终有一个较为切合实际的长期计划作指导，并使长期计划能够始终与短期计划紧密衔接在一起。

个人任务——设计旅游路线的游览计划

1. 任务目标

设想自己是一家旅行社的管理者，运用甘特图，设计一份某旅游路线的游览计划。

通过该计划的编制，训练学生的规划能力和前瞻思维。

2. 任务准备

线下知识：管理学参考文献或书籍。

线上知识：在线学习资源平台。

3. 任务实施

步骤一：学习甘特图的知识。

步骤二：学习要点记录。

步骤三：完成任务并提交。

步骤四：进行学习交流。

步骤五：修订计划。

步骤六：任务反思及改进。

4. 任务反思

本次任务反思：______________________________

____

5. 任务评价

以下为本次任务的评价标准（总分 10 分），供参考。要求至少三位评委根据任务完成的质量给出分数，最后取平均分为学生的最终成绩评定。

评分标准	完成甘特图计划（5 分）	线上课程资源平台学习不少于 10 分钟（1 分）	完成学习要点记录（1 分）	完成任务表单填写并按时提交（2 分）	完成学习交流（1 分）	成绩总分
评委 1						
评委 2						
评委 3						
最终成绩						

自我评价：____

____

教师评价：____

____

同步训练题

一、填空题

1. 甘特图横轴代表____________，纵轴代表____________。

2. “凡事预则立，不预则废”是强调____________的重要性。

3. 制订计划分为以下步骤：①确立目标；②估量机会；③调查研究；④提出多种方案；⑤方案选择。正确的顺序是____________。

4. 在《竞争战略》一书中，____________提出了著名的五种竞争力量模型。

二、判断题

1. 管理职能中的计划职能只有定义目标这个工作。（　　）

2. 组织在实现目标的过程中离不开控制，而计划是控制的基础。（　　）

3. 为落实计划，执行者和计划者必须密切联系以求应变。（　　）

4. 提出了计划就应该坚持不懈地去执行。（　　）

5. 缓慢或快速地作出决策都是不合理的。（　　）

三、单项选择题

1. 管理职能中，首要职能是（　　）。

A. 计划　　B. 组织　　C. 领导　　D. 控制

2. 计划的特点包括（　　）。

A. 时效性　　B. 预见性　　C. 悬疑性　　D. 便利性

3. 按照制订计划的职能部门给计划的分类有（　　）。

A. 长期计划　　B. 战略性计划

C. 营销计划　　D. 高层计划

4. 站在落实计划的立场来执行，可以做到（　　）。

A. 避免两头落空

B. 双方都为目标努力，不争功不诿过，自然比较容易同心协力

C. 为求落实计划，执行者和计划者密切联系以求应变

D. 以上都包括

5. 提出计划后应该（　　）。

A. 不必坚持

B. 有几分把握坚持几分

C. 坚持到底

D. 以上都不正确

四、材料题

2008 年 5 月 12 日 14：28 分，四川汶川发生了罕见的大地震，由此展开了一场中国突发新闻领域规模最大的遭遇战和突击战。

自大地震发生后，网易等网络媒体在 14：35 分就率先通告地震消息。14：42 分中央新闻频道采编系统开始运作，核实地震消息的真实性。14：58 分地震消息在中央电视台被最后核实。15：00 分中央电视台在央视整点新闻时段头条播出发生汶川大地震的消息。15：20 分中央新闻频道中止正常节目，开始特别直播抗震救灾专题。

特别直播开始，央视新闻根本不知道什么时候停止，根本不知道有没有足够的内容把直播充满。直播开始，我们以前所未有的反应速度，采取了前所未有的主动措施。由于中央电视台报道的快速、透明，西方知名媒体如 CNN、BBC 等在整点新闻报道中大量采用了中央电视台国际频道和英文频道的报道，中央新闻媒体第一次在国内重大突发事件报道中全面影响了国际舆论，对于国际社会第一时间了解真相、提供援助起到了十分积极的作用。

《世界报》在头版头条刊文指出，面对历史上最严重的自然灾害之一，中国新闻媒体在整个报道过程中采取了过去从未有过的方式。英国《金融时报》说，汶川地震是中国形象嬗变的信号，种种迹象表明，中国政府在应对自然灾害方面，正试图改变既往隐瞒或公布迟缓的做法。新加坡《联合早报》报道称，相对透明和及时的灾情信息发布使这场波及大半个中国的地震没有造成明显的社会恐慌，各地秩序基本正常。

（资料来源：张志伟，汶川地震中媒体表现反思，中国论文网。）

请问，在上述材料中，是哪些关键因素使得中国新闻媒体打了一场漂亮仗？为什么？

任务拓展

编制一份有关考试的计划。

要求：

1. 考试可以是任何一种类型；

2. 注意编制计划的人的身份，身份可以是学生本人、教务处老师或某考试中心负责人；

3. 内容要符合计划的基本要求，具有一定的指导性和可执行性；

4. 必要时，可以将预算也包含进去。

项目三

高效组织

【项目内容】

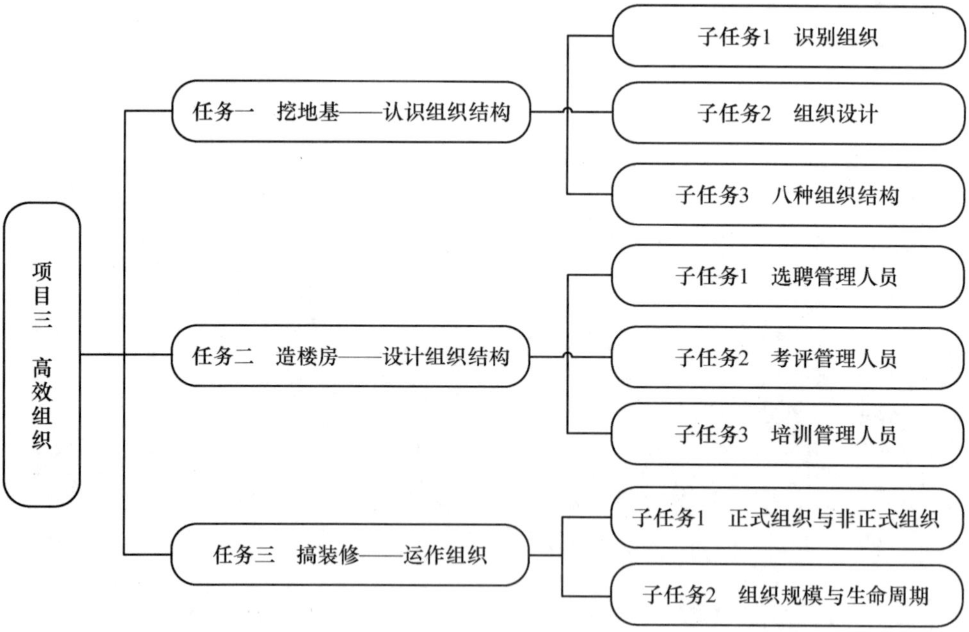

【项目理论】

1. 组织的理论。
2. 组织结构设计理论。

【项目重难点】

重点：组织结构设计。

难点：组织高效运作。

【项目成果】

1. 各种组织结构的识别与分析。
2. 组织结构的设计运用。
3. 高效组织的运作。

【项目导入】

D公司的困惑

一整天的公司高层例会结束后，D公司S总经理不禁陷入沉思。例会由S总经理主持，几位副总经理参加。原本他只想商谈一下公司今后的发展方向问题，但会上的意见争执却出乎自己的预料。很明显，几位高层领导在对公司所面临的主要问题和下一步如何发展的认识上，存在着明显的分歧。6年来，D公司由初创时的几个人、1 500万元资产、单一开发房地产业，发展到今天的1 300余人、5.8亿元资产、以房地产业为主，成为集房地产、娱乐、餐饮、咨询、汽车维护、百货零售等业务于一体的多元化实业公司，是本市乃至周边地区较有竞争实力和知名度的企业。

公司成立以来一直担任主帅的S总经理在成功的喜悦与憧憬中，更多了一层隐忧。在今天的高层例会上，他在发言时也是这么讲的："公司成立已经6年了，在过去的几年里，经过全体员工努力奋斗与拼搏，公司取得了很大的发展。现在回过头来看，过去的路子基本上是正确的。当然也应该承认，公司现在面临着许多新问题：一是企业规模较大，组织管理中信息沟通不及时，各部门协调不力；二是市场变化快，我们过去先入为主的优势已经逐渐消失，且主业、副业市场竞争都渐趋激烈；三是我们原本的战略发展定位是多元化，在坚持主业的同时，积极向外扩张，寻找新的发展空间，应该如何坚持这一定位。"面对新的形势，就公司未来的走向和目前的主要问题，会上各位高层领导都谈了自己的想法。管理科班出身、主管公司经营与发展的L副总经理在会上说："公司的成绩只能说明过去，面对新的局面必须有新的思路。公司成长到今天，人员在膨胀，组织层级过多，部门数量增加，这就在组织管理上出现了阻隔。例如，总公司下设5个分公司，即综合娱乐中心（下有戏水、餐饮、健身、保龄球、滑冰等项目）、房地产开发公司、装修公司、汽车维修公司和物业管理公司。各部门都自成体系，公司管理层次过多，如总公司有3级，各分公司又各有3级以上管理层，最为突出的是娱乐中心的高、中、低管理层次竟达7级，且专业管理机构存在重复设置现象。总公司有人力资源开发部，而下属公司也相应设置人力资源开发部，职能重叠，管理混乱。管理效率和人员效率低下，这从根本上导致了管理成本加大，组织效率下降，这是任何一个公司发展的大忌。从组织管理理论的角度看，一个企业发展到1 000人左右，就应以制度管理代替'人治'，我们公司可以说正是处于这一管理制度变革的关口。我们公司业务种类多，市场面广，跨行业的管理具有复杂性和业务多元化的特点，现有的直线职能制组织结构已不能适应公司的发展，所以进行组织变革是必然的，问题在于我们应该构建一种什么样的组织结构以适应企业发展需要。"

坐在S总经理旁边的另一位是公司创立三元老之一、始终主管财务的大管家C副总经理，他考虑良久，非常有把握地说："公司之所以有今天，靠的就是最早创业的几个人，他们不怕苦、不怕累、不怕丢了饭碗，有的是闯劲、拼劲。一句话，这种敬业、拼搏精神是公司的立足之本。目前，我们公司的发展出现了一点儿问题，遇到了一些困难，这应该说是正常的，也是难免的。如何走出困境，关键是要强化内部管理，特别是财务管理。现在公司的财务管理比较混乱，各个分部独立核算后，都有了自己的账户，总公司可控制的资金越来越少。如果要进一步发展，首先必须做到财务管理上的集权，该收的权力总公司一定要收上来，这样才有利于公司通盘考虑，共图发展。"

高层会议各领导的观点在公司的管理人员中间亦引起了争论，各部门和下属公司也产生了各自的打算：房地产开发部要求开展铝业装修；娱乐部想要租车间搞服装设计；物业管理部提出经营园林花卉的设想；甚至有人提出公司应介入制造业，成立自己的机电制造中心。

任务1：请讨论公司目前进行改革是否可行。

任务2：请根据以上信息，为该公司设计一套合适的组织结构，画出相应的组织结构图，并描述各部门、职务及岗位的权限和责任。

任务一　挖地基——认识组织结构

管理是由心智所驱使的唯一无所不在的人类活动

——戴维 · B. 赫尔茨

* 知识任务

1. 掌握组织的概念。
2. 了解组织层次和幅度的关系。
3. 熟悉组织结构设计的原则。

* 技能任务

能进行组织结构的设计。

* 素质任务

1. 培养宏观意识和大局意识。
2. 具备一定的战略思维。

任务导入

为什么能人不再能

有一个高技术企业，因其产品的独特功能为市场所认识，企业得到了迅速的发展，业务规模和人员规模迅速扩大，并随之出现了如新员工招聘和培训、企业战略的制定、企业内部管理流程的规范、相应内部信息网络系统的建设等新的工作。但因为处于发展初期，员工进出数量都不多，也没有系统的新员工培训，所以人事工作是由综合办公室主任兼任的。战略制定、流程规范和内网建设在企业初创时根本就没有顾及，所以也没有安排人员来做这些工作。随着企业的发展，这些工作必须要有人来做。

一开始，总经理将这些工作一项一项布置给了能干的综合办公室主任。但不久后就发现，办公室主任不仅没有做好这些新布置给他的重要工作，而且连原来的一些职能也没能履行好。总经理一开始以为是由于办公室主任不够卖力导致的，但经过仔细观察，并没有证据证明办公室主任在偷懒。事实上，办公室主任比以前更忙、更卖力，每天都要工作到很晚才回家。

总经理经过与办公室主任交谈得知：办公室主任之所以没有能够做好各项工作，是因为公司交给他的事情太多了，他根本就忙不过来，而且其中的很多事情都是以前没有接触过的，他自己也不知道应该怎么做，所以只好做一点是一点，领导注重什么就先做什么，做事无计划，办事无效率，最终也没有什么结果。办公室主任还表示，这段时间以来，自己不仅身心疲惫，而且由于事情没有做好而经常被老总批评，完全没有了以前曾经有过的成就感。想辞职，觉得对不起老总；继续这样做下去，自己又觉得撑不下去。

总经理通过与办公室主任的交谈，深感问题的严重性，也能够理解办公室主任的心情。总经理也考虑过增设专门的岗位来从事这些新的工作，但又担心随着新工作的不断增加，企业职能部门会迅速膨胀，从而导致管理成本的直线上升。

思考：面对因企业发展而不断出现的新工作，企业应该怎样来设计组织结构和分配新任务，才能使各项新工作能够得以正常开展又不至于给企业带来很大的人力成本压力？

知识准备

一、识别组织

在一个组织中，大部分人都不明白组织成立的原因和目的。因此，常常不知道组织中人与人、部门与部门之间的关系，经常出现推诿、效率低下、互不支持的现象，如果处理不好将会导致组织的死亡。

实际上，我们每一个人之所以会加入某一组织中，是因为在这个组织中可以在一定程度上实现单靠个人力量无法实现或难以有效实现的目标。人欲望的无限性，使得人们不仅想实现通过个人努力可以完成的目标，而且还想挑战一下更高难度的目标，这就必须借助他人的力量，由此组织也就应运而生。

因此，从本质上而言，组织是一个利益共同体。

组织无时无刻不存在于我们的生活之中，我们可以看见一幢高楼、一个工厂或者一名热情的员工等，但我们很少注意到组织的存在，我们常将组织作为理所当然的事实，而没有去刻意地关注它。我们出生于某家医院，接受着小学、初中、高中和大学的教育，吃着食堂的饭菜，采购着各种食品加工厂生产的食品，居住在某建筑公司建造的房子里。大多数人的大量时间都在各种类型的组织中度过。

所谓组织是指这样一个社会实体，它具有明确的目标导向、精心设计的结构、有意识协调的活动系统，同时又与外部环境保持密切的联系。组织的关键要素是人及其相互之间的关系，当人们通过相互作用以完成共同的目标时，就存在所谓的组织。随着近几年行业的激烈竞争，越来越多的组织意识到人力资源的重要性，在留住员工、激励员工的最有效方法中，都强调了给员工提供更好的发展平台，使他们在为企业实现共同目标的同时，能够自我提升。

管理者精心地组合和协调组织的资源以实现组织的目标。然而，即便工作可以被分配到各个独立的部门或者一系列的活动中，大多数组织今天仍在努力实现工作活动的横向协调。它们通常利用团队组织形式，使不同职能领域的员工在一起工作，完成特定项目。当企业需要对外部环境的迅速变化作出反应时，部门之间的界限以及组织之间的界限就变得更富有灵活性和渗透性。不与客户、供应商、竞争者及其他外部环境因素相互作用的组织，是很难生存下去的。今天，一些公司甚至与它们的竞争对手合作，就是为了相互的利益而共享信息和技术。

组织的最高主管因受到精力和时间的限制，需委托一定数量的员工分担其管理工作。委托的结果是减轻了他直接从事的业务工作量，但与此同时，也增加了他的协调工作。因此，任何主管能够直接有效地指挥和监督的下属数量总是有限的。这个有限的直接领导的下属数量被称为管理幅度。由于同样的理由，最高主管下放的部分任务，也要下放到部门中的其他人员来协助进行，并依次类推下去，直至受托人能直接安排和协调组织成员的具体业务活动。由此形成组织中从最高主管到具体工作人员之间的不同管理层次。

显然，管理层次受到组织规模和管理幅度的影响。它与组织规模成正比：组织规模越大，包括的成员越多，则层次越多。在组织规模已定的条件下，它与管理幅度成反比：主管直接控制的下属越多，管理层次越少；相反，管理幅度减小，则管理层次增加。管理层次与管理幅度的反比关系决定了两种基本的管理组织结构形态，即扁平结构形态和锥型结构形态。

1. 扁平结构形态

扁平结构形态（见图3-1）是指组织规模已定、管理幅度较大、管理层次较少的一种组织结构形态。这种形态的优点是：由于层次少，信息的传递速度快，从而可以使高层尽快地发现信息所反映的问题，并及时采取相应的纠偏措施；同时，由于信息传递经过的层次少，传递过程中失真的情况较少；此外，由于管理幅度较大，主管人员精力有限，不可能管理得很严格，从而有利于下属主动性和首创精神的发挥。但过大的管理幅度，也会带来一些局限性，如主管无法对每件任务进行充分的指导和监督，主管花费大部分精力放在协调工作上从而影响任务完成的及时性等。

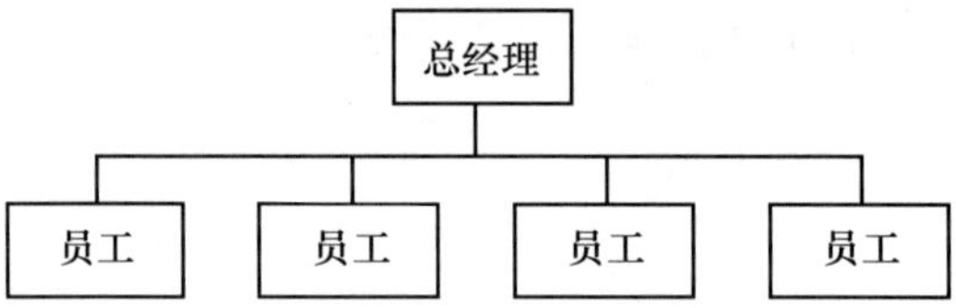

图 3-1　扁平结构形态示意图

2. 锥型结构形态

锥型结构形态（见图 3-2）是一种管理幅度较小、管理层次较多的高、尖、细金字塔组织结构形态。其优点与局限性正好与扁平结构相反，较小的管理幅度可以使每位主管仔细地研究从每个下属得到的有限信息，并对每个下属进行详尽的指导。但过多的管理层次不仅影响了信息从基层传递到高层的速度，而且由于经过的层次太多，每次传递都被各层主管加进了许多自己的理解和认识，从而可能使信息在传递过程中失真。另外，可能使各层主管感到自己在组织中的地位相对渺小，从而影响工作积极性的发挥。最后，锥型结构形态往往容易使计划的控制工作复杂化。

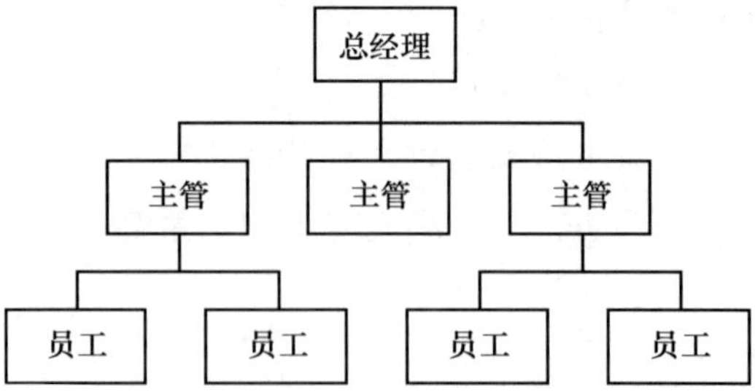

图 3-2　锥型结构形态示意图

组织设计要尽可能地综合以上两种基本组织结构形态的优势，克服各自的局限性。

团队任务——识别组织

1. 任务目标

根据所学的组织知识，进行企业组织结构调研。

2. 任务要求

请调研至少三家单位，了解其组织结构，并绘制组织结构图。

3. 任务准备

准备网络信息收集和企业访谈。

4. 任务实施

步骤一：进行访谈提纲及调查问卷设计。

步骤二：实地访谈、调研并收集相应的佐证材料及图片。

步骤三：团队讨论并整理分析调研资料，形成结论并提出建议。

步骤四：完成调研报告并按时提交。

步骤五：进行各团队间的分享交流。

步骤六：修改调研报告。

步骤七：任务反思及改进。

5. 任务记录

请将访谈要点记录在以下空格处。

组织结构图 1：____

____

____

____

组织结构图 2：____

____

____

____

组织结构图 3：____

____

____

6. 任务成果

请完成组织结构图，并以电子文稿的形式提交。

7. 任务反思

团队间分享交流后，调研报告修改要点为：________________________________

____

本次任务反思：____

____

8. 任务评价

以下为本次任务的评价标准（总分 10 分），供参考。要求至少三位评委根据任务完成质量给出分数，最后取平均分为团队的最终成绩评定。

评分标准	完成访谈提纲及调查问卷设计并作为任务附件按时提交（2 分）	实地访谈并按要求提供佐证材料（1 分）	完成访谈要点记录（1 分）	完成团队内讨论（1 分）	完成调研报告并按时提交（2 分）	完成团队间分享交流（1 分）	完成调研报告修改及任务反思（2 分）	成绩总分
评委 1								
评委 2								
评委 3								
最终成绩								

自我评价：____

____

教师评价：____

____

知识准备

二、组织设计

1. 组织设计的原则

组织所处的环境、制定的战略、采用的技术、发展的规模不同，所需的岗位和部门及其之间的相互关系也不同，但任何组织在进行结构和机构的设计时，都需遵守一些共同的原则。

（1）因事设职与因人设职相结合的原则

组织设计的根本目的是保证组织目标的最终实现，是使目标活动的每项内容都落实到具体的岗位和部门，即“事事有人做”，而非“人人有事做”。因此，在组织设计中，首先要求考虑工作的特点和需要，要求因事设职、因职用人，而非相反。但这并不意味着组织设计中可以忽视人的因素，相反，组织设计过程中必须重视人的因素。

1）组织设计往往并不是为全新的、迄今为止还不存在的组织设计岗位和机构。在某种特殊情况下，我们也许可以不考虑人的特点。但是，在通常情况下，我们遇到的实际上是组织的再设计问题。随着环境、任务等某个或某些影响因素的变化，我们需要重新设计或调整组织的机构与结构，这时就不能不考虑到现有组织中现有成员的特点，组织设计的目的就不仅仅要保证“事事有人做”，而且要保证“有能力的人有机会去做他们能够胜任的工作”。

2）组织中各部门各岗位的工作最终是要人去完成的，即使是个全新的组织，也并不总是能在社会上招聘到每个岗位所需的理想人员。如同产品的设计，不仅要考虑到产品本身的结构合理，还要考虑到顾客的需求是否能够满足，以及材料的质地、性能和强度。组织机构和结构的设计，也不能不考虑到组织内外现有市场中人力资源的特点。

3）任何组织，首先是人的集合，而不是事和物的集合。人之所以参加组织，不仅有满足某种客观需要的要求，而且希望通过工作来提高能力、展现才华、实现自我的价值。现代社会中的任何组织，通过其活动向社会提供的不仅是某种特定的产品或服务，而且是具有一定素质的人。可以说，为社会培养各种合格有用的人才是所有社会组织不可推卸的社会责任。

（2）权责对等的原则

组织中每个部门和职务都必须完成规定的工作。而为了从事一定的活动，都需要利用一定的人、财、物等资源。因此，为了保证“事事有人做”和“事事都能正确地做好”，不仅要明确各个部门的任务和责任，而且在组织设计中，还要规定相应的取得和利用人力、物力、财力以及信息等工作条件的权力。没有明确的权力，或权力的应用范围小于工作的要求，则可能使责任无法履行，任务无法完成。当然，对等的权责也意味着赋予某个部门或岗位的权力不能超过其应负的职责。权力大于工作的要求，虽能保证任务的完成，但会导致不负责任的人员滥用权力，从而危及整个组织系统的运行。

（3）命令统一的原则

除了位于组织金字塔顶部的最高行政指挥外，组织中的其他成员在工作中都会收到来自上级行政部门或负责人的指令，根据上级的指令开始或结束、进行或调整、修正或停止自己的工作。但是，一个下属如果同时接收两个上司的指令，而这些上级的指令并不总是一致的，那么，他的工作就会混乱。如果两位上级的指令相互矛盾，下属便会感到无所适从。这时，下属无论依照谁的指令行事，都有可能受到另一位上级的指责。当然，也有特殊情况，那就是如果下属足够聪明且有足够的胆略，他还可利用一位上级的指令去影响另一位上级的指令，而不采取任何执行行动。但是，这显然会给整个组织带来危害。“命令统一”的原则指的是“组织中的任何成员只能接受一个上司的领导”。

但是，这条重要的原则在组织实践中常遇到来自多方面的破坏。为了防止这种现象的出现，在组织设计中，要根据“一个下级只能服从一个上级领导”的原则，将管理的各个岗位形成一条连续的等级链，明确规定链中每个岗位之间的责任、权力关系，禁止越级指挥或越权指挥；在组织实践中，在管理体制上，要实行各级首长负责制，减少甚至不设各级行政主管的副职。

2. 组织设计的步骤

组织设计的任务是提供组织结构系统图和编制岗位说明书，从而达成企业战略目标，执行组织职能的基础工作。岗位说明书要求能简单而明确地指出该岗位的职责与职权，与组织中其他部门和职务的关系，承担该职务者所具备的任职资格，工作环境和工作时间等。

组织设计一般包括以下三个步骤。

（1）岗位设计与分析

组织系统图是自上而下绘制的，我们在研究现有组织的改进时，也往往从自上而下地重新划分各个部门的职责来着手进行。但是，设计一个全新的组织结构却需要从最基层开始，也就是说，组织设计是自下而上的。

岗位设计与分析是组织设计最基础的工作。岗位设计是在逐步分解目标活动的基础上，设计和确定组织内从事具体管理工作所需的岗位类别和数量，分析担任每个岗位的人员应负的职责以及所需具备的素质。

（2）划分部门

根据各个岗位所从事的工作内容的性质以及岗位间的相互关系，依照一定的原则，可以将各个工作任务内容相似的岗位组合成部门的管理单位。组织活动的特点、环境和条件不同，划分部门所依据的标准也是不一样的。对同一组织来说，在不同时期的环境和战略下，划分部门的标准也可能会不断调整。

（3）形成结构

岗位设计和部门划分是根据工作要求来进行的。在此基础上，还要根据组织内外能够获取的现有人力资源，对初步设计的部门和岗位进行调整，并平衡各部门、各岗位的工作量，以使组织机构合理。如果再次分析的结果证明初步设计是合理的，那么剩下的任务便是根据各自工作的性质和内容，规定各管理机构之间的职责、权限以及义务关系，使各管理部门和职务形成一个严密的网络。

3. 组织设计的重点

（1）组织的目标

组织的目标是使组织内部各部门在公司整体经营目标下，充分发挥能力以完成各自目标，从而促进公司整体目标的实现。

（2）组织的成长

这里要考虑公司的业绩、经营状况与持续成长。

（3）组织的稳定

随着公司的成长，逐步调整组织结构是必要的，但经常的组织、权责、程序变更会动摇员工的信心，产生离心力，因此应该保证组织的相对稳定。

（4）组织的精简

组织机构精简、人员精干有助于资源的合理配置，实现工作的高效率。

（5）组织的弹性

这主要是指部门结构和职位具有一定的弹性，既能保持正常状况下的基本形式，又能适应内、外部各种环境条件的变化。

（6）组织的分工协作

只有各部门之间以及部门内个人之间的工作能协调配合，才能实现本部门目标，同时保证整个组织目标的实现。

（7）指挥的统一性

工作中的多头指挥会使下属无所适从，容易造成混乱的局面。

（8）权责的明确性

职权或职责不清会使工作发生重复或遗漏、推诿现象，这样将导致员工挫折感的产生，造成工作消极的局面。

（9）流程的制度化、标准化与程序化

明确的制度、标准作业以及工作的程序化可缩短摸索的时间，提高工作的效率。

4. 组织设计的影响因素

由于市场竞争的日益激烈和外部环境的不断变化，权变思想被广泛应用于组织设计中，就是要以系统、动态的观点来思考和设计组织。权变思想要求把组织看成一个与外部环境有着普遍直接联系的开放式系统。

（1）环境的影响

这里的环境是指外部环境和特定环境。外部环境是指对组织管理目标有间接影响的因素，如政治、经济、文化等。特定环境是指对管理有直接影响的因素，如政府、顾客、竞争对手等。外部环境和特定环境会相互影响。

环境的复杂性和频繁变化，引起了管理者因不了解环境而无法作出正确决策的情况。管理者可以通过以下手段提高组织适应环境的能力：

1）对传统职位和职能部门进行调整；

2）根据外部环境的不确定程度来设计不同类型（机械或灵活）的组织结构；

3）根据组织各部门对目标的差别性、整合性设计组织结构；

4）通过加强计划和对环境的预测减少不确定性；

5）通过组织之间的合作减少组织对环境的过度依赖。

（2）战略的影响

战略是指决定和影响组织活动性质的总目标以及实现目标的路径和方法。钱德勒认为，组织战略发展有以下四个阶段，每个阶段都有相应的战略目标。

1）数量扩大阶段：目标为扩大组织规模。

2）地区开拓阶段：目标为建立新的组织结构以协调各个业务单元。

3）纵向联合发展：在原有行业的基础上向其他领域扩展时，需要建立与相关部门适应的职能部门。

4）产品多样阶段：利用现有资源实现组织转型。

梅尔斯和斯诺根据外部环境对企业的影响总结了以下四种战略类型和相应的组织结构。

1）防御者型（处于稳定环境）：集权化，严密的层级控制和分工差异性。

2）探险者型（环境动荡，需要不断创新）：柔性分权化组织结构。

3）分析者型（环境动荡，但目标灵活）：规范化和灵活性并举。

4）反应者型：因无法及时应对环境变化而被动反应。

（3）技术的影响

技术一般划分为单件小批量生产、大批量生产、流程生产（连续流水线式作业生产）。从传统角度来说，从小批量生产到流程生产，复杂程度越来越高，所需的组织结构也越来越复杂。但使用先进信息技术的企业可以在精简的组织结构下实现复杂的生产。

查尔斯·皮罗创立了技术的多变性和可分析性来为技术分类。多变性即生产中出现意外的概率；可分析性即通过统一理论和固定程序完成工作的可能性，分析是与直觉和经验对立的。

1）常规型：多变性小，可分析性大。

2）工艺型：多变性和可分析性都小。

3）工程型：多变性和可分析性都大。

4）非常规型：多变性大，可分析性小。

组织越是常规化，越适合集权规范管理；越是非常规化，越适合灵活柔性管理。

（4）组织规模与生命周期的影响

皮特·布鲁对组织结构和组织规模之间的关系进行了研究，他认为，组织的结构设置应该根据组织规模而变化，以确保管理层能准确作出决策。

大型组织和小型组织的区别主要体现在以下几个方面，见表3-1。

表3-1　　大型组织与小型组织的区别

	大型组织	小型组织
规范化程度	严格	松散
集权化程度	高	低
复杂化程度	高	低
人员结构	管理人员快速增长	管理人员减少

拉里·格瑞纳创立了企业生命周期理论，之后奎因和卡梅隆将这种理论发展分为以下四个阶段，每个阶段都有稳定期和转型期。

1）创业阶段：小规模，非官僚，非规范；重点在于及时调整产品结构。

2）集合阶段：组织拥有较多的职能部门，但权力依然集中；需要及时放权。

3）规范化阶段：出现官僚化，组织分层明显，工作程序化、规范化；高层管理要向下授权，还要保证不能失去控制力。

4）精细阶段：规模巨大，拥有庞大的官僚体系；需要创建跨越部门的管理团队，或者适当更换管理者。

【测试：你适合哪种组织设计】

作为一名未来的管理者，你在战略制定和实施方面有何强项？想一想你如何应对挑战以及如何解决在你学习或工作中遇到的问题，然后根据你的行为表现在下面的问题中选择 a 或 b。这些问题的答案没有正确或错误之分，请选择最能描述你如何应对工作情境的选项。

1. 在我做记录的时候（　　）。

a. 非常小心地处理文件

b. 处理文件时比较杂乱

2. 如果我主持了一个小组或项目，（　　）。

a. 提出总体想法，让其他人决定如何做具体工作

b. 制定出每一项具体目标、时间限制和预期结果

3. 我的思维方式可以被描述为（　　）。

a. 线性思考者，从 A 到 B 到 C

b. 像蚂蚱一样地思考，从一个想法跳跃到另一个想法

4. 我办公室或者我家里的东西（　　）。

a. 这里那里遍地都是

b. 整齐地摆放起来，至少是有条有理的

5. 我在（　　）时感到自豪。

a. 找到了一个跨越障碍的解决方法

b. 找到了引发问题的原因

6. 在确保（　　）时，我能最好地促进战略的实施。

a. 有很多设想和想法

b. 能够彻底地实施新想法

7. 我的一个强项是（　　）。

a. 能够把事情做好

b. 喜欢计划未来

8. 当我强调（　　）时，我是最有效率的。

a. 提出原始的解决方法

b. 做出切实的改进

计分：为了测算战略制定能力，偶数题号的题目，选择 a 得 1 分；奇数题号的题目，选择 b 得 1 分。为了测算战略实施能力，偶数题号的题目，选择 b 得 1 分；奇数题号的题目，选择 a 得 1 分。你的两组分数哪个更高，分别是多少？较高分数的一组代表你的战略能力。

三、八种组织结构

1. 直线制组织结构

该组织结构因其自上而下建立，形同直线，被称为直线制组织结构。它在所有组织结构中是最早也是最简单的组织形式，又称为军队式结构。其上下级的关系按照垂直的系统建立，没有专门设立职能机构。该组织的特点是企业各级行政单位自上而下实行垂直领导，下属部门只接受一个上级的指令，各级主管负责人对所管辖部门的一切问题负责。公司不另设职能部门，而职能工作一般由其他岗位人员兼职，大部分管理职能基本上都由行政主管自己执行。直线制组织结构的优点是：结构比较简单，责任分明，命令统一，不会出现多重领导的现象。其缺点是：对于负责管理职能的员工要求较高，除了具备专业知识和技能外，还需要通晓管理方面的知识和技能，能够处理各种管理事务。企业规模较小时，因事务简单尚可以勉强处理，而一旦企业规模扩大，对管理事务要求正规化，同时把所有管理职能都集中到最高主管一人身上，显然是不妥当的。因此，直线制组织结构只适用于规模较小、生产技术比较简单的企业，对生产技术和经营管理比较复杂的企业并不适用。

直线制组织结构示意图如图 3-3 所示。

2. 职能制组织结构

职能制组织结构，是在直线制组织结构的基础上进行专业化分工的结果，是指各级行政单位除主管负责人外，还相应地设立一些职能机构，如在总经理下面设立相应的职能部门，协助总经理从事职能管理工作。这种结构要求各部门主管把相应的管理职责和职权交给相关的职能机构，各职能机构有权在自己业务范围内对各业务部门进

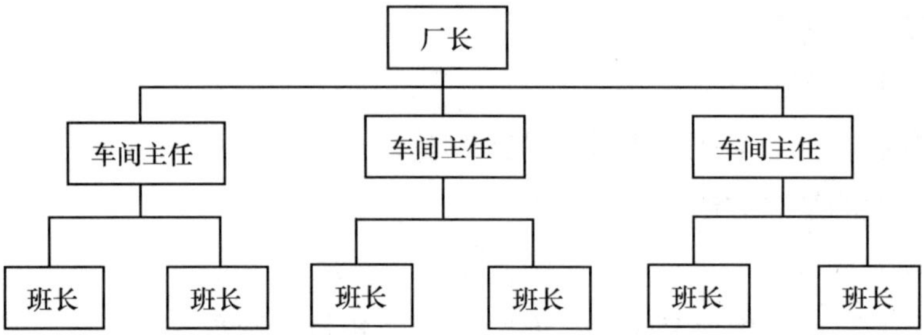

图 3-3　直线制组织结构示意图

行相应的管理。因此，各业务部门的负责人和部门员工除了接受该部门上级领导指挥外，还必须接受上级各职能机构的领导。

职能制组织结构的优点是：能适应规模较大、专业技术复杂、管理工作要求精细化和规范化程度较高的企业；能充分发挥职能机构的专业管理作用，减轻直线领导人员的工作负担。但其缺点也很明显：它妨碍了必要的集中领导和统一指挥，容易形成多重领导；不利于建立和健全各业务部门和职能科室的责任制，在中层管理者中往往会出现有功大家抢、有过大家推的现象；另外，在业务部门直属领导和职能机构的指导和命令发生矛盾时，下级会无所适从，影响工作的正常进行，容易造成秩序混乱的状态。职能制组织结构示意图如图 3-4 所示。

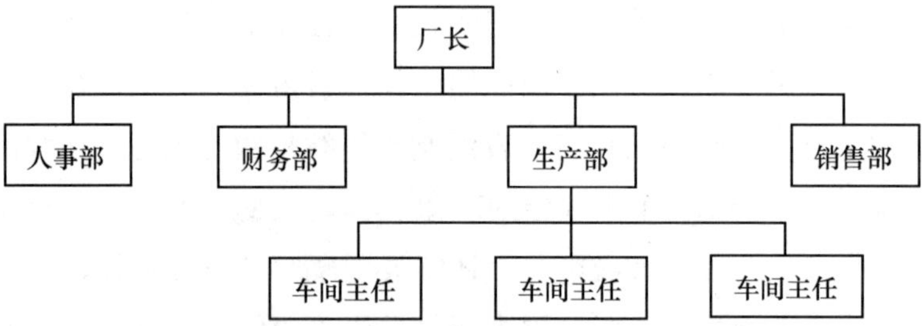

图 3-4　职能制组织结构示意图

3. 直线职能制组织结构

直线职能制组织结构也叫直线参谋制组织结构。它是在直线制组织结构和职能制组织结构的基础上，取长补短，吸取这两种形式的优点而建立起来的。现在绝大多数企业都采用这种组织结构形式。这种组织结构形式把企业管理机构和人员分为两类：一类是直线领导机构和人员，按命令统一原则对各级组织行使指挥权；另一类是职能机构和人员，按专业化原则，从事组织的各项职能管理工作。直线领导机构和人员在自己的职责范围内有一定的决定权和对所属下级的指挥权，并对自己部门的工作负全部责任。而职能机构和人员，则是直线指挥人员的参谋，不能对各业务部门发号施令，只能进行业务指导。

直线职能制组织结构的优点是：既保证了企业管理体系的集中统一，又可以在各业务部门负责人的领导下，充分发挥各专业管理机构的作用，效率高，组织的稳定性较高，在外部环境变化不大的情况下易于发挥组织的集团效率。其缺点是：职能部门之间的协作和配合性较差，职能部门的许多工作要直接向上级领导报告请示才能处理，这一方面加重了上级领导的工作负担，另一方面也造成办事效率低；系统刚性大，适应性较差，容易因循守旧，对新情况不易及时作出反应。为了克服这些缺点，可以设立各种综合委员会，或建立各种会议制度，以协调各方面的工作，起到沟通作用，帮助高层领导出谋划策。因此，该组织结构适合规模中等的企业，随着企业规模的进一步扩大，将倾向于更多的分权情况。直线职能组织结构示意图如图 3-5 所示。

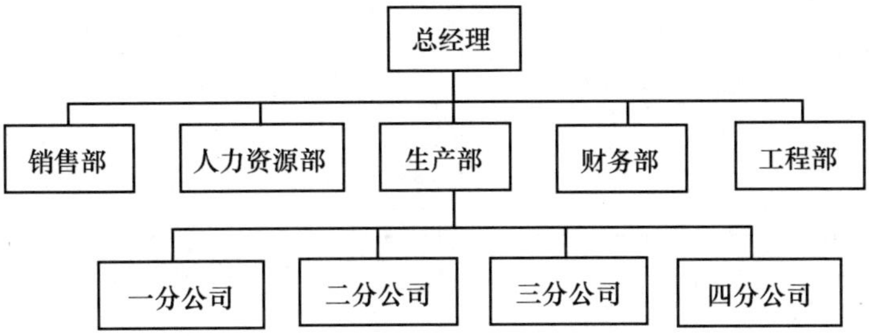

图 3-5　直线职能制组织结构示意图

4. 事业部制组织结构

事业部制组织结构最早是由美国通用汽车公司总裁斯隆于 1924 年提出的，故有“斯隆模型”之称，也叫“联邦分权化”，是一种高度集权下的分权管理体制。事业部制组织结构是指以某个产品、地区或顾客为依据，将相关的研究开发、采购、生产、销售等部门结合成一个相对独立单位的组织结构形式。它适用于规模庞大、品种繁多、技术复杂的大型企业，是国外较大的联合公司所采用的一种组织形式，近几年中国一些大型企业集团或公司也引进了这种组织结构形式。事业部制组织结构是分级管理、分级核算的一种形式，即一个公司按地区或按产品类别分成若干个事业部，从产品的设计、原料采购、成本核算、产品制造，一直到产品销售，均由事业部及所属工厂负责，实行单独核算，独立经营，公司总部只保留人事决策、预算控制和监督大权，并通过利润等指标对事业部进行控制。也有的事业部只负责指挥和组织生产，不负责采购和销售，实行生产和供销分立，但这种事业部正在逐渐被产品事业部所取代。还有的事业部则按区域来划分。

事业部制组织结构的优点是既有较高的稳定性，又有良好的适应性。在权力下放的情况下，提高各事业部的积极性和创造性，使得目标管理和自我控制能有效进行，在这样的条件下，高层领导的管理幅度便可以适当扩大，从而提高企业的整体效益。以利润为中心进行严格的考核，易于评价事业部对公司总利润贡献的大小，从而指导企业发展的战略决策。按产品划分事业部，便于组织专业化生产，形成经济规模，采用专用设备，并能使个人的技术和专业知识在生产和销售领域得到最大限度的发挥，因而有利于提高劳动生产率和企业经济效益。各事业部之间可以有比较、有竞争，由此而增强企业活力，促进企业的全面发展。另外，事业部自成系统，独立经营，有利于培养全面管理人才，为企业的未来发展储备干部。其缺点是对公司总部的管理工作要求较高，很难把控集权和分权的尺度，当过于放大事业部的权力时，容易发生失控，滋长本位主义，另外在一定程度上增加了费用的开支。事业部制组织结构主要适用于产业多元化、品种多样化、各有独立的市场而且市场环境变化较快的大型企业。事业部制组织结构示意图如图 3-6 所示。

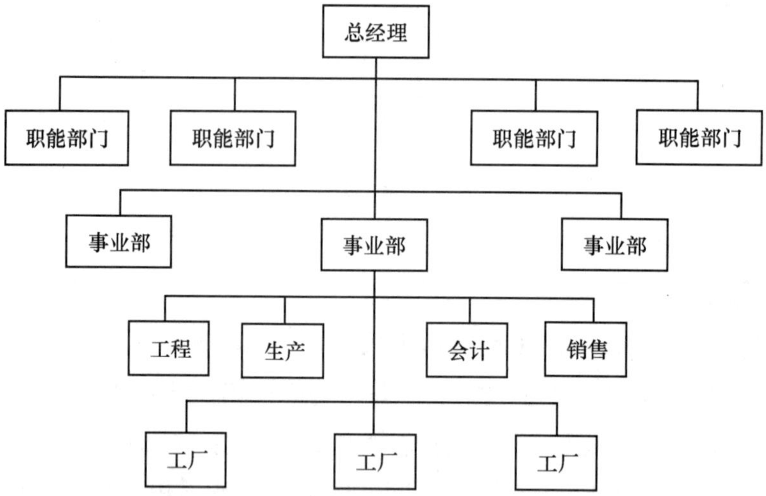

图 3-6　事业部制组织结构示意图

5. 模拟分权制组织结构

模拟分权制组织结构是一种介于直线职能制和事业部制之间的组织结构形式。许多大型企业，如连续生产的钢铁、化工企业，由于产品品种或生产工艺过程所限，难以分解成几个独立的事业部。又由于企业的规模庞大，高层管理者感到采用其他组织形态都不容易管理，这时就出现了模拟分权制组织结构形式。所谓模拟，就是要模拟事业部制的独立经营、单独核算，但不是真正的事业部，实际上是一个个“生产单位”。这些生产单位有自己的职能机构，享有尽可能大的自主权，负有“模拟性”的盈亏责任，目的是要调动其生产经营积极性，达到改善企业生产经营管理的目的。需要指出的是，各生产单位由于生产上的连续性，很难将它们截然分开。以连续生产的石油化工为例，甲单位生产出来的石油产品直接就是乙单位生产化工产品的原料，这当中无须停顿和中转，因此，它们之间的经济核算，只能依据企业内部的价格，而不是市场价格，也就是说这些生产单位没有自己独立的外部市场，这也是与事业部的差别所在。

模拟分权制组织结构的优点除了调动各生产单位的积极性外，就是解决企业规模过大不易管理的问题。高层管理人员将部分权力分给生产单位，减少了自己的行政事务，从而把精力集中到战略问题上来。其缺点是：不易为模拟的生产单位明确任务，从而造成考核上的困难；各生产单位领导人不易了解企业的全貌，在信息沟通和决策方面也存在着明显的缺陷。

6. 矩阵制组织结构

在组织结构上，既有按职能划分的垂直领导系统，又有按产品（项目）划分的横向领导关系的结构，称为矩阵制组织结构。

矩阵制组织结构是为了改进直线职能制组织结构横向联系差、缺乏弹性的缺点而形成的一种组织结构形式。它适合的条件有：存在跨产品线共享稀缺资源的压力；存在环境压力，组织需要提供两方面或更多方面的关键产出；组织的环境领域不仅复杂，而且充满不确定性。此时，必须使纵向和横向的职权线得到同等的承认，于是便创设了具有双重职权关系的矩阵结构，以使这两条线之间的权力保持一种均等的平衡。它的特点表现在围绕某项专门任务成立跨职能部门的专门机构上，例如，组成一个专门的产品（项目）小组去从事新产品开发工作，在研究、设计、试验、制造各个不同阶段，由有关部门派人参加，力图做到条块结合，以协调有关部门的活动，保证任务的完成，常见的有咨询公司、项目公司等。

矩阵制组织结构的优点是：机动、灵活，可随项目的开发与结束进行组织或解散；任务清楚，目的明确，各方面有专长的人都是有备而来的，因此在新的工作小组中，能沟通、融合，能把自己的工作同整体工作联系在一起，为攻克难关、解决问题而献计献策；从各方面抽调来的人员有信任感、荣誉感，可以增加他们的责任感，激发他们的工作热情，促进项目的完成；加强了不同部门之间的配合和信息交流，克服了直线制组织结构中各部门互相脱节的缺点。

矩阵制组织结构的缺点是：项目负责人的责任大于权力，因为参加项目的人员都来自不同部门，隶属关系仍在原单位，只是为“会战”而来，所以项目负责人对他们管理困难，没有足够的激励手段与惩罚手段，对这种人员的双重管理是矩阵制组织结构的先天缺陷；项目组成人员来自各个职能部门，当任务完成以后，仍要回原单位，因此容易产生临时观念，对工作有一定影响。

矩阵制组织结构适用于一些重大攻关项目。企业可用来完成涉及面广的、临时性的、复杂的重大工程项目或管理改革任务。矩阵制组织结构特别适用于以开发和实验为主的单位，如科学研究单位，尤其是应用性研究单位等。矩阵制组织结构示意图如图 3-7 所示。

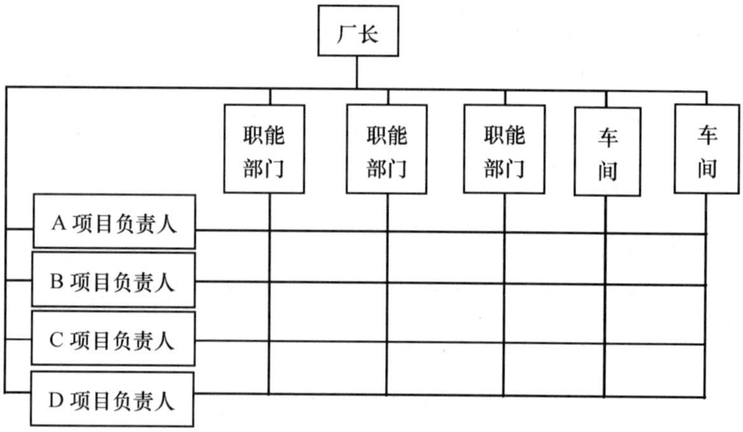

图 3-7　矩阵制组织结构示意图

7. 虚拟网络型组织结构

虚拟网络型组织结构是指会计、设计、生产、营销和分销等服务不再像原先那样集中在同一个屋顶下或同一个组织中进行，而是被外包给不同的公司，这些公司则运用电子化手段与总公司相联结。外包是指与其他公司签订合同，将本公司的某些职能如制造、销售等，移交给其他公司来做。

分布在全球各地的外包公司可以借由计算机网络快速、流畅地交换数据和信息，使得由供应商、制造商、分销商组成的松散网络看起来像是（而且实际上也是）一个无缝对接起来的公司。虚拟网络型组织结构以自由市场模式代替了传统的纵向层级制。转包商可根据需求的变化流入或流出这一系统。

在虚拟网络型组织结构中，处于中心位置的企业控制着那些自己在其中具有世界级实力或难以模仿的能力的流程，而将其他活动——包括相关决策与控制移交给其他组织。这些合作组织则以自身的想法、资产和工具来组织并完成移交给自己的工作。虚拟网络型组织结构的理念，是企业应当把精力集中在自己做得最好的事情上，再把其他事情交给擅长这些事情的公司去做，从而以最少的代价做最多的事。虚拟网络型组织结构对某些新公司常常是有利的，如小米公司。

虚拟网络型组织结构的优点是：可以将不擅长的或不创造价值的辅助活动进行外包，节省行政管理费用，所有的技术人员和管理人员集中于改善那些能为企业带来竞争优势的关键活动，创造更大的利润和价值。其缺点是：一旦外包公司出现问题，公司需要花费大量的时间和精力来处理，同时，一旦外包公司经营失败或者退出该行业，公司也存在较大的风险；另外，对外包公司的控制和管理相对较难。

8. 扁平化组织结构

扁平化组织结构是指通过减少行政管理层次，裁减冗余人员，从而建立一种紧凑、干练的组织结构。扁平化组织结构所隐含的人性假设是“自我实现人”。该假设认为，人除了有社会需求外，还有一种想充分表现自己能力、发挥自己潜力的欲望。基于这样的人性假设，建立较为分权的决策参与制度，选择具有挑战性的工作，满足自我实现的需要。但是，其理论基础不能够完全成立。扁平化思想的产生受学习型组织的启发。学习型组织是扁平的，即从最高的决策层到最低的操作层中间相隔的管理层级很少，让最下层单位拥有充分的自主权，并对生产的结果负责，从而形成以“地方为主”的扁平化组织结构。信息技术的迅速发展是扁平化组织产生的直接原因。面对市场环境的瞬息万变，企业组织必须作出快速反应和迅速决策以保持企业的竞争优势。因此，组织结构的扁平化无疑增强了组织快速反应的能力。

扁平化组织结构跟传统组织结构相比，其优点在于灵活、民主，能减少官僚主义，加强内部沟通，并且有利于调动员工的创造性，能够更加迅速地对包括消费者需求在内的环境变化作出反应。1981 年韦尔奇就任通用电气公司 CEO 后，对通用电气的管理结构进行了大刀阔斧的改革。从 1981 年到 1992 年，该公司被裁撤的部门达 350 余个，管理层级由 12 层锐减至 5 层，副总裁由 130 名缩减至 13 名。通过这一番改革，通用电气的官僚主义大为减轻，灵活性明显提高。

但是，为什么扁平化在通用电气公司成了灵丹妙药，而在另一些企业中的效用却很低呢？原因是多方面的，但最为重要的一点，是模仿者忽视了本质性的东西，即对人和企业文化的再造。

在实行组织扁平化之后，企业的管理层级减少，随之而来的是管理幅度增大和管理难度增加。在这种情况下，成功与否主要取决于以下三个因素。

（1）决策权的分散

企业必须重新分配决策权，即重新划分权力边界。企业管理者要回答以下问题：应保留哪方面的决策权，哪方面的权力应该下放，下放到哪个层级。倘若这些问题得不到解决，就可能造成某些层级的管理人员乃至最高管理者权力过于集中，甚至会导致混乱。

（2）中下层管理者的管理能力

权力向下转移后，中下层管理者不仅会遇到更多的决策问题，而且需要其指导和监督的员工数量可能也会增加。此时，倘若这些中下层管理者的管理能力没有相应提高，就有可能出现强力控制的倾向或者失控，这两种情况最终都会将企业引向无序。

（3）员工的素质

在实行扁平化组织结构之后，企业会更多地依靠员工的自觉性与能动性，一些企业会赋予普通员工特定的决定权。这一方面可以减轻中下层管理者的压力，另一方面也有利于发挥员工的积极性和创造性。

互联网企业的组织架构必须灵活，不能有过多的层级化和固化，要以产品为中心，以项目开发组的形式整合利用企业各项资源快速推进产品创新，以市场为导向，聚焦客户需求和使用体验，及时改进和完善产品和服务。互联网思维强调开放、协作、分享，组织内部也同样如此。

团队任务——企业组织结构认知

1. 任务目标

根据所学的组织知识，进行企业组织结构调研。

2. 任务要求

为了更好地理解组织结构在你日常生活中的重要意义，请选择下面的一种组织，展开你的组织工作。

- 一家打印复印店。
- 一家旅行社。
- 一家火锅店。
- 一家面包房。

具体工作步骤如下：

（1）用几句话写出组织的使命或目的。

（2）为实现这一使命需要做哪些具体的事情。

（3）画出组织结构图，图中各职位将完成某一特定的任务，或者对某种结果负责。

（4）你的组织将进入第三年的运营，业务非常成功，你打算在几公里之外的地方开设第二个业务点。你在两个业务点同时经营会遇到什么问题？画一个组织结构图，将两个业务点都包括进去。

（5）5 年过去了，你的业务点已经在两个城市增加到了 5 个，你如何同时经营这 5 个业务点？在运营中会出现什么样的控制和协调问题？更新你的组织结构图并解释你为什么这么做。

（6）20 年以后，你的业务点已经在 5 个省发展到了 25 个，有哪些事情和问题需要通过组织结构来处理？为现在的组织画一张组织结构图，指明谁对顾客满意度负责、你如何获知顾客需求、信息流如何在组织中流动等。

3. 任务准备

利用网络收集信息，小组讨论。

4. 任务实施

步骤一：进行有关组织访谈提纲及调查问卷设计。

步骤二：实地访谈、调研并收集相应的佐证材料及图片。

步骤三：团队讨论并整理分析调研资料，形成结论并提出建议。

步骤四：完成调研报告并按时提交。

步骤五：进行各团队间的分享交流。

步骤六：修改调研报告。

步骤七：任务反思及改进。

5. 任务记录

请将访谈要点记录在以下空格处。

问题 1：____

____

问题 2：____

____

问题 3：____

____

问题 4：____

____

问题 5：____

____

问题 6：____

____

6. 任务成果

请完成相应问题，并以电子文稿的形式提交。

7. 任务反思

团队间分享交流后，调研报告修改要点为：____________________

____

本次任务反思：____________________

____

8. 任务评价

以下为本次任务的评价标准（总分 10 分），供参考。要求至少三位评委根据任务完成质量给出分数，最后取平均分为团队的最终成绩评定。

评分标准	完成访谈提纲及调查问卷设计并作为任务附件按时提交（2 分）	实地访谈并按要求提供佐证材料（1 分）	完成访谈要点记录（1 分）	完成团队内讨论（1 分）	完成调研报告并按时提交（2 分）	完成团队间分享交流（1 分）	完成调研报告修改及任务反思（2 分）	成绩总分
评委 1								
评委 2								
评委 3								
最终成绩								

自我评价：____________________

____

教师评价：____________________

____

任务二　造楼房——设计组织结构

管理是一种实践，其本质不在于“知”而在于“行”；其验证不在于逻辑，而在于成果；其唯一权威就是成就。

——彼得·德鲁克

＊知识任务

1. 熟悉如何选聘管理人员。
2. 掌握考评管理人员的方法。
3. 了解培训管理人员的技能。

＊技能任务

能运用适合企业的方法选聘、考评、培训管理人员。

＊素质任务

1. 具备一定的系统思维和战略思维。
2. 培养大局意识。

任务导入

为什么员工只对工作负责，不对结果负责

某企业已有多年发展历史，针对本企业各部门职责不清、很多工作相互推诿的现象，其在外部管理咨询公司的帮助下，根据企业的发展战略和经营管理理念，重新设计了组织结构，编写了各部门的部门职能说明书和各部门的岗位职责说明书，形成了相应的组织手册以明确各部门、各岗位的职责。

但在组织手册印发实施以后，尽管以前员工经常说的“我以为这不是我的事情”之类的话少了，事情也基本上有人做了，但还是常常做得不到位。当某件事情没有做好、上级追究责任时，员工经常说的话变成了“该做的我都做了”。比如，公司决定周五举行发展战略宣讲会，老总要求办公室必须通知到每一位中高层管理者，保证每位中高层管理者都能参加会议。而事实上，当周五会议如期举行时，老总却发现有近20%的中高层管理者没有到场。老总责问办公室主任为什么有部分人没有到场时，办公室主任辩解说，他已经发手机短信给每一位中高层管理者，而且已经在短信中说明会议重要，要求各位中高层管理者务必参加，至于最后为什么有一部分人没有参加，他也不知道。

对此，老总认为，作为办公室主任，不仅要做好上传下达工作，而且要保证信息传递的及时有效。他不应该发完通知就完事了，而应该进一步了解对方是否收到信息，是否已经意识到了会议的重要性以及是否确实进行了合理安排从而能够确保参会。进一步地，为了保证每一位中高层管理者能够与会，他还应该在会议前主动地通过各种手段提醒他们，协助他们合理安排工作，以确保他们与会，而不应该只是被动地通知信息。因此，有部分人没有参加会议，就是他没有尽到工作责任。对此，办公室主任觉得非常冤枉，认为自己“该做的都做了”，至于有一部分人最终没有参会，是这部分人的责任，而不是他的责任。

思考：通过对部门职能说明书和岗位职责说明书的梳理，企业内部各部门、各岗位明确了各自应该开展的工作，但为什么在企业中仍然普遍存在着“员工只对工作负责而不对工作结果负责”的现象呢？

知识准备

一、选聘管理人员

1. 管理人员选聘标准

（1）管理的欲望

这是管理者从事管理工作的基本前提。管理意味着对权力的运用，而对权力不感兴趣的人，就不会很好地运用权力，从而影响组织目标的实现。

（2）正直的品质

正直是每个组织成员都应具备的基本品质，对管理者更是如此。

（3）创新精神

只有不断创新，组织才能充满生机，才能不断发展。

（4）决策能力

管理过程中充满了决策，决策能力是管理者应具备的一种重要能力。

（5）沟通能力

管理者既要善于理解别人，也需要别人理解自己。沟通的效果决定了管理者与员工相互理解的程度。管理者必须具有进行有效沟通的技能。

（6）组织协调能力

管理者的职责之一就是实现组织内部各部门各环节的密切配合，所以管理者应有较强的组织协调能力。

（7）相应的业务知识和水平

管理者未必是专家，但了解一定的专业知识、具备一定的技术水平和能力仍是管理者不可缺少的条件。

（8）健康的身体素质

管理者的健康是让他们能最大限度地发挥才干的基本保障。

2. 管理人员选聘渠道

管理人员选聘渠道有很多，大致分为内部渠道和外部渠道，新的选聘渠道和比较少见的渠道肯定还会不断产生，甚至新媒体都可以进行招聘。那么这么多渠道，该如何利用呢？如何选择合适的渠道来招聘到企业所需要的人才呢？

（1）常规途径：一般较适合成熟期企业

1）人才网站：智联、猎聘、51job、当地的人才网站等。

2）专业网站：如专门招聘 UI 设计师、外教老师的网站。

3）人才市场：当地的人才市场。

4）校园招聘：适合知名企业和福利待遇相对好的企业。

5）猎头：适合招聘技术人才、高端人才。

6）公司人才库：平时维护的公司人才库可以满足一部分的招聘需求。

（2）个体途径：一般较适合初创期企业

1）内部员工推荐：公司内部员工个人帮助推荐。

2）朋友推荐：亲朋好友帮助推荐。

3）个人人脉圈：朋友圈、社交圈帮助推荐。

4）其他人脉圈：亲朋好友的朋友圈帮助推荐。

（3）群体途径：一般较适合发展期企业

1）专业论坛、社区、活动：各种展会、沙龙、大型的主题活动等。

2）QQ 群：选择适合自己公司招聘的各种类型的 QQ 群。

3）微信群：选择适合自己公司招聘的各种类型的微信群。

4）竞争对手公司等潜在候选人的聚集地：比如，想找一个汽车行业并且自带资源的销售，于是就找了一个负责当地所有 4S 店车展策划执行的人，因为当地所有 4S 店市场部的人他都认识，广告招商就是要找市场部的人去谈合作，后来的业绩证明选他是正确的。

3. 候选人筛选

（1）简历筛选

招聘信息发布出去后，就可以正式进入招聘阶段。简历筛选是考察候选人的第一步，要根据筛选标准抓住其中的重点信息，如个人基本信息、每段工作经历的时间长短、以往工作内容的相关性、在校学习生活情况等。企业应建立自己的人才库，对于简历筛选过程中不符合当前招聘岗位要求，或者日后面试中未能录取的人员，可以做好记录，将简历放进人才库保存，以备将来有其他相关岗位需求时再与之联系。筛选到合适的简历后，可以先进行电话沟通，目的有三：

1）对简历中一些不明事项进行简单沟通；

2）介绍公司及岗位的基本情况；

3）初步考察应聘者的性格、态度。

如果双方沟通得比较融洽，就可以考虑面试邀约。同时，不论是否收集到合适的候选人，人力资源管理人员都应积极与用人部门沟通，进行进度反馈，报告招聘现状及下一步计划。一方面防止用人部门的招聘计划有变却未及时告知，另一方面也体现了人力资源管理工作的专业性。

（2）笔试面试

首先应注意邀请的候选人人数。对于首次面试，一般是由人力资源部门进行主导，建议大量面试候选人，以确保筛选到最合适的人选。而在终面环节，如果是一般性岗位，建议录取人数与推荐候选人的比例为 1∶3。候选人推荐过多容易增加选择的困难度，过少的话则难以达到预期的招聘效果。如果是高端岗位面试，则可以减少候选人推荐人数，重点确保候选人的优秀程度。

然后要注意进行面试安排。在进行面试安排时，首先考虑的是面试次数。如果不是非常高端的岗位，或者大型集团公司，应尽量减少面试次数。人数较少的企业，面试最好在一天之内完成。如果面试周期比较长，最好中途及时与优秀候选人进行沟通。

另外，在面试时间上，如果在人力资源部门主导阶段，可以尽量跟随应聘者的时间进行安排，以确保面试参与率，在此也可以考虑视频面试。

有些公司会考虑增加笔试环节。对于专业性较强的岗位，有必要进行笔试考察，但是对笔试题目的选取一定要具有专业性。

最后是针对面试官的安排。这里主要是指用人部门的面试官，有能力的公司在日常应组织一些面试官培训，以提高其面试水平。另外，面试时应为每名应聘者制作面试打分表，其中包括能力项目得分、面试官印象、录取结果，重点是让用人部门的面试官在打分表上签字，确保事后不会随意变更。

（3）面谈和体检环节

确定录取之后，有条件的公司可以进行简单的背景调查，或委托专业背景调查公司对应聘者的以往经历进行证实。而在通报录取的同时，应将公司的福利待遇情况主动向应聘者说清楚，其中包括劳动合同签订年限、试用期待遇、五险一金基数及比例、用餐、交通等应聘者可能关心的问题。在双方都认可之后，安排应聘者进行体检，在此之前也同样有义务告知体检项目。与用人部门和应聘者确定入职日期后，就可以正式发送录用通知书，但在制作录用通知书时，应注意其中可能产生法律风险的地方。

团队任务——人员招聘

1. 任务目标

通过团队学习，根据所学的招聘知识，进行企业员工的招聘。

2. 任务要求

假设团队成立一家企业，营业内容自定，应如何招聘人员？请设置招聘的岗位，列举一个，并拟定出该岗位的招聘计划，包括招聘要求、招聘渠道、面试考核方法及内容。

3. 任务准备

准备招聘需求和面试提纲。

4. 任务实施

步骤一：进行访谈提纲及调查问卷设计。

步骤二：实地访谈、调研并收集相应的佐证材料及图片。

步骤三：团队讨论并整理分析调研资料，形成结论并提出建议。

步骤四：完成岗位招聘计划并按时提交。

步骤五：进行各团队间的分享交流。

步骤六：修改岗位招聘计划。

步骤七：任务反思及改进。

5. 任务记录

请将访谈要点记录在以下空格处。

招聘要求：____________________

____

____

____

招聘渠道：____________________

____

____

____

面试考核方法：____________________

____

____

____

6. 任务成果

请完成岗位招聘计划，并以电子文稿的形式提交。

7. 任务反思

团队间分享交流后，岗位招聘计划修改要点为：____________________

____

本次任务反思：____________________

____

8. 任务评价

以下为本次任务的评价标准（总分 10 分），供参考。要求至少三位评委根据任务完成质量给出分数，最后取平均分为团队的最终成绩评定。

评分标准	完成访谈提纲及调查问卷设计并作为任务附件按时提交（2分）	完成访谈并按要求提供佐证材料（1分）	完成访谈要点记录（1分）	完成团队内讨论（1分）	完成岗位招聘计划并按时提交（2分）	完成团队间分享交流（1分）	完成岗位招聘计划修改及任务反思（2分）	成绩总分
评委 1								
评委 2								
评委 3								
最终成绩								

自我评价：______________________________

____

教师评价：______________________________

____

知识准备

二、考评管理人员

1. 考评的原则

绩效评估是组织定期对个人或群体的工作行为及业绩进行考察、评估和测度的一种正式制度。它为最佳决策提供了重要的参考依据，为员工提供了一面有益的“镜子”，同时为确定员工的工作报酬提供了依据。那么，在施行绩效考核方案时，一定要遵循精准分析、全员参与、简洁明快、反馈从速的原则，将整个绩效考核进行重新梳理，重新建立新的绩效考核体系。

（1）精准分析

精准分析是指分析组织战略重心是年度战略还是项目周期战略，是多元化还是单一项目经营，是重销售还是重回款，是重质量还是重速度。精准分析需要从大处着手，放眼全局，聚焦核心，才能找准方向。

1）分析运营流程。业务运转完全建立在工作流程之上，将工作流程全景呈现，从中找出关键节点，以及对应的部门、岗位、人员，绩效考核的路径清晰而不偏离方向。

2）分析被考核者。这要从两个角度出发，即被考核者的胜任力分析和所任职岗位的职责分析，从中找出基于被考核者的能力提升和岗位指标。

3）分析绩效考核指标。通过以上分析，找出并建立完整详尽的指标库，从中提炼选取最为关键的绩效考核指标和量化数据。选取的数量要少而精，不要大而全。一般说来，基层为3~5个，中层为6~8个，高层为8~10个，如无特殊情况，尽可能不要超过10个。

精准分析是一切绩效考核的基础性工作，也是最为关键的地基性工作，必须翔实而准确。如果人力资源管理人员对业务不熟悉，可边学边做，切不可当“近视眼”。

（2）全员参与

绩效考核不是人力资源部门的绩效考核，是全体员工的绩效考核。在分析阶段，要深入员工之中，进行有效的访谈，在了解各种岗位信息的同时达成共识。在宣导阶段，要带领员工共同学习绩效考核方案，对其中关键点给予充分的说明，让员工能够充分理解，这样在执行时才不会有偏差。在执行阶段，要走一走、看一看、听一听，寻找执行中有没有需要改进的地方，听取员工的反馈意见。在结果应用阶段，要向全体员工公开考核结果，主动反馈考核结果所呈现的问题，同时接受员工的投诉。在评估阶段，这是绩效考核目的的实现阶段，要对员工提供个性化帮扶计划，提炼出成功经验并加以发扬。

（3）简洁明快

传统的绩效考核在执行中体现出流程复杂、核算复杂、手续复杂等特点。因此，绩效考核的计算必须简单易懂，员工自己从量化的工作结果中能轻松地计算出当月的绩效分数和工资。

（4）反馈从速

绩效考核是双向流动的过程，即从员工到结果，再从结果到员工，如此才能形成闭环。很多时候传统的人力资源往往忽视反馈什么和什么时候反馈。要知道，员工的反馈一定是对绩效考核存在意见或不满，有时甚至是愤怒，如不能从速解决，就要出乱子。反馈的内容不能停留在表面的解释和安抚，更重要的是提供员工成长方案，这才是绩效考核的真实目的。

2. 绩效考核的方法

（1）相对评价法

相对评价法是指在某一团体中确定一个基准，将团体中的个体与基准进行比较，从而评出其在团体中的相对位置的评价。采用标准分数进行评价，实际是表示考察的对象在总体中处于什么位置，因此这种评价是一种相对评价。例如，对某校统考成绩的评价，通常是以该校所在市（县）统考的平均水平作为评价的基准，以该校成绩在一个市（县）中所属的地位来判断。

其优点是：适应性强，应用面广，不管这个团体状况如何，都可以进行比较，都能评出个体在集体中的相对位置；用建立在对评价对象群体测评基础之上的标准进行评价，发现其个别差异，从而对被评价个体作出较为客观、公正和确切的判断；有利于激发评价对象的竞争意识。

其缺点是：评选出来的优秀者未必就是真正的高水平、高质量，未被选上的也不一定是水平低、质量差，故容易降低客观标准；评价的结果所反映的只是评价对象在一定范围内的相对位置，不一定反映他们的实际水平；易忽视工作目标的完成情况；易导致激烈的、无休止的竞争，从而挫伤一部分人的积极性。

1）序列比较法。序列比较法是按员工工作成绩的好坏进行排序考核的一种方法。在考核之前，首先要确定考核的模块，但是不确定要达到的工作标准。然后，将相同职务的所有员工在同一考核模块中进行比较，根据他们的工作状况排列顺序，工作较好的排名在前，工作较差的排名在后。最后，将每位员工几个模块的排序数字相加，就是该员工的考核结果。总数越小，绩效考核成绩越好。

2）相对比较法。相对比较法是对员工进行两两比较，任何两位员工都要进行一次比较。两位员工比较之后，相对较好的员工记“1”，相对较差的员工记“0”。所有的员工相互比较完毕后，将每个人的得分相加，总分越高，绩效考核的成绩越好。

3）强制比例法。强制比例法是指根据被考核者的业绩，将被考核者按一定的比例分为几类（最好、较好、中等、较差、最差）进行考核的方法。

（2）绝对评价法

绝对评价法是在评价对象的集合之外确定一个标准，评价时把评价对象与客观标准进行比较，确定评价对象达到目标基准绝对位置的评价。例如，教学评价的标准一般是教学计划和教学大纲，以及由此确立的具体评定指标。

其优点是：标准比较客观，如果评价是准确的，那么评价之后，每个被评价者都可以明确自己与客观标准的差距，有利于发扬优点、克服缺点。同时，运用绝对评价法，可直接鉴别各工作目标完成情况，明确今后工作的重点。

其缺点是：标准很难做到完全客观，在制定和掌握评价标准时容易受到评价者的教育价值取向和经验的影响。评价对象由于欠缺横向的比较，易产生自我满足，不利于形成竞争气氛。

绝对评价法在执行时，具体的标准不易被共同认同，也不易把握，易受人为因素的影响，因此在实际运用时常常与其他评价法一起综合使用。

1）目标管理法。目标管理法是通过将组织的整体目标逐级分解直至个人目标，最后根据被考核者完成工作目标的情况来进行考核的一种绩效考核方式。在开始工作之前，考核者和被考核者应该对需要完成的工作内容、时间期限、考核标准达成一致。在时间期限结束时，考核者根据被考核者的工作状况及原先制定的考核标准进行考核。

2）关键绩效指标法。关键绩效指标法是以企业年度目标为依据，通过对员工工作绩效特征的分析，据此确定反映企业、部门和员工个人一定期限内综合业绩的关键性量化指标，并以此为基础进行绩效考核。

3）等级评估法。等级评估法根据工作分析，将被考核岗位的工作内容划分为相互独立的几个模块，在每个模块中用明确的语言描述完成该模块工作需要达到的工作标准。同时，将标准分为几个等级选项，如“优、良、合格、不合格”等，考核者根据被考核者的实际工作表现，对每个模块的完成情况进行评估。总成绩即为该员工的考核成绩。

4）平衡计分卡。平衡计分卡从企业的财务、客户、内部运营、学习与成长四个角度进行评价，并根据战略的要求给予各指标不同的权重，实现对企业的综合测评，从而使管理者能整体把握和控制企业，最终实现企业的战略目标。

（3）描述法

描述法可以通过对本企业在未来某一时期有关因素的变化进行描述或假设，从描述、假设、分析和综合中对将来人力资源的需求预测进行规划。但是，这种方法对于长期的预测有一定的困难，时间跨度越长，对环境变化的各种不确定因素就越难以进行描述和假设。

描述法的主要特点是用简单的因素来评分，并且强调员工代表充分参与每个阶段的重要性，极大地调动了广大员工的积极性和参与意识。

1）全视角考核法。全视角考核法（360°考核法）是上级、同事、下属、自己和顾客对被考核者进行考核的一种考核方法。通过这种多维度的评价，综合不同考核者的意见，则可以得出一个全面、公正的评价。

2）重要事件法。重要事件法是指考核者在平时注意收集被考核者的“重要事件”，这里的“重要事件”是指那些会对部门的整体工作绩效产生积极或消极影响的事件，对这些表现要形成书面记录，根据这些书面记录进行整理和分析，最终形成考核结果。

（4）目标绩效考核法

目标绩效考核是自上而下进行总目标的分解和责任落实的过程。因此，作为部门和职位的目标绩效考核，应从部门对公司整体进行支持、部门员工对部门进行支持的立足点出发。同时，公司的领导者和部门的领导者也应对下属的绩效考核负责，不能向下属推卸责任。绩效考核区分了部门考核指标和个人考核指标，也从机制上确保上级能够积极关心和指导下级完成工作任务。

目标绩效考核应遵循考核指标的 SMART 原则。

S（Specific）——明确的、具体的。指标要清晰、明确，让考核者与被考核者能够准确地理解目标。

M（Measurable）——可量化的。一家企业要量化老板、量化企业、量化组织架构。目标、考核指标更要量化，比较好、还不错这种词都不具备可量化性，将导致标准的模糊，一定是要数字化的。没有数字化的指标，是不能随意考核的。

A（Attainable）——可实现的。目标、考核指标都必须是付出努力能够实现的，既不过高也不偏低。例如，对销售经理的考核，去年销售收入 2 000 万元，今年要求 1.5 亿元，也不给予任何支持，这就是一个完全不具备可实现性的指标。指标的目标值应结合个人的情况、岗位的情况、过往历史的情况来设定。

R（Relevant）——实际性的、现实性的，而不是假设性的。现实性的定义是具备现有的资源，存在客观性且实实在在的。

T（Timebound）——有时限性的。目标、指标都要有时限性，要在规定的时间内完成，时间一到，就要看结果。如要求 2 000 万元的销售额，单单这么要求是没有意义的，必须规定在多长时间内完成 2 000 万元的销售额，这样才有意义。

团队任务——考评方法的运用

1. 任务目标

根据所学的绩效考评知识，进行学生干部绩效考评。

2. 任务要求

团队对所在学校的学生会或社团等组织的负责人及干事进行调查了解，设定各岗位的考评指标。要求每个团队调研 2 个岗位，每个岗位指标不能少于 8 个。

3. 任务准备

准备好访谈提纲及调查问卷。

4. 任务实施

步骤一：进行访谈提纲及调查问卷设计。

步骤二：实地访谈、调研并收集相应的佐证材料及图片。

步骤三：团队讨论并整理分析调研资料，形成结论并提出建议。

步骤四：完成绩效考评方案并按时提交。

步骤五：进行各团队间的分享交流。

步骤六：修改绩效考评方案。

步骤七：任务反思及改进。

5. 任务记录

请将访谈要点记录在以下空格处。

岗位 1：____

____

____

____

岗位 2：____

____

____

____

6. 任务成果

请完成绩效考评方案，并以电子文稿的形式提交。

7. 任务反思

团队间分享交流后，绩效考评方案修改要点为：________________

____

本次任务反思：____________________________________

____

8. 任务评价

以下为本次任务的评价标准（总分 10 分），供参考。要求至少三位评委根据任务完成质量给出分数，最后取平均分为团队的最终成绩评定。

评分标准	完成访谈提纲及调查问卷设计并作为任务附件按时提交（2分）	实地访谈并按要求提供佐证材料（1分）	完成访谈要点记录（1分）	完成团队内讨论（1分）	完成绩效考评方案并按时提交（2分）	完成团队间分享交流（1分）	完成绩效考评方案修改及任务反思（2分）	成绩总分
评委 1								
评委 2								
评委 3								
最终成绩								

自我评价：____________________

____

教师评价：____________________

____

知识准备

三、培训管理人员

1. 培训方法

一个组织中的培训对象主要有新员工、基层员工、一般技术或管理人员、高级技术或管理人员。员工培训的方法有多种，依据所在的职位不同，可以采取不同的培训方法。针对管理人员培训中存在的培训模式陈旧、培训效果不好等问题，一些企业积极创新培训形式。一些被称为“非正规”“另类”的培训方法，一方面简单易行，另一方面往往效果奇佳，切实起到了提高员工技能水平和工作效率的效果。

（1）课题式培训

有的公司每年都会根据业务需要向员工布置课题，为了完成课题，员工们必须进行学习，在完成课题的同时，员工也完成了一次业务进修。这种带着实际问题的学习方式，就是一项经济实惠、切实有效的培训方式。

（2）开放式培训

这种培训方法给员工以较大的自由，学习者可以自由选择学习的时间；学习内容根据工作需要可以是管理课程，也可以是计算机编程方面的知识，或者是他们感兴趣的、对他们的工作有帮助的知识。他们可以到图书馆去自修，也可以请公司的业务顾问来帮忙。有的公司甚至要求学习者在一段时间内阅读一些与他们工作相关的书籍，然后在公司的培训会上讲演。

（3）轮岗式培训

在一些公司，经常会看到这样一种现象：一位经理前两年在公司的一个部门任职，而接下来的两年却转入另一个部门任职，这是公司有意安排的轮岗式培训。轮岗式培训有利于培训出全能型人才。

（4）研讨式培训

有的公司在对员工进行表达与演讲培训时，会出一个题目，让员工准备 5 分钟后上台演讲，并且把它录下来，再放给大家看，让大家点评什么地方做得好，什么地方做得不好。这种研讨式培训让员工能够各抒已见，集思广益，共同提高，因此效果也非常好。

（5）独立式培训

独立式培训就是让某一员工独立完成一项具有挑战性的工作。在整个工作中，该员工必须合理地安排每一个工作步骤：在什么时间达到什么样的目标；决定采用哪种工作方式、哪种技能；当工作中遇到困难的时候，必须自己想办法，拿出一些具有创造性的解决方案。这种培训方法有利于培养员工独立思考和创造性的能力，也有利于促进员工为独立完成工作去学习新的技能，迎接更大的挑战。

独立式培训往往是与员工的兴趣爱好相关的有针对性的个性化培训，是一种有效的培训方法。

（6）度假式培训

有些公司通常会允许或安排某些业务骨干每周有一天或半天到大学去学习短期培训的管理类课程，并希望他们学成后能够将这些理论知识应用到工作中解决实际问题，这就是所谓的“度假式培训”。通常情况下，员工们很希望获得这样的培训机会，一旦有了这样的机会，他们也会利用这个“假期”去获得相关的资格证书。

（7）派出式培训

派出式培训就是派出员工到其他单位去跟班工作。例如，公司的业务与运输、海关有关，就可以派员工到相关单位去工作半年，工资由派出公司支付，员工回来后就成为运输及海关业务方面的行家。这种培训方式对工作的帮助十分明显。

2. 培训评估

培训评估是培训员工的最后一个环节，评估结果将直接作用于培训课程的改进和讲师调整等方面。培训评估从以下四个方面进行考察。

第一层评估，反应层面。这类评估主要是听取受训人员对培训讲师的看法，以及培训内容是否合适等。这是一种浅层次评估，通常是通过设计问卷调查表的形式进行。

第二层评估，学习层面。这类评估主要是检查受训人员通过培训掌握了多少知识和技能，可以通过书面考试或撰写学习心得的形式进行检查。

第三层评估，行为层面。这类评估关心的是受训人员通过培训是否将掌握的知识和技能应用到实际工作中，从而提高工作绩效，可以通过绩效考核方式进行。

第四层评估，结果层面。这类评估的核心问题是受训人员通过培训是否对企业的经营结果产生影响。结果层面的评估是一个企业组织培训的最终目的，也是培训评估最大的难点。对企业经营结果产生影响的不仅仅是培训活动，还有许多其他因素也会影响企业的经营结果。

根据确定的评估目的和内容选择评估的方法，对不同的培训可以采取不同的评估方法。通常情况下，是在下年度的年底或者上年度的年初制订年度的培训计划，并明确培训的内容、培训的费用、培训的方式等。值得注意的是，在制订培训计划时就要明确培训效果评估的方法。培训活动结束后，按照培训计划的要求进行培训效果的评估。

培训评估的方法主要分为以下五种。

（1）现场评估法

现场评估法是指培训结束后，针对培训的内容、讲师授课的技巧、培训过程中的气氛、组织工作等进行现场答卷。这类方法适用于检查培训目标与工作任务相匹配的程度，评价受训人员在工作中对培训内容的应用，了解受训人员偏爱的学习方法以及对培训师所使用教学方法的接受程度。

其优点是：成本较低，允许从大样本中收集信息；资料编码更直接，更可能以匿名的形式进行；回收的资料便于分析处理，如可以事先设计成机读卡；当调查对象分散在各地时，也可很方便地进行；可避免访谈人员的偏见，如有选择地提问；当需要封闭式提问时，这是最适合的方法，简单实用，可以在很短的时间内对本次培训的效果给出定性的评估。

其缺点是：如果信息回收率很低或需要大量的信息，这类方法会太依赖于调查对象对自己所处环境的认识、个性特点和思考能力；回答问题受到调查对象文化水平的限制；不具有灵活性，如不太容易改变已经完成的问卷设计；有过于简化资料且存在设计盲点的可能；花费的时间较长，设计和测试都需要花费时间；有时不能真实地反映受训人员的学习效果，因为受训人员往往只是根据现场学习的第一感受给出自己的评价，尤其会受到现场气氛的影响或周围受训人员的干扰，从而左右最终的评估结果；一旦这类方法采用过多，会使受训人员填写的内容流于形式，评估的结果会偏离客观真实的情况。

（2）测试比较法

测试比较法是指应用知识技能的测验评定培训成效。在培训开始和结束时分别用难度相同的测试题对受训人员进行测试，把两次测试结果进行比较。如果受训人员在培训结束后的测试成绩比培训之前的测试成绩提高很多，则表明经过培训受训人员确实提高了知识、技能。

应用类的岗位技能培训比较适合这种方法。对于培训时间较长、培训内容知识性较强、需要理解和领会或要求受训人员必须掌握学习内容的技术类、管理类、计算机类培训，可直接进行结业测试，原则上可采用作业、开卷考试、学习总结等方式测试考核。有的也可实行闭卷考试，由培训主管部门组织考核，采取教考分离的形式。

（3）测验评估法

测验评估法包括书面测验与操作测验。书面测验用于了解学员已掌握的知识，操作测验的作用在于让学员了解他们的学习成果。

其优点是：购买成本低，容易计分，可迅速批改，容易实施，可进行大样本的评估。

其缺点是：可能会带来威胁感，测验分数也许与工作绩效不相关；测验结果可能会受到文化因素影响。

（4）考察比较法

考察比较法是指实地观察受训人员的工作情况，评估培训的效果。如果根据实地观察发现受过培训的员工在工作热诚、工作态度、责任心等方面有明显的改善，则可认定培训已发生效果。还可以比较受训人员和未受训人员的工作情况，以此比较结果对培训的效果进行评估。如果两者在同样的工作岗位上，在培训前工作成绩相差无几，而其中经过培训的员工工作成绩明显提高，则表明培训具有成效。这种定性的评估方法需要培训部门以书面调查或者面谈的形式，向受训人员的部门领导了解其工作上的表现。

（5）工作绩效评估法

培训结束后，每隔一段时间，如3~6个月，培训部门以书面调查或实地考察的形式，了解受训人员在工作上取得的成绩，如工作量是否有增加，工作质量、工作效率有无提高，人际交往能力是否有提高等，从而确认培训有无成效。有的工作还可以使用定量的工作绩效评估方法，如对事故率、产品合格率、产量、销售量、成本、利润以及客户抱怨投诉的次数等指标，与培训前进行对照，从定量的角度来衡量培训的效果。

团队任务——培训方法的运用

1. 任务目标

根据所学的培训知识，进行企业销售人员销售技能的培训需求识别。

2. 任务要求

团队走访不少于三名销售人员，通过访谈或问卷调查的形式，对销售人员现在工作中存在的问题进行识别，同时找出对应的解决方案，形成调研报告，为企业提升培训满意度及培训效果提出建议。

以下为调研报告模板，供参考，可根据实际情况进行删减及修改。

一、概述

1. 调研背景

2. 调研时间

3. 调研对象

4. 调研方式

5. 调研工具

6. 调研团队

二、访谈调研

销售人员业绩情况调研，其未来发展方向调研。

三、问卷调查结果分析

如何提升销售技巧培训。

四、结论及建议

五、附件

1. 访谈提纲

2. 调查问卷

3. 任务准备

在与销售人员面对面沟通中，运用所学的培训方法和原理，进行销售人员培训访谈提纲及调查问卷设计。

4. 任务实施

步骤一：进行访谈提纲及调查问卷设计。

步骤二：实地访谈、调研并收集相应的佐证材料及图片。

步骤三：团队讨论并整理分析调研资料，形成结论并提出建议。

步骤四：完成调研报告并按时提交。

步骤五：进行各团队间的分享交流。

步骤六：修改调研报告。

步骤七：任务反思及改进。

5. 任务记录

请将访谈要点记录在以下空格处。

销售人员 1：____

____

____

____

销售人员 2：____

____

____

____

销售人员 3：____

____

____

____

6. 任务成果

请完成调研报告，并以电子文稿的形式提交。

7. 任务反思

团队间分享交流后，调研报告修改要点为：________________________

____

本次任务反思：____

____

8. 任务评价

以下为本次任务的评价标准（总分 10 分），供参考。要求至少三位评委根据任务完成质量给出分数，最后取平均分为团队的最终成绩评定。

评分标准	完成访谈提纲及调查问卷设计并作为任务附件按时提交（2 分）	实地访谈并按要求提供佐证材料（1 分）	完成访谈要点记录（1 分）	完成团队内讨论（1 分）	完成调研报告并按时提交（2 分）	完成团队间分享交流（1 分）	完成调研报告修改及任务反思（2 分）	成绩总分
评委 1								
评委 2								
评委 3								
最终成绩								

自我评价：____

____

教师评价：____

____

任务三　搞装修——运作组织

绝不可追随产业界的时尚，要做其他公司不肯做的事。同时，不要做其他公司已经在做或将来就可能要做的事。

——邱吉尔 · B. 谢安东

* 知识任务

1. 了解正式组织与非正式组织的区别。
2. 掌握直线、参谋、委员会的职责。
3. 掌握组织变革的方向。

* 技能任务

能识别正式组织与非正式组织。

* 素质任务

1. 具备一定的系统思维和战略思维。
2. 培养大局意识。

任务导入

如何合理配置各业务单元的职权

经过多年的发展，某企业的业务趋于多元化。为了使各业务单元能够更好地发展，企业决定对各项业务进行专业化经营，分别成立了集团和 5 个子公司。集团负责投资决策和经营监督管理，各子公司负责各自业务的专业化经营。

集团成立以后，三个子公司在各自经营班子的努力下，得到了迅速的发展，但其他两家子公司的经营却走入困境。集团对这两家子公司的情况进行了分析：一家子公司是业务刚走上轨道，需要在市场开拓上下功夫，却因为要分心负责自己的人事、内部管理等，所以在市场开拓上没有能够花大力气，导致不进则退；另一家子公司则是由于集团当时没有很合适的人选，其主要经营者的能力较弱，难以全面负责，导致经营业绩每况愈下。

据此，集团管理层进行了探讨。有人提出，既然这两家子公司的负责人能力不足，是否可以收回部分职权，将人事等部分职能交由集团职能部门负责。但有人提出不同意见，认为集团公司当初的定位就是投资决策和经营监督，不应介入子公司的具体经营管理；若要介入，就要修改集团公司的定位，将其他子公司的这部分职权也收回，实行统一管理。双方各执己见，争执不下。

思考：在企业经营管理实践中，确实会出现类似的情况：下属企业由于各项业务起点不同，经营管理者的能力不同，从而导致不论统一按分权对待还是按集权对待，都会出现有的业务部门给予的职权过大，有的则过小的情况。在这种情况下，应该如何设计业务单元，才能使各业务部门的职权与其能力相适应，并能较好地激发和鼓励各业务部门的积极性？

知识准备

在一个企业的经营管理体系中，职权体系起着承上启下的作用。企业中各种理念、各项目标和计划，都需要分解成各项工作落实到各个部门和岗位之中。没有合理的分工和良好协作关系的确立，企业的各项目标和计划就难以得到落实，群体的力量也难以有效发挥。大部分企业存在的问题都是管理者不善于进行组织结构设计与变革的结果。

组织中每一个成员个人目标的实现，有赖于组织的公平奖惩，公平奖惩的基础是客观的考核，而客观的考核要求事先明确每一个部门和岗位的职责和职权。职责不清，必然会导致因考核主观、奖惩不公而影响每一个员工的工作积极性，影响组织目标和组织成员个人目标的实现程度。

因此，合理设计组织结构，明确各部门和各岗位的职责和职权是科学管理的基础。作为一名企业的管理者，要使其所管理的企业走上规范化管理之路，就必须学会组织结构的合理设计和科学调整，必须将组织结构设计方案付诸实践，做好组织结构的落实工作。通常而言，组织结构的落实包括人员配备、调整、职能或职责承诺、职责履行保障、组织结构进一步调整完善等内容。

一、正式组织与非正式组织

非正式组织是正式组织的对称，最早由美国管理学家梅奥通过“霍桑实验”提出，是人们在共同的工作过程中自然形成的以感情、喜好等情绪为基础的、松散的、没有正式规定的群体。人们在正式组织所安排的共同工作和相互接触中，必然会以感情、性格、爱好相似为基础形成若干人群。这些群体不受正式组织的行政部门和管理层次等的限制，也没有明确规定的正式结构，但在其内部也会形成一些特定的关系结构，自然涌现出自己的“头头”，形成一些不成文的行为准则和规范。

正式组织与非正式组织的区别包括以下六项。

（1）非正式组织作为一个群体组织，能为成员提供满足感，最主要的是满足成员心理上的需求。正式组织强调组织的效率而忽略了个人的感情。事实上，组织内的成员有各种需求，有的是通过工作获得满足，有的是通过团体内成员之间感情上的交流获得满足。非正式组织是以感情为基础的，相互尊重，自由沟通，给组织成员带来归属感、地位感、自尊感等。

（2）非正式组织混合在正式组织中，容易促进工作的完成。当员工属于某一非正式组织时就能够产生一种强烈的归属感，这样就能给正式组织的工作产生良好的促进作用；相反，如果员工不属于任何非正式组织时，离心力就相当严重。

（3）非正式组织具有增进信息沟通的作用。利用非正式组织进行信息沟通已经成为当代组织管理的一项重要措施。如管理者对某项计划的实施还没有确定时，可通过非正式的渠道透露信息，了解人们对该项计划的反映。非正式组织对信息的传递速度较快，反映比较客观，不会因为害怕权威而改变自己的观点。

非正式组织往往会传达基层员工的观念、态度以及工作执行的实际情况，有利于上层领导了解组织内各部分的真实情况，可以获得许多在组织内无法获得的情报和消息。

（4）正式组织的管理者可以利用非正式组织来弥补成员间能力与成就的差异。非正式组织具有扩大“无差别圈”的作用，可以确保管理人员权力的有效性，可以通过非正式组织的关系与气氛来获得组织的稳定。非正式组织具有控制成员顺从的力量，因而可以获得组织的稳定和发展。非正式组织可以用来提高组织成员的士气。通过非正式组织传递信息的作用，可以让组织成员对组织目标有更深刻的理解，产生认同感和协作意愿，从而促进组织目标的实现。

（5）非正式组织也可能造成危害。非正式组织的目标如果与正式组织冲突，则可能对正式组织的工作产生极为不利的影响。例如，正式组织试图利用员工之间的竞赛以达到调动积极性、提高生产效率的目标；而非正式组织则可能认为竞赛会导致竞争，造成非正式组织成员不和，从而会抵制竞赛，设法阻碍和破坏竞赛的展开，其结果必然是影响企业竞赛的气氛。而非正式组织要求成员一致性的压力，往往也会束缚成员的个人发展。非正式组织的压力还会影响正式组织的变革，导致组织的惰性。这并不是因为所有非正式组织的成员都不希望改革，而是因为其中大部分人害怕变革会改变非正式组织赖以生存的正式组织的结构，从而威胁非正式组织的存在。

（6）正式组织要积极发挥非正式组织的作用。正式组织目标的有效实现，要求积极利用非正式组织的贡献，努力克服和消除它的不利影响。利用非正式组织，首先要认识到非正式组织存在的客观必然性和必要性，允许乃至鼓励非正式组织的存在，为非正式组织的形成提供条件，并努力使之与正式组织吻合。

例如，正式组织在进行人员配备时，可以考虑把志趣相投、有共同语言的人安排在同一部门或相邻的工作岗位上，使他们有频繁接触的机会，这样就容易使两种组织的成员基本吻合，在客观上为非正式组织的形成创造条件。

团队任务——非正式组织识别

1. 任务目标

根据所学的非正式组织知识，进行身边的非正式组织识别。

2. 任务要求

发现身边的非正式组织，并分析该组织在近一年中给组织带来的好处和坏处，认真思考后期该如何对非正式组织的哪些方面进行重点管理，形成调研报告，给出建议。

3. 任务准备

准备好观察记录表和面谈提纲。

4. 任务实施

步骤一：进行访谈提纲及调查问卷设计。

步骤二：实地访谈、调研并收集相应的佐证材料及图片。

步骤三：团队讨论并整理分析调研资料，形成结论并提出建议。

步骤四：完成调研报告并按时提交。

步骤五：进行各团队间的分享交流。

步骤六：修改调研报告。

步骤七：任务反思及改进。

5. 任务记录

请将访谈要点记录在以下空格处。

好处：______________________________

____

____

____

坏处：______________________________

____

____

____

6. 任务成果

请完成调研报告，并以电子文稿的形式提交。

7. 任务反思

团队间分享交流后，调研报告修改要点为：______________________________

____

本次任务反思：______________________________

____

8. 任务评价

以下为本次任务的评价标准（总分 10 分），供参考。要求至少三位评委根据任务完成质量给出分数，最后取平均分为团队的最终成绩评定。

评分标准	完成访谈提纲及调查问卷设计并作为任务附件按时提交（2 分）	实地调研并按要求提供佐证材料（1 分）	完成访谈要点记录（1 分）	完成团队内讨论（1 分）	完成调研报告并按时提交（2 分）	完成团队间分享交流（1 分）	完成调研报告修改及任务反思（2 分）	成绩总分
评委 1								
评委 2								
评委 3								
最终成绩								

自我评价：____

____

教师评价：____

____

知识准备

二、组织规模与生命周期

1. 组织规模

（1）大规模

富足的资源和规模经济是许多参与全球化竞争的组织必备的条件。只有大型组织才有能力在阿拉斯加铺设大规模输油管道，只有像通用电气这样的大公司才能够花费巨资建造超效率的由 8 000 个不同零件组成的风力涡轮机，只有强生公司这样的大企业才有实力投下巨资开发出像双光镜片隐形眼镜和皮下节育器这样的新产品。

此外，大型组织拥有的资源可以在困难的时期成为支持经济和社会的力量。在 2020 年新冠肺炎疫情时，华为就捐赠了大量通信设备，在武汉搭建火神山医院时，紧急成立春节疫情保障项目组，安排约 150 人进行保障。从接到武汉市疫情防控应急指挥部通知，到 5G 基站的调测开通，华为仅在 3 天内就完成了从网络规划、勘察、设计、施工到光纤铺设、架设基站、开通调测等整套建设流程，保障了火神山医院的网络连接，从而保障了高速数据上网、数据采集、远程会诊、远程监护等业务。同时，华为还成立了一支由服务、研发、供应链等组成的特别保障组，确保湖北卫健委视频会议系统正常运行，这就是一个通信的保障。

阿里巴巴则在这场“战斗”中发挥了很大的平台价值，除了马云公益基金会宣布捐赠 1 亿元用于支持新型冠状病毒疫苗研发，以及设立 10 亿元医疗物资供给专项基金外，还努力严控平台上口罩等物资涨价，协调义乌、深圳、广州等地 58 个工厂紧急复工，首批就采购了 200 万件 N95 口罩以及上百万套医护用品，充分地发挥出了自己在供应链乃至全球商业生态中的影响力，成为这次新冠肺炎疫情援助的大功臣，甚至对之后的复工也起到了很大作用。

零售业巨头苏宁在这场“战斗”中则起到了更加实实在在的支援作用。苏宁通过全球供应链资源捐赠防疫物资、联合开辟物流绿色通道、补贴稳定物价、保障物资，苏宁物流向湖北省内输送了近 400 吨的抗疫物资，包括 50 吨消毒液、77 万双医用手套、42 万只口罩以及若干防护服、净化器、消毒灯等急需物资，甚至包括上百吨蔬菜。其中很多物资都是定向供应火神山、雷神山医院，以及武汉和周边地区的医疗、公安等机构的。就像苏宁创始人张近东所说：“疫情面前不谈利益，将援助放在首位。”尤其值得一提的是，春节期间，苏宁有 12 万员工坚守一线，竭力保障居民的“菜篮子”。

大企业往往是以一种标准化甚至机械化的方式运作，并且呈现出高度的复杂性。复杂性能使组织拥有大量的职能专家，他们能完成复杂的任务，生产出复杂的产品。而且，大型组织一旦成为稳定运行的机构，就能在市场上持续存在多年。这样的组织可以为员工提供稳定的就业以及提薪和晋升等机会。

（2）小规模

有一种对立的观点认为小企业比较好。他们主张，全球经济成功的关键，是要能在瞬息万变的市场中保持灵活性和应变能力。小企业能够快速应对顾客需求以及环境和市场条件的变化。另外，企业规模小，员工更容易将自我融入进去，企业就能够获得更高的员工忠诚度。员工承担的工作任务内容更加丰富化和多样化，能够使他们感到精彩而充实。

2. 组织的生命周期

（1）创业阶段

组织诞生之初的经营重点是创造出一种产品，并力求在市场竞争中生存下来。组织的创建者被称为企业家，他们将全部的精力投入生产和营销的技术性活动中。创业阶段的组织是非正规的，不具有行政式机构的特征。在创业阶段，工作时间往往很长，且依靠创业者的亲自监督来实施控制。在不断创新和更新中，组织获得了成长。例如，雷军在创建小米的时候，前期阶段亲力亲为。小米第 37 号员工刘安昱在接受采访时说，雷军从 2016 年第二季度后，一年时间里每天都工作到凌晨两点以后。两年时间里，雷军亲临一线。手机供应链需要重整，雷军亲赴三星拜访；新零售从线上转到线下，雷军跑到四五线城市的夫妻店调研；督战国际化，雷军经常一去印度就是半个月。小米印度总经理马努回忆，有一次两人凌晨两点在酒店见面，结果聊到了早上六点。

在创业阶段，领导者的作用是非常重要的。他们需要承担全部的责任，带领团队将精力全部投入产品的生产和销售中，或者开发新的产品和服务。当危机出现时，创业者还要调整组织结构来适应市场的需求变化。

（2）聚合阶段

如果领导危机得以化解，组织有了强有力的领导者，组织就可以提出明确的经营目标及方向。随着组织规模和业务量的增加，组织设置了职能部门，建立了职权层级链，并给各层次、各部门分配明确的任务，从而有了初步的劳动分工。

此阶段最重要的是对分权的需要，下层管理人员开始在自己的工作领域中获得一种自信，从而要求有更多的自主权。这个时候，组织需要找到一些方法能协调和控制各部门的活动，而又不需要高层管理者进行直接监督。

（3）正规化阶段

正规化阶段意味着建立规则、程序和控制系统。组织要提高沟通效率，把公司的日常经营管理问题交给中层管理者，就会设立分权单位，如事业部制组织结构，以增进协调。

此阶段最重要的是如何把握制度和规划的执行力和灵活性。中层管理者可能会对参谋人员的介入表现出极大不满，创新可能受到束缚。如果组织看起来过大、过于复杂，则难以通过正规的计划来加以管理。

（4）精耕细作阶段

精耕细作阶段通过培育一种新的意识促进协作和团队工作。在整个组织中，管理者要开发员工面对和解决问题及协同工作的能力。行政式机构可能已经达到了极限，而社会控制和自我约束机制的引入可以减少对过多正规控制的需要。正规的制度可能得到简化，取而代之的是管理者团队和任务小组。为了实现协作，公司内部常常会组建一些跨职能部门或跨事业部的团队。组织也可能会分解成若干事业部，以保持小企业经营的特色。

精耕细作阶段需要注意的是再创活力。当组织成熟后，组织可能会步入暂时衰退的时期，可能每 10~20 年就需要对组织进行一次重建，使之获得新的活力。这时的组织可能不再适应其环境，变得行动迟缓，或者过于行政化，因而必须经历一个重塑和创新的过程。在这一阶段，通常需要更换高层管理者。

【控制小练习】

想一下你在学校学习的情景和经历，学校对各环节是如何实施控制的？将有关内容填在下表中。

项目	教师 A 的控制方法（小班课）	教师 B 的控制方法（大班课）	这些控制方法对你的影响	你认为什么样的控制方法更好
1. 考试				

续表

项目	教师 A 的控制方法（小班课）	教师 B 的控制方法（大班课）	这些控制方法对你的影响	你认为什么样的控制方法更好
2. 作业				
3. 参与课堂讨论				
4. 出勤				
5. 其他				

问题：

1. 各种控制方法各有什么优缺点？
2. 控制太多会怎样？太少又会怎样？
3. 控制的方法是否取决于特定的请假和有关人员的数目？

团队任务——组织规模与生命周期

1. 任务目标

通过组织规模和生命周期学习，对你所在的组织或比较熟悉的组织进行分析，并观察其规模大小，现阶段处于生命周期的哪个阶段，以及该阶段的特点和存在的问题。

2. 任务要求

发现身边的正式组织，并分析该组织规模大小，现阶段处于生命周期的哪个阶段，以及该阶段的特点和存在的问题。利用所学的知识，尝试对组织进行分析，形成调研报告，给出建议。

3. 任务准备

准备好观察记录表和面谈提纲。

4. 任务实施

步骤一：进行访谈提纲及调查问卷设计。

步骤二：实地访谈、调研并收集相应的佐证材料及图片。

步骤三：团队讨论并整理分析调研资料，形成结论并提出建议。

步骤四：完成调研报告并按时提交。

步骤五：进行各团队间的分享交流。

步骤六：修改调研报告。

步骤七：任务反思及改进。

5. 任务记录

请将访谈要点记录在以下空格处。

组织规模：____

____

____

____

____

生命周期：____

____

____

____

____

问题及改进：____

____

____

____

____

6. 任务成果

请完成调研报告，并以电子文稿的形式提交。

7. 任务反思

团队间分享交流后，调研报告修改要点为：____________________

____

本次任务反思：____

____

8. 任务评价

以下为本次任务的评价标准（总分 10 分），供参考。要求至少三位评委根据任务完成质量给出分数，最后取平均分为团队的最终成绩评定。

评分标准	完成访谈提纲及调查问卷设计并作为任务附件按时提交（2分）	实地调研并按要求提供佐证材料（1分）	完成访谈要点记录（1分）	完成团队内讨论（1分）	完成调研报告并按时提交（2分）	完成团队间分享交流（1分）	完成调研报告修改及任务反思（2分）	成绩总分
评委1								
评委2								
评委3								
最终成绩								

自我评价：______________________________

____

教师评价：______________________________

____

同步训练题

一、填空题

1. 组织设计的影响因素有______________________________。

2. 绩效考评的原则有______________________________。

3. 员工培训的方法有______________________________。

4. 员工目标绩效考核法中，考核指标原则是______________________________。

5. 变革策略的类型有______________________________。

二、判断题

1. 管理幅度是指一个管理者直接指挥下级的数目。管理幅度应该要适当，这样才能进行有效管理。（　　）

2. 冲突对组织都是有害的，冲突管理就是要尽可能减少或消除冲突。（　　）

3. 非正式组织主要可以满足员工心理上的需求。（　　）

4. 产品和服务变革的目的是提高生产效率，或者生产出更多的产品。（　　）

5. 简历筛选的过程中，要先和候选人沟通没有问题后，再通知候选人来公司面试。（　　）

三、选择题

1. 直线型组织结构一般只适用于（　　）。

A. 需要按职能专业化管理的小型组织

B. 没有必要按职能专业化管理的小型组织

C. 需要按职能专业化管理的中型组织

D. 需要按职能专业化管理的大型组织

2. 管理跨度原则可以理解为（　　）。

A. 职位的职权和职责对等一致　　B. 领导者所管理的人员数目应当适当

C. 与分工与协作相一致　　D. 应当授予管理人员一定的职权

3. 管理层次少而管理宽度大的组织结构被称为（　　）。

A. 直线制组织结构　　B. 扁平化组织结构

C. 职能制组织结构　　D. 事业部制组织结构

4. 某广告公司是一家大型广告公司，业务包括广告策划、制作和发行。考虑到一个电视广告设计至少要经过创意、文案、导演、美工、音乐合成、制作等专业的合作才能完成，下列何种组织结构能最好地支撑该公司的业务要求？（　　）

A. 直线制　　B. 职能制　　C. 矩阵制　　D. 事业部制

5. 专业化管理程度高，但部门之间协调性比较差，并存在多头领导现象。这是哪类组织结构类型的特点？（　　）

A. 直线制　　B. 职能制　　C. 直线职能制　　D. 事业部制

E. 矩阵制

四、论述题

某公司目前的发展显然遇到了管理瓶颈。公司规模不断发展壮大，公司业务也不断增加，已经呈现出多元化的特点；而公司目前的组织结构依然是创立时期的直线职能制结构，已经出现了管理层级过多、管理信息沟通不及时、财务管理混乱等情况，这些都严重影响了公司的发展。因此，此时进行组织结构的变革正当其时。

问题：如何根据公司业务发展特点和公司目前的管理状况，选择一种合适的组织结构类型，然后构建公司的组织结构，并进行组织变革。

五、资料分析题

白力洁公司是一家成立于2007年的生产经营日用清洁用品的公司，由于其新颖的产品、别具一格的销售方式和优质的服务，备受消费者的青睐。然而，随着公司的发展，公司总裁董刚逐步发现，一向运行良好的组织结构，现在已经不能适应该公司内外环境变化的需要。

公司原先是根据职能来设计组织结构的，财务、营销、生产、人事、采购、研究与开发等构成了公司的各个职能部门。随着公司的发展壮大，产品已从洗发水扩展到护发素、沐浴露、乳液、防晒霜、护手霜、洗手液等诸多日化用品上。产品的多样性对公司的组织结构提出了新的要求。旧的组织结构严重阻碍了公司的发展，职能部门之间矛盾重重，在这种情况下，总裁董刚总是需要亲自作出主要决策。

2015 年，总裁董刚作出决定，根据产品种类将公司分成 8 个独立经营的分公司，每一个分公司对各自经营的产品负有全部责任，在赢利的前提下，分公司的具体运作自行决定，总公司不再干涉。但是没过多久，重组后的公司内又出现许多新的问题。各分公司经理常常不顾总公司的方针、政策，各自为政，而且分公司在采购、人事等职能方面也出现了大量重复，公司正在瓦解成一些独立部门。在此情况下，总裁董刚意识到自己在分权的道路上走得太远了。

于是，总裁董刚又下令收回分公司经理的一些职权，强调以后总裁拥有下列决策权：超过 10 万元的资本支出，新产品的研发，发展战略的制定，关键人员的任命等。然而，职权被收回后，分公司经理纷纷抱怨公司的方针摇摆不定，甚至有人提出辞职。总裁董刚意识到这一举措大大地挫伤了分公司经理的积极性和工作热情，但他感到十分无奈，因为他实在想不出更好的办法。

问题：

1. 该公司调整前的组织结构是（　　）。

A. 直线制　　B. 职能制　　C. 矩阵制　　D. 事业部制

2. 该公司由于产品多样性需求重组后的组织结构是（　　）。

A. 直线制　　B. 事业部制　　C. 职能制　　D. 矩阵制

3. 事业部制组织结构的特点为（　　）。

A. 统一决策、分散经营

B. 适合于超大型企业

C. 各事业部通常是独立核算的利润中心

D. 以上三者都是

4. 对于总裁董刚从分权到集权的做法，你认为最合理的评价是（　　）。

A. 他在一开始分权是对的，公司发展到一定程度后，通常都会要求组织结构进行调整

B. 他在一开始就不应该分权，分权通常都会导致失控

C. 他的分权和组织结构调整的思路是正确的，但是在具体操作上有些急躁

D. 他后来撤回分公司经理某些职权的做法是对的，避免了一场重大危机

5. 根据公司的发展，你认为该公司最可能采用的部门化方式是（　　）。

A. 产品部门化　　B. 地区部门化　　C. 顾客部门化　　D. 业务部门化

6. 总裁董刚在设立 8 个独立的分公司时，你认为其最大的失误是（　　）。

A. 没有考虑矩阵制等组织结构

B. 没有周密地考虑总公司和分公司的职权职责划分问题

C. 根本就不应该设立独立的分公司

D. 既没有找顾问咨询，也没有和分公司经理进行广泛的沟通

7. 当总裁董刚意识到自己在分权的道路上走得太远时，他撤回了分公司经理的某些职权，这是行使了（　　）。

A. 直线职权　　B. 参谋职权　　C. 职能职权　　D. 个人职权

8. 你认为本案例最能说明的管理原则是（　　）。

A. 管理幅度原则　　B. 指挥链原则

C. 集权与分权相结合的原则　　D. 权责对等原则

9. 总裁董刚决定收回分公司经理的一些职权，强调以后总裁拥有下列决策权：超过 10 万元的资本支出，新产品的研发，发展战略的制定，关键人员的任命等。这些事项的决策最可能属于（　　）。

A. 程序性决策　　B. 非程序性决策　　C. 战术决策　　D. 业务决策

10. 如果你是总裁的助理，请就如何处理好集权与分权的关系向总裁提出建议。

项目四

领导激励

【项目内容】

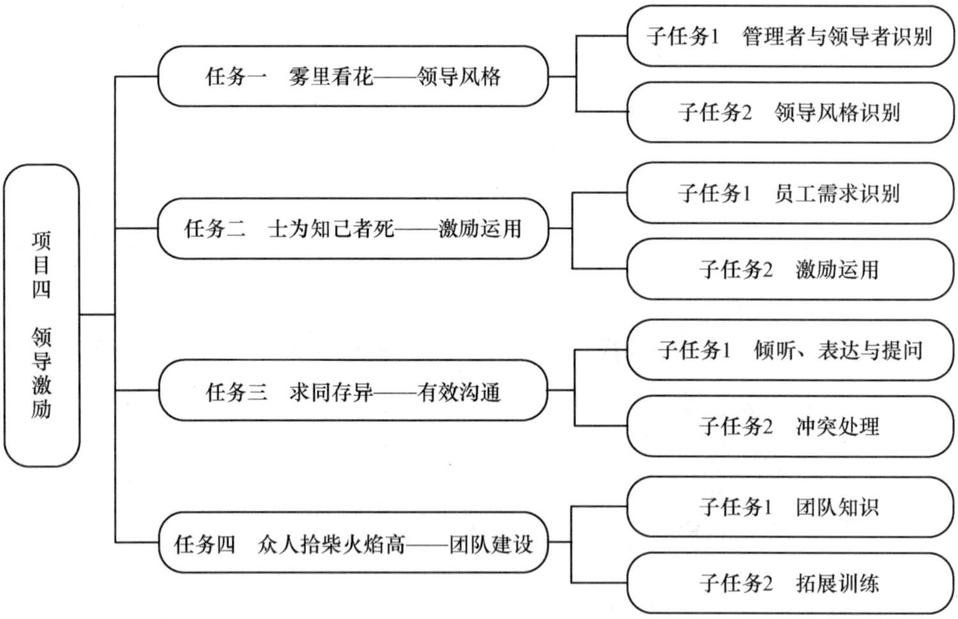

【项目理论】

1. 领导者理论。
2. 激励理论。
3. 沟通理论。
4. 团建理论。

【项目重难点】

重点：团队培育技巧。
难点：领导风格形成。

【项目成果】

1. 领导者与管理者的异同分析。
2. 激励方案。
3. 沟通方案。
4. 团队培育。

【项目导入】

办公室的故事

2019 年央视春晚，由闫妮、周一围、沈月和爱笑团队表演的小品《办公室的故事》，聚焦在职场奋力打拼的年轻人，倡导人与人之间的坦诚相待。剧中有三段有关新来总监强行在下属面前树立权威的情节，请分别说说该总监是何种领导风格，是否存在不同领导风格之间的转换？

情节（一）

（众职员办公中）职员 A：组长，听说今儿个咱们办公室要来一个特别厉害的新总监？职员 B：哦，我也听说了。职员 C：真的假的？职员 D：哎哟，她还能开了咱？没事儿，怕什么？（总监进，走向一正在玩手机的年轻男子）总监：上班时间玩手机，你一个月开多少钱？年轻男子：不是……总监：不是什么？开多少钱？年轻男子：我我我……总监：我什么我？开多少钱？年轻男子：那个……总监：开多少钱？年轻男子：三千。（总监从衣兜里拿出一沓钞票）总监：这是两个月的，走人。年轻男子：不是，我是……总监：走！（年轻男子出）总监：做个自我介绍。我是新来的总监，你们可以叫我闫总。看到没有，上班时间玩手机，就是这个下场！他是哪个部门的？职员 D：他是送快递的，累了坐这儿歇会儿。（总监急）总监：有电话？职员 D：有。总监：赶紧打一个。职员 D：关机了。职员 D：报警吗？闫总？总监：不要报警，给个差评。(年轻男子奔跑进）年轻男子：差评千万不能给啊！大姐，刚才是个误会。你让我走，我在门口都没敢走。但是我也不敢进来。行了，给你解释清楚就行了，我就放心了。你忙，就不打扰你了。(年轻男子出）职员 D：钱?!（总监追出）总监：小哥……（众人大笑）职员 D：各位，新官上任，杀鸡儆猴。杀别人家的鸡，吓唬自己家的猴。

情节（二）

（众人热烈讨论办公室求婚筹备事宜）职员 D：你俩先回去吧，总监来发飙了啊。职员 B：总监怎么了？多大的领导啊！凶巴巴的。到了能当总裁的年纪，她却当个总监。(总监进，走到职员 B 身后，职员 B 猛然发现总监站在眼前）职员 B：总监，对不起，我失言了。总监：没关系，你失业了。职员 B：不是，总监。总监：走人！职员 B：我，您……总监：走人！职员 B：您听我说……总监：走！职员 B：行，那回头您跟我妈说一声。(职员 B 出）总监：我跟你妈说得着吗？你妈是谁啊？职员 A：她妈是咱们公司董事长。(总监追出）总监：老妹儿……（众人大笑）职员 D：第二次杀鸡儆猴，一群鸡里面就一只猴，让她给拎出去了。

情节（三）

总监：开会。(总监拿着文件夹领着职员 B 进）总监：说说你们这些广告创意。第一个，白雪公主穿上太阳牌羽绒服，化了。这个创意是谁想的？(职员 C 大笑站起）总监：坐下！第二个，睡美人喝了月亮牌咖啡之后，醒了。这个创意又是谁想的？(职员 B 举手站起）职员 B：我！总监：年轻人，工作是工作，你妈是你妈。美好的生活还要靠自己去创造。(总监怒摔文件夹）总监：就你这破创意。我一晚上能想一麻袋！还能不能干了？你们要是拿不出一个好的创意，信不信我把整个部门给裁了！职员 D：闫总，您放心，我们一定给您一个惊喜。总监：我等着你的 surprise（惊喜），散会！（总监出）职员 D：原来她杀鸡不是为了儆猴啊，她杀鸡纯粹是爱好。

思考：这个案例对你有什么触动？仔细想想自己的领导或者自己作为领导在学习、工作、生活中的领导方式有没有不妥之处？

任务一　雾里看花——领导风格

掌握好一种领导风格，就必须懂得：这种领导风格能够使你在什么样的情况下，达到什么样的结果。

* 知识任务

1. 掌握领导的概念及作用。
2. 了解相关领导理论。
3. 明确领导者素质。

* 技能任务

1. 能够判别领导风格。
2. 能够运用量表进行领导风格测评。
3. 能够熟练运用各种领导理论解决问题。

* 素质任务

1. 养成理论与实际相结合的意识。
2. 培养闭环意识。
3. 具备一定的领导品质。

任务导入

马云谈领导

领导永远不要跟下属比技能，下属肯定比你强；如果不比你强，说明你请错人了。要比眼光：比他看得远。

要比胸怀：领导的胸怀是委屈撑大的，要能容人所不能容。

要比实力：抗失败的能力比他强。

一个优秀的领导人的素质就是眼光、胸怀和实力。

末流管理者：自己干，下属对着干；五流管理者：自己干，下属没事干；四流管理者：自己干，下属跟着干；三流管理者：自己不干，下属主动干；二流管理者：自己不干，下属拼命干；一流管理者：自己不干，下属快乐地干。

思考：这个案例对你有什么触动？如有可能，你会更有可能成为领导者还是管理者？

知识准备

一、管理者与领导者识别

领导者的唯一定义就是其后面有追随者。

——彼得·德鲁克

在管理实践中，尽管我们清楚管理与领导绝对不是一回事，但我们很多时候往往会将管理者等同于领导者，而事实上两者是有差异的。领导者的内涵及外延都要比管理者更广。

那么，根据之前所学到的知识，我们首先来看看管理与领导的区别，见表 4–1。

表 4–1　　管理与领导的区别

管理	领导
管理职能大于领导职能 建立在正式的职权之上 强调通过计划、组织、协调和控制解决问题	属于管理职能的一部分 更倾向于建立在个人魅力之上 强调的是激励、鼓舞甚至感召，影响士气和凝聚力

管理（Management）是指一个协调工作活动的过程，以便能够有效率和有效果地同别人一起或通过别人实现组织的目标，这个过程由计划、组织、领导和控制组成。

领导（Leading）是指拥有权力的个人或集团向他人施加影响，使之为实现既定的目标而努力的过程。这一领导过程，具有领导者、被领导者以及目标三要素，并拥有五种权力，分别为法定权力（legitimate power）、奖赏权力（reward power）、强制权力（coercive power）、专家权力（expert power）以及参照权力（referent power）。前三者为职位权力，后两者为个人权力。

具体而言，法定权力是由领导者在组织中所处的职位而获得的权力；奖赏权力是领导者给予下属奖赏的权力，往往会为个人及组织带来积极效益；强制权力是领导者对下属具有控制甚至惩罚的权力；专家权力是领导者在专业知识、专业技术技能方面的影响力；参照权力是指由于领导者个人所具备的各种有利资源或人格魅力，从而对下属施加的影响力。当然，领导是一个各种权力综合影响下属的过程。

领导学大师华伦·班尼斯说过："为了在21世纪求得生存，我们需要新一代的领导人，而不是管理者。"彼得·德鲁克也曾指出："领导者的唯一定义就是其后面有追随者。"因此，在一个组织中，当一个人仅仅利用其职务权力，采取强制手段来命令下属工作时，他充其量只能算是个管理者而非领导者。往往在行使法定职位权力的同时，又通过其个人权力来激励、鼓舞甚至感召下属，影响个人及团队的士气和凝聚力时，他才能成为真正的领导者。此时，我们也就不难回答马云到底是管理者还是领导者，抑或兼而有之的问题了。

团队任务——领导者与管理者的异同分析

1. 任务目标

通过团队学习，掌握领导者与管理者的含义，并能进行两者之间的异同分析。

2. 任务要求

团队通过学习讨论归纳出管理者与领导者的异同点。

3. 任务准备

线下知识：管理学参考文献或书籍。

线上知识：在线学习资源平台。

4. 任务实施

步骤一：学习有关管理者与领导者的知识。

步骤二：学习要点记录。

步骤三：团队讨论确定管理者与领导者的异同点。

步骤四：完成任务表单并提交。

步骤五：进行各团队间的分享交流。

步骤六：修改任务表单。

步骤七：任务反思及改进。

5. 任务记录

请将学习要点记录在以下空格处。

管理者定义：____

____

____

领导者定义：____

____

____

管理者与领导者的相同点：____

____

____

管理者与领导者的不同点：____

____

____

6. 任务成果

以下为建议表单，团队可根据具体情况进行增减及其他修改。

异同点		管理者	领导者
1	定义		
2	权力		
3	范围		
4	作用		
5	独立性		
6	前瞻性		
7	挑战性		
8	创新性		
9	管理方式		
10	……		
结论			

7. 任务反思

团队间分享交流后，表单修改要点为：____

本次任务反思：

8. 任务评价

评委 1	授课教师（签名）：	评分 1：	被考评小组	
评委 2	企业导师（签名）：	评分 2：	最终成绩	
评委 3	学生代表（签名）：	评分 3：	组长（签名）	
考评内容	团队任务考评标准			
考评标准	内容	分值（分）	得分（分）	
	阅读不少于两篇/本参考文献/书籍	10		
	线上课程资源平台学习不少于 10 分钟	10		
	完成学习要点记录	10		
	完成团队内讨论	20		
	完成任务表单填写并按时提交	20		
	完成团队间分享交流	10		
	完成任务表单修改及任务反思	20		
合计		100		

注：以上为本次任务的评价标准（总分 100 分），供参考。要求至少三位评委（含授课教师、企业导师、学生代表）根据任务完成的质量给出分数，最后取平均分为团队的最终成绩评定。考评满分为 100 分，60~69 分为及格，70~79 分为中等，80~89 分为良好，90 分以上为优秀。

自我评价：

教师评价：

知识准备

二、领导风格识别

管理不是“管理人”而是“领导人”。

事实上，当人类社会以群体的方式进行活动时，领导也就随之产生了。然而，对领导的系统研究是近一个世纪以来的事。早期的领导理论聚焦在领导者自身以及领导者与下属之间的相互作用上，随之产生了特质理论与行为理论，当研究者意识到情境因素对领导效果的影响时，领导理论研究即发展到了权变理论。当前的领导理论研究更倾向于愿景型领导以及领导力在团队建设方面的应用，如创建信任的企业文化、进行激励性授权等。

以下我们将通过对领导理论发展的学习来对不同领导风格加以识别，见表 4-2。

表 4-2　　领导理论的发展

时期	研究理论	研究主题
20 世纪 40 年代以前	领导特质理论	领导能力是天生的
20 世纪 40 年代至 60 年代中期	领导行为理论	有效领导与领导行为相关
20 世纪 60 年代末至 70 年代末	权变理论	有效领导受情境因素的影响
20 世纪 80 年代早期至今	新型领导理论	变革型领导、愿景型领导、团队领导

1. 领导特质理论（characteristic theories）

早期，人们常常希望知道领导者与非领导者有何不同，也就是说领导者是否具有天生特质。20 世纪二三十年代，在认为领导是伟人、是英雄、是天生的等一系列特征论或因素论的假设前提下，通过对人的各种特征，如身体特征、个性特征、智力特征、社会交往特征等进行统计分析后，发现该假设并不成立。不过，研究者还是发现了与领导力高度相关的一些特质。进取心、领导欲望、诚实正直、自信、智慧以及工作相关知识六项特质，被公认为最具相关度的领导特质，从而形成了领导特质理论，即研究领导者的心理特质与其影响力（领导效能）之间关系的理论。

（1）传统领导特质理论

传统领导特质理论的代表人物是吉伯和斯托格迪尔，其主要观点为：领导者的品质是天生的，是由遗传所决定的。

吉伯认为，天才的领导者具有七项特质：善言辞、外表英俊潇洒、智力过人、具有自信心、心理健康、有支配他人的倾向、外向而敏感。而斯托格迪尔认为，领导者应具备十项先天特质：才智、强烈的责任心和完成任务的内驱力、坚持追求目标的性格、大胆主动的独创精神、自信心、合作性、乐于承担决策和行为的后果、能忍受挫折、社交能力和影响别人的能力、处理事务的能力。

传统领导特质理论带有强烈的唯心主义色彩，是一种遗传决定论的观点。

（2）现代领导特质理论

现代领导特质理论的代表人物是美国普林斯顿大学鲍莫尔和美国心理学家吉赛利，

他们认为领导是一个动态过程，领导者的特性和品质并非天生的，而是在实践中通过训练、培养逐渐获得和形成的。

鲍莫尔认为，善于合作、智于决策、巧于组织、精于授权、善于应变、勇于负责、敏于求新、敢于冒险、尊重他人、品德超人，这些通常可以认定为现代领导者应具备的特质。

1971 年，吉赛利通过研究，得出了包含三大类、十三个因子的领导特质。第一类特质为管理，含管理能力、智力、创造力三个因子；第二类特质为个性品质，含自我督导、决策、成熟度、与下级关系、性别五个因子；第三类特质为激励，含职业成就需要、自我实现需要、行使权力需要、高度金钱奖励需要、工作安全需要五个因子。

研究表明，现代领导特质理论在筛选领导特质方面依然具有一定的作用和价值。例如，领导的特质依据行为特质动态衡量系统（Professional Dynamitic Programs，PDP）——一种用来衡量个人的行为特质、活力、动能、压力、精力及能量变动情况的系统，将人分为支配型、外向型、耐心型、精确型、整合型五种类型，分别以“老虎”“孔雀”“考拉”“猫头鹰”“变色龙”五种动物将五种类型的个性特质形象化，其目的是挖掘那些具备领导潜力的优秀人才，从而强化他们的天赋优势。

与 PDP 相似的还有九型人格、性格色彩、大五人格、霍兰德职业兴趣等有关个性特质、职业性格的测试工具。专家们希望通过性格测试，找出个性心理与领导风格之间的相关性。

现代领导特质理论尽管能帮助我们识别有效领导，表明具有某些特质使个体成为有效领导的概率大增。然而，该理论所持观点却过于片面和静态，无法体现出领导与下属之间的相互作用以及环境因素对有效领导的影响。

2. 领导行为理论（behavioral theories）

20 世纪 40 年代末至 60 年代中期，研究人员将关注点转移到了对人的行为偏好上。既然领导者非天生，那么后天的培养是否可能？至此，行为理论产生，以期找到决定领导力的关键行为因素。

领导行为理论试图从研究领导者的行为特点与绩效的关系来寻找最有效的领导风格。通过对主要的领导行为维度的研究，形成了四种行为理论，即勒温三极端理论、利克特领导行为研究、弗莱希曼四分图理论、管理方格理论。

（1）勒温三极端理论

20 世纪 30 年代，美国心理学家勒温对领导者对下属群体行为的控制或影响被领导者的方式提出了三种极端理论：专制型（autocratic style）、民主型（democratic style）、放任型（laissez-faire style），该理论也常被称为领导作风理论、领导风格理论（Average Leadership Style，ALS）。

勒温等人认为不同的领导风格对团体成员的工作绩效和工作满意度有着不同的影响，具体见表 4-3。

表 4-3　勒温三极端理论领导风格比较

	专制型	民主型	放任型
权力分配	权力集中于领导者个人手中	权力在团体之中	权力分散在每个员工手中，采取无为而治的态度
决策方式	领导者独断专行，所有的决策都由领导者自己作出，不重视下属成员的意见	让团队参与决策，所有的方针政策由集体讨论作出决策，领导者加以指导、鼓励和协助	团队成员具有完全的决策自由，领导者几乎不参与
对待下属的方式	领导者介入具体的工作任务，对员工在工作中的组合加以干预，不让下属知道工作的全过程	员工可以自由选择与谁共同工作，任务的分工也由员工的团队来决定，让下属员工了解整体的目标	为员工提供必要的信息和材料，回答员工提出的问题
影响力	领导者以权力、地位等因素强制性地影响被领导者	领导者以自己的能力、个性等心理品质影响被领导者，被领导者愿意听从领导者的指挥和领导	领导者对被领导者缺乏影响力
对员工评价和反馈的方式	采取“个人化”的方式，根据个人的情感对员工的工作进行评价，采用惩罚性的反馈方式	根据客观事实对员工进行评价，将反馈作为对员工训练的机会	不对员工的工作进行评价和反馈

（2）利克特领导行为研究

20 世纪 40 年代，美国密执安大学伦西斯·利克特教授及其同事经研究提出了两种不同的领导方式：工作导向型领导行为和员工导向型领导行为。

工作导向型领导行为是指关心工作的过程和结果，并用密切监督和施加压力的方式来获得良好的工作绩效、满意的工作期限和结果评估。

员工导向型领导行为是指关心员工，重视人际关系，有意识地培养与高绩效的工作群体相关的人文因素。

研究表明，员工导向的领导者与高工作绩效和高员工满意度成正相关，而工作导向的领导者则刚好相反。

（3）弗莱希曼四分图理论

同样在20世纪40年代末，美国俄亥俄州立大学弗莱希曼教授及其同事从以工作为中心的定规维度（initiating structure）和以人际关系为中心的关怀维度（consideration）对领导行为加以全面研究，形成了弗莱希曼四分图理论。因此，领导者基本类型分为以下四种：高关怀—高定规、高关怀—低定规、低关怀—高定规、低关怀—低定规。

其中，双高风格能够产生积极效果，通常能产生高绩效与高满意度。但也并不总是如此，需要考虑情境因素的影响。如果不考虑情境要素，在某些特定条件下，双高领导行为也会有导致下属产生高抱怨、高缺勤率，甚至高离职率的情形。

（4）管理方格理论

1964年，美国管理学家罗伯特·布莱克和简·穆顿提出了管理方格理论，他们认为，领导行为主要通过处理人与工作的关系来体现。

管理方格理论通过“关心人”及“关心生产”两个行为维度，分别从1~9进行标度，将领导风格划分成81个方格，而其中五种类型得到研究者的重点关注，即贫乏型（1，1）、任务型（9，1）、中庸型（5，5）、乡村俱乐部型（1，9）、团队型（9，9），如图4-1所示。

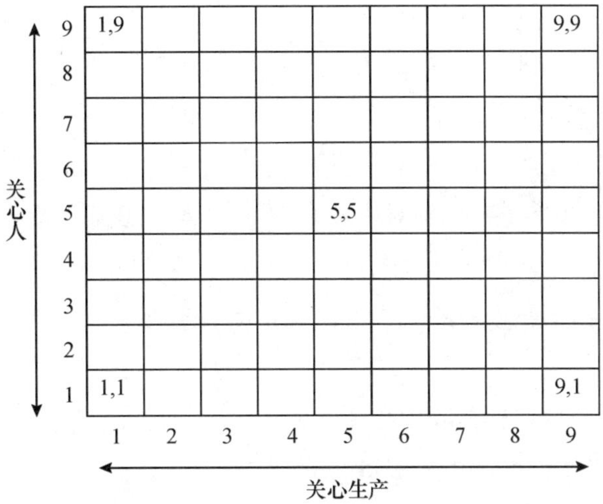

图4-1　管理方格

贫乏型管理：以最低限度的努力完成必需的工作，从而维持组织成员的身份。

任务型管理：工作高效运作，人为干扰因素降至最低。

中庸型管理：在必须完成的工作与高昂的士气水平之间保持平衡。

乡村俱乐部型管理：对员工的需要关怀备至，组织氛围及工作基调友好舒适。

团队型管理：员工与组织之间相互信任和尊重，员工对工作具有奉献精神。

3. 权变理论（contingency theory）

20 世纪 60 年代以后，很多学者逐渐意识到，要找一种普遍适合于所有组织、所有性质工作的固定的领导行为方式几乎是不可能的，至此，对于领导有效性的研究转入权变理论。

权变理论又称情境理论。“权变”一词有“随具体情境而变”或“依具体情况而定”的含义。

与领导特质理论和领导行为理论不同，权变理论认为，领导的有效性取决于领导者、被领导者和情境条件三者的配合关系，即领导有效性是领导者、被领导者和领导情境三个变量的函数。

最常见的四种权变理论有费德勒模型、情境领导理论、领导者参与模型、路径—目标模型。

（1）费德勒模型

1951 年，美国著名心理学家、管理大师、权变管理的创始人弗雷德·费德勒提出了费德勒模型。

费德勒认为有效的领导行为依赖于情境因素对领导者是否有利，而领导者与下属的关系、任务结构、职位权力则构成了情境因素的三个方面，并由此形成了八种情境类型及相应的领导形态。

1）领导者—成员关系：也称上下关系，指领导者对下属的吸引力，也即领导者对下属信任尊重的程度以及下属对领导者的信任、喜爱、忠诚、愿意追随的程度，用好差进行评价。

2）任务结构：指下属担任的工作的明确程度，也即工作任务的规范化和程序化程度，用高低进行评价。

3）职位权力：指与领导者职位相关联的正式职权以及在整个组织中运用权力（奖惩、升降职等）的影响程度，用强弱进行评价。

根据以上这三种变量对每一种领导情境进行评估，产生了八种可能的情境类型，见表 4-4。其中Ⅰ、Ⅱ、Ⅲ类情境对领导者非常有利，Ⅳ、Ⅴ、Ⅵ类情境对领导者一定程度上有利，Ⅶ、Ⅷ类情境对领导者非常不利。而在任务导向和关系导向的两种领导风格中，费德勒认为任务导向的领导者非常有利。因此，提高领导者的有效性有两种途径，要么选择领导者以适应情境，要么改变情境以适应领导者。

表 4-4　　费德勒模型的八种情境类型

情境类型	Ⅰ	Ⅱ	Ⅲ	Ⅳ	Ⅴ	Ⅵ	Ⅶ	Ⅷ
上下关系	好	好	好	好	差	差	差	差
任务结构	高	高	低	低	高	高	低	低
职位权力	强	弱	强	弱	强	弱	强	弱

（2）情境领导理论

情境领导理论，最先由美国心理学家卡曼提出，后来由保罗·赫西和肯尼斯·布兰查德共同创立，是一个关注下属准备状态，即被领导者的成熟度的权变理论，又被称为生命周期理论（life cycle theory of leadership），也称领导寿命循环论。

该理论认为，领导者的风格应适应其下属的成熟度。这里所指的成熟度是指心理的成熟度，也即个体能够并愿意完成具体任务的程度。在该理论中，成熟度被定义为有成就感，有负责的意愿和能力，有工作经验和受过一定的教育等。下属的成熟度一般经历以下四个阶段的发展过程：不成熟—逐步成熟—比较成熟—成熟。随着下属成熟度的提升，领导行为也相应在命令、说服、参与、授权四种方式中加以改变。情境领导理论如图 4-2 所示。

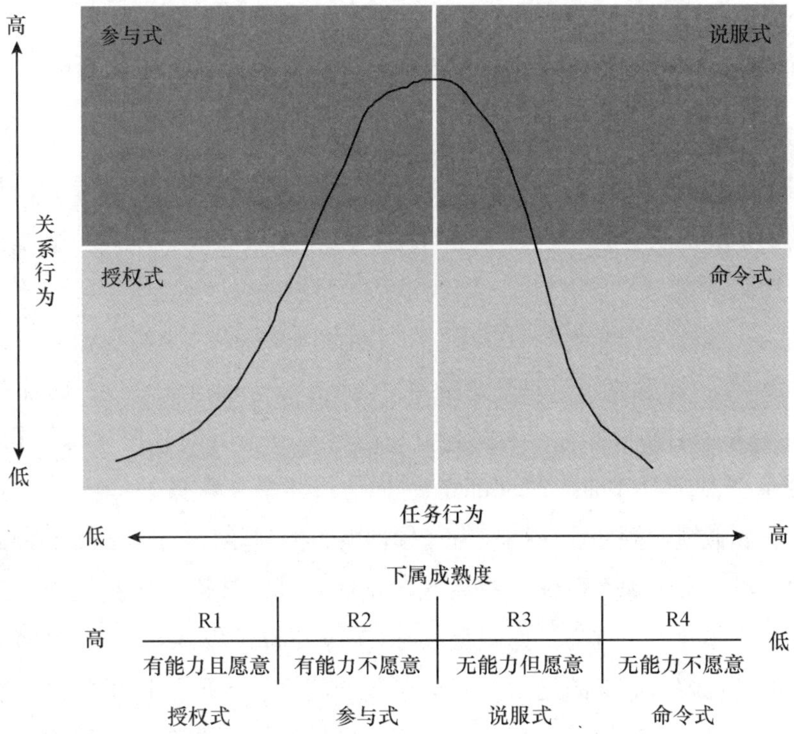

图 4-2　情境领导理论

（3）领导者参与模型

1973 年，美国管理学家弗鲁姆和耶顿提出领导者参与模型。该理论提出了通过由下属参与决策的程度来决定领导决策的五种方式。

方式一：领导利用自己拥有的资料，自己作出决策。

方式二：领导从下属那里获得资料，自己作出决策。

方式三：领导个别接触下属，听取下属意见，自己作出决策。

方式四：领导让下属集体了解问题，由下属提出建议，自己作出决策。

方式五：领导让下属集体了解问题，并一起提出建议、评价以及可供选择的方案，领导与下属共同作出决策。

（4）路径—目标模型

加拿大多伦多大学罗伯特·豪斯教授认为，有效的领导者能够为下属提供必要的指导和支持，清除各种障碍和危险，帮助他们达到目标。

路径—目标模型分为四种领导类型：指导型、支持型、参与型以及成果导向型。

指导型：领导明确任务并给予下属具体指导。

支持型：领导更多地体现对下属的关怀。

参与型：领导会允许下属参与决策，充分考虑下属意见和建议。

成果导向型：领导为下属设定有挑战性的目标，并鼓励其发挥最佳水平。

4. 新型领导理论

随着时代的发展与进步，领导理论也相应发展与更新。作为领导者，与时俱进是最为重要的意识和品质。针对当代领导理论的最新发展有三种观点：变革型领导、愿景型领导、团队领导。

一般而言，通过工作角色与任务要求，遵循工作规范，为实现组织目标而指导并激励下属的领导，我们称为“事务型领导”（transactional leaders）；而那些采取新观点、新视角，通过鼓励下属为了组织利益超越自身利益并对其产生深远影响的领导，则称为“变革型领导”（transformational leaders）。其中，具有个人魅力，热情而自信，能高效激发下属业绩的领导往往被称为“领袖魅力型领导”（charismatic leaders）。

那些通过设计基于现实可信并有诱人前景的目标，鼓舞下属激发极大工作动力去实现组织目标的领导，则称为“愿景型领导”（visionary leaders）。通常愿景型领导具备以下三种能力：解释愿景的能力、表达愿景的能力、施展并运用愿景的能力。在这其中，愿景型领导既要通过语言更要通过行动，同时还须结合不同的领导情境对下属施加影响，去达成具有挑战性并最终得以实现的组织目标。

相较于传统型领导（traditional leaders）更注重于工作监控，团队领导（teamwork leaders）往往同时担负起对外联络、冲突管理、团队教练等工作职责，用以应对员工团队的变化，为团队提供支持与帮助，推动团队发展进程，尽一切可能帮助团队及其成员保持高绩效产出。

（1）变革型领导

1978年，社会政治学家伯恩斯提出变革型领导理论。变革型领导相较于交易型领导（transactional leaders）而存在，强调的是改变，而后者则强调交换。后来布鲁斯·阿沃利奥与伯纳德·巴斯在此基础上，将变革型领导行为方式概括为四个方面：理想化影响力、鼓励性激励、智力激发、个别化关怀。变革型领导往往会鼓励下属为了组织利益而超越自身利益，因此对下属会产生深远的影响。

（2）愿景型领导

愿景是指组织可靠的、真实的、具有吸引力的未来，代表所有目标努力的方向，包括组织长期的计划与未来发展的景象，能使组织更成功、更美好。

1992年伯特·纳努斯提出愿景领导，1995年霍伊尔提出达成愿景的三个基本元素：愿景陈述、任务陈述、目的陈述。其中，愿景陈述是指具有激励性质的理想陈述；任务陈述是指组织对外的工作陈述；目的陈述是指对组织任务的具体陈述，目的在于引导组织成员完成组织目标。

愿景型领导是指通过建立共同的价值、信念和目标来引导组织成员行为，从而达成组织目标促使组织进步发展的领导类型。

（3）团队领导

团队领导主要是通过引导来影响下属的行为，给予下属充分授权，激发下属的工作热忱，营造良好的团队氛围等。团队领导属于团队中的一员，并且从团队内部施加影响。对团队领导的考量主要通过团队领导力来加以体现。

团队领导力是指担任团队或其他群体的领导者角色的意图，主要表现在管理者为其所在团队设立绩效目标，在更宽泛的组织层面上维护所在团队的利益，为团队争取所需要的资源。

团队领导力通常有以下行为指标：

1）通知。通知团队成员，让受到决策影响的成员或其他人知道发生了何事。

2）付出。付出个人心力，公平对待团队中的所有成员。

3）提升士气。运用复杂的策略提升团队的士气和生产力。

4）需求满足。确保群体的实际需求得到满足。

5）行使权力。确保他人接受领导者的任务、目标、计划、趋势、语调、政策。

领导风格就是领导者进行活动时对待下属态度行为的表现。每一个领导者在对待下属时，都拥有不同的态度和行为，对其进行提升抽象后，就能总结出不同的特色和风格。实际上，领导风格就是一种模式化的领导行为。领导行为理论认为，个人可以通过合适的、最优的领导行为的学习和培训而使其更加有效地开展领导工作。

综合来讲，领导风格与领导行为是相辅相成的，与情境因素密不可分，也跟下属的成熟度密切相关，当然也跟领导者自身的心理、性格密不可分。随着时代的发展与进步，有关领导风格的理论也随之不断更新，体现出与时俱进的发展趋势。

团队任务——领导风格识别

1. 任务目标

根据所学的领导理论，进行领导风格识别。

2. 任务要求

团队走访不少于 5 位各行业领导，归纳分析领导行为模式，进行领导风格识别。实地走访领导不得少于 2 人，通过走访记录整理出各领导风格的类型及特征并排序，最后通过归纳分析得出高效领导风格的结论。

3. 任务准备

根据所学的领导理论，进行领导行为模式访谈提纲、调查问卷和测评量表设计。

4. 任务实施

步骤一：进行有关领导行为模式访谈提纲设计、调查问卷和测评量表设计。

步骤二：实地或网络进行访谈并收集相应的佐证材料及图片。

步骤三：团队讨论确定高效领导风格的类型及特征。

步骤四：完成任务表单并按时提交。

步骤五：进行团队间的分享交流。

步骤六：修改任务表单。

步骤七：任务反思及改进。

5. 任务记录

请将访谈要点记录在以下空格处（含权力分配、决策方式、对待下属方式、影响力、对员工评价和反馈的方式）。

［领导 1］优势：______________________________

劣势：____________________

［领导 2］优势：____________________

劣势：____________________

［领导 3］优势：____________________

劣势：____________________

［领导 4］优势：____________________

劣势：____________________

［领导 5］优势：____________________

劣势：____________________

访谈人：____________ 访谈时间：____________

6. 任务成果

以下为建议表单，团队可根据具体情况进行增减及其他修改。

领导风格识别

领导特质排序		领导风格排序		特征描述
1		1		
2		2		
3		3		
4		4		
5		5		
6		6		
7		7		
8		8		
9		9		
10		10		
结论		高效领导风格描述：		

7. 任务反思

团队间分享交流后，表单修改要点为：____________________

____

本次任务反思：____________________

____

8. 任务评价

评委 1	授课教师（签名）：	评分 1：	被考评小组	
评委 2	企业导师（签名）：	评分 2：	最终成绩	
评委 3	学生代表（签名）：	评分 3：	组长（签名）	
考评内容	团队任务考评标准			
考评标准	内容		分值（分）	得分（分）
	完成访谈提纲、调查问卷和测评量表设计并作为任务附件按时提交		20	
	实地访谈领导不少于 2 人并按要求提供佐证材料		10	
	完成访谈要点记录		10	
	完成团队内讨论		10	
	完成任务表单填写并按时提交		20	
	完成团队间分享交流		10	
	完成任务表单修改及任务反思		20	
合计			100	

注：以上为本次任务的评价标准（总分 100 分），供参考。要求至少三位评委（含授课教师、企业导师、学生代表）根据任务完成的质量给出分数，最后取平均分为团队的最终成绩评定。考评满分为 100 分，60~69 分为及格，70~79 分为中等，80~89 分为良好，90 分以上为优秀。

自我评价：____

____

教师评价：____

____

任务二　士为知己者死——激励运用

＊知识任务

1. 掌握激励的定义及作用。
2. 了解相关激励理论。

* 技能任务

1. 能够熟练运用各种激励理论解决问题。
2. 具备激励设计的能力。

* 素质任务

1. 养成理论与实际相结合的意识。
2. 培养闭环意识。

任务导入

士为“赞赏”者死

韩国某大型公司的一名清洁工，本来是一个最被人忽视、最被人看不起的角色，但就是这样一个人，却在一天晚上公司保险箱被窃时，与小偷进行了殊死搏斗。

事后，有人为他请功并问他的动机时，答案却出人意料。他说，当公司的总经理从他身旁经过时，总会不时地赞美他“你扫地真干净”。

你看，就这么一句简简单单的话，就使这名员工受到了感动，在关键时刻挺身而出。这也正合了中国的一句老话——“士为知己者死”。

美国著名女企业家玛丽·凯曾说过：“世界上有两件东西比金钱和性更为人们所需——认可与赞美。”

金钱在调动下属们的积极性方面不是万能的，而赞美却恰好可以弥补它的不足。生活中每一个人都有较强的自尊心和荣誉感，你对他们的真诚表扬与赞同，就是对其价值的最好承认和重视。而能真诚赞美下属的领导，能使员工们的心灵需求得到满足，并能激发他们潜在的才能。打动人最好的方式就是真诚地欣赏和善意地赞许。

请根据以上文字内容，分析相关的激励理论，并讨论针对底层员工可以采取的激励方式。

思考：这个案例对你有什么触动？仔细想想你曾有过为认可及赏识自己的领导挺身而出的行为吗？请进行简要描述。

知识准备

一、员工需求识别

人的需要，是和满足需要的手段一同发展的，并且是依靠这些手段发展起来的。

——马克思

尽管管理者与领导者都在不断寻找各种方式方法来激励员工，但随着时间的推移，工作缺乏积极性、主动性的员工数量及比例都在呈上升趋势。这说明，领导者在员工激励方面面临着很大的挑战。

从心理学的角度，激励是一个由需要产生动机，再由动机诱发行动去满足需要的过程。

需要是指人们对某种目标的渴求，是使某种结果变得有吸引力的一种心理状态。而动机则是任何行为发生的内在动力，对行为有激发、引导和维持的作用。因此，可以这样说，没有动机就没有行为，而没有需要动机也就会成为无源之水、无本之木。

从某种程度而言，需要是激励的缘起。因此，对需要的识别是激励的开端。

那么什么是激励呢？激励主要是指由一定的刺激激发人的动机，使人产生一种内在的驱动力，并向所期望的目标前进的心理和行为过程。

事实证明，激励有助于以低成本和高效率来实现组织目标。在形成组织凝聚力，提高员工工作的自觉性、主动性和创造性，激发员工保持良好的工作绩效方面都具有相当重要的作用。因此，对激励的研究历来都受到高度的重视，按照形成时间及其所研究的侧面不同，研究者提出了三大类激励理论，分别为内容型激励理论、过程型激励理论、行为改造型激励理论。

1. 内容型激励理论

早在 20 世纪 50 年代，早期的激励理论已经形成。早期的激励理论研究侧重于对“需要”的研究，即回答以什么为基础或根据什么才能激发调动起员工工作积极性的问题，主要包括 X 理论和 Y 理论、需要层次论、双因素理论、成就需要理论以及 ERG 理论等。

（1）X 理论和 Y 理论

麦格雷戈提出的有关人性假设的理论中，X 理论（Theory X）认为，人天性懒惰，逃避责任，寻求安全，安于现状，在管理中必须采取强制甚至惩罚措施才能实现目标；与此相反，Y 理论（Theory Y）则认为，人性积极进取，具有自我控制、承担责任以及创造性决策的能力。麦格雷戈认为 Y 理论的激励作用更有效，提倡通过调动员工工作动机、倡导参与决策、建立融洽关系、提供更为多样的更具挑战性的工作等方式进行员工激励。

（2）需要层次论①

马斯洛认为，人的需要由低到高分为五个层次，分别为：生理需要、安全需要、社交需要、尊重需要、自我实现需要。该理论认为，如果想要激励某人，首先就要了解目前他所处的需要层次，然后满足该种需要以及更高层次的需要。需要层次论得到了管理者的普遍认可，与我国古代“仓廪实而知礼节，衣食足而知荣辱”的论点不谋而合。

（3）双因素理论

赫茨伯格提出的双因素理论（two-factor theory），也被称为激励—保健理论（motivation-hygiene theory），该理论认为工作“满意”的对立面并不是“不满意”，而是“没有满意”；“不满意”的对立面不是“满意”，而是“没有不满意”。因此，即使管理者努力消除工作中的不满意，也只是涉及工作中的保健因素而非激励因素，还达不到让员工满意的程度。赫茨伯格认为薪水、地位、工作条件、公司政策、监督、与上司和同级及下属的关系、个人生活、稳定与保障等是保健因素，而工作本身的挑战性和兴趣、取得的成就、得到的认可和赞赏、工作的发展前途、工作赋予的责任感、个人的进步成长以及发展机会等则是激励因素，因此要想真正激励员工努力工作和增加员工的工作满意度，必须注重激励因素。

（4）成就需要理论

成就需要理论，也称为激励需要理论，由美国哈佛大学的心理学家戴维·麦克利兰于 20 世纪 50 年代初提出。麦克利兰认为，在人的生理需要基本得到满足的前提下，成就需要（need for achievement）、权利需要（need for power）和合群需要（need for affiliation）则成为最主要的三种需要，而其中成就需要的高低对个人的发展和成长起着重要的作用。该理论侧重于在高层次管理中的激励研究，因此，对管理者和知识型员工的激励意义重大。

（5）ERG 理论

ERG 理论是在马斯洛需要层次理论的基础上，由美国耶鲁大学的克雷顿·奥尔德

① 也称马斯洛需求层次理论，前文已详细讲述。

弗提出的一种有关生存（Existence）、相互关系（Relatedness）、成长（Growth）的三核心需要理论。ERG 理论提出需要共存原则，指出在某一特定时间内可能会有不止一种需要起作用。与马斯洛的刚性阶梯式上升结构的需要层次理论不同，该理论提出需要降级原则，即“受挫—回归”的思想，指出当一个人较高层次需要满足受挫时，会导致其向较低层次需要的回归，即他对较低层次需要的渴望反而可能会有所增加或变得更为强烈。例如，一个人的成长需要得不到满足，作为替代，他可能会增强对金钱、工作条件等与生存需要有关的物质条件的加倍渴望。

管理小故事

鸭子只有一条腿

某王爷手下有个著名的厨师，他的拿手好菜是烤鸭，深受王府众人喜爱，尤其是王爷，更是倍加赞誉。不过这个王爷从来没有给予过厨师任何鼓励，使得厨师整天闷闷不乐。

有一天，王爷有客从远方来，在家设宴招待贵宾，点了数道菜，其中一道是王爷最喜爱吃的烤鸭。厨师奉命行事，然而，当王爷挟了一条鸭腿给客人后，却找不到另一条鸭腿，他便问身后的厨师说：“另一条腿到哪里去了？”

厨师说：“禀王爷，我们府里养的鸭子都只有一条腿！”王爷感到诧异，但碍于客人在场，不便问个究竟。

饭后，王爷便跟着厨师到鸭笼去查个究竟。

时值夜晚，鸭子正在睡觉，每只鸭子都只露出一条腿。

厨师指着鸭子说：“王爷你看，我们府的鸭子不都是只有一条腿吗？”

王爷听后，便大声拍手，鸭子当场被惊醒，全都站了起来。

王爷说：“鸭子不全是两条腿吗？”

厨师说：“对对对！不过，只有鼓掌，才会有两条腿啊！”

2. 过程型激励理论

过程型激励理论主要有期望理论、公平理论等。

（1）期望理论

期望理论（expectancy theory）是在 1964 年由耶鲁大学教授维克多·弗鲁姆提出的，包括三项变量或三种联系。期望理论认为，当人们预期某种行为能带来对其有吸引力的某种特定结果时，他就倾向于采取这种行动。期望理论中的三种变量或联系分别为期望、手段、效价，即努力与绩效的联系、绩效与奖赏的联系、奖赏与个人目标及需要的联系。

（2）公平理论

公平理论又称为社会比较理论，它是美国行为科学家亚当斯在《工人关于工资不公平的内心冲突同其生产率的关系》《工资不公平对工作质量的影响》《社会交换中的不公平》等著作中提出来的一种激励理论。该理论侧重于研究工资报酬分配的合理性、公平性及其对职工生产积极性的影响。公平理论认为，每个人都有追求公平的倾向，而是否公平则是被激励者从自己得到的报酬与自己所做的贡献进行比较中得出的。如果有客观标准，则被激励者会以客观标准来比较。如果没有客观标准，则被激励者就会与类似的情况相比较，如与他人、与自己的过去相比较等。公平理论还认为，人们的工作积极性不仅取决于其所得到的报酬的绝对值，而且取决于其所得到报酬的相对值。为了了解这个相对报酬，人们就会进行比较，如果比较的结果是自己的收支比与他人的收支比不相等，自己的收支与过去的收支不相等，那么人们就会产生心理的不平衡，从而产生追求公平的动机。

3. 行为改造型激励理论

行为改造型激励理论主要有强化理论、归因理论等。

（1）强化理论

强化理论（reinforcement theory）认为行为的原因来自外部。与期望理论等不同的是，强化理论并不考虑需要、期望、目标等因素，也不关注个体目标对行为的引导，而是只关注刺激和行为之间的关联。其创始人美国心理学家和行为科学家斯金纳指出，当某种行为的后果对个体有利时，这种行为就会在以后重复出现；反之，则会减弱甚至消失。强化理论有助于对人们行为的理解和引导，因而被广泛应用于激励和人的行为的改造上，其强化模式主要由“前因”“行为”和“后果”三个部分组成，其中，前因就是指能增强反应概率的刺激和事件，也叫强化物或刺激物。

强化分为正强化和负强化。正强化的方法包括奖金、休假、肯定、认可、表扬、晋级、改善工作条件和人际关系、安排挑战性的工作、给予学习和成长的机会等；负强化的方法包括撤销批评、处分、降级等，有时恢复减少的奖金也是一种负强化。

其实，强化理论与期望理论都强调行为同其后果之间关系的重要性，但期望理论较多地涉及主观判断等内部心理过程，而强化理论只讨论刺激和行为的关系。

（2）归因理论

归因理论（attribution theory）是由社会心理学家海德于 1958 年提出的。归因是指人们对自己或他人的行为进行分析，推论出这些行为的原因的过程。归因方式影响到以后的行为方式和动机的强弱。怎样判断和解释他人和自己行为的原因，是归因理论要回答的基本问题。海德认为事件的原因无外乎两种：内因，如情绪、态度、人格、能力等；外因，如外界压力、天气、情境等。

该理论发展至20世纪70年代，美国心理学家伯纳德·韦纳将人们对行为成败原因的分析归纳为：六个原因，即能力、努力、任务难度、运气、身心状态及其他因素；三个向度，即控制点、稳定性、可控性。控制点（因素源），指当事人自认影响其成败因素的来源是与个人条件相关的内控还是与外界环境相关的外控。六因素中，能力、努力及身心状态三项属于内控，其他各项则属于外控。稳定性，指当事人自认影响其成败因素的性质是否稳定。六因素中，能力与任务难度较稳定，其他各项则较为不稳定。可控性，指当事人自认影响其成败的因素能否由个人意愿所决定。六因素中只有努力一项是可以凭个人意愿控制的，其他各项均为不可控的。

团队任务——培训需求识别

1. 任务目标

根据所学的激励理论，进行高职院校教师培训需求识别。

2. 任务要求

团队走访不少于3所高职院校分管培训的领导及受训教师，通过访谈及问卷调查的形式，进行高职院校教师培训需求识别，形成调研报告，为高职院校提升培训满意度及培训效果提出建议。

3. 任务准备

在利用网络收集拟走访3所高职院校基本资料的基础上，根据所学的激励理论，进行高职院校教师培训访谈提纲及调查问卷设计。

4. 任务实施

步骤一：进行培训访谈提纲及调查问卷设计。

步骤二：实地访谈、调研并收集相应的佐证材料及图片。

步骤三：团队讨论并整理分析调研资料，形成结论并提出建议。

步骤四：完成调研报告并按时提交。

步骤五：进行各团队间的分享交流。

步骤六：修改调研报告。

步骤七：任务反思及改进。

5. 任务记录

请将访谈要点记录在以下空格处。

院校1：____

____

____

院校2：____

____

____

院校3：____

____

____

访谈人：____________________ 访谈时间：____________________

6. 任务成果

高职院校教师培训需求调研报告

请完成高职院校教师培训需求调研报告，并以电子文稿的形式提交。以下为需求调研报告模板，供参考，可根据实际情况进行删减及修改。

一、概述

1. 调研背景

2. 调研时间

3. 调研对象

4. 调研方式

5. 调研工具

6. 调研团队

二、访谈调研

1. 校长访谈

2. 中层访谈

3. 专业课教师访谈

4. 基础课教师访谈

三、问卷调查结果分析

1. 教师基本情况分析

2. 教师培训情况分析

四、结论及建议

五、附件

1. 访谈提纲

2. 调查问卷

7. 任务反思

团队间分享交流后，调研报告修改要点为：________________

____

本次任务反思：________________

____

8. 任务评价

评委 1	授课教师（签名）：	评分 1：	被考评小组	
评委 2	企业导师（签名）：	评分 2：	最终成绩	
评委 3	学生代表（签名）：	评分 3：	组长（签名）	
考评内容	团队任务考评标准			
考评标准	内容		分值（分）	得分（分）
	完成访谈提纲和调查问卷并作为任务附件按时提交		20	
	实地访谈 3 所高职院校并按要求提供佐证材料		10	
	完成访谈要点记录		10	
	完成团队内讨论		10	
	完成调研报告并按时提交		20	
	完成团队间分享交流		10	
	完成调研报告修改及任务反思		20	
合计			100	

注：以上为本次任务的评价标准（总分 100 分），供参考。要求至少三位评委（含授课教师、企业导师、学生代表）根据任务完成的质量给出分数，最后取平均分为团队的最终成绩评定。考评满分为 100 分，60~69 分为及格，70~79 分为中等，80~89 分为良好，90 分以上为优秀。

自我评价：________________

____

教师评价：________________

____

知识准备

二、激励运用

有志者，事竟成，破釜沉舟，百二秦关终属楚；
苦心人，天不负，卧薪尝胆，三千越甲可吞吴。

通过激励理论的学习，我们知道了对员工需求识别是有效激励员工的前提。那么，在管理实践中怎样具体进行激励运用，才能对提升员工的工作意愿、能力、结果具有激励作用呢？最常见的做法就是通过工作设计激励来达成。

1. 工作设计激励

工作设计激励，是指通过工作分配、工作授权，让员工参与管理来激发员工工作热情的激励方法，具体包括工作扩大化、工作丰富化以及工作特征模型。在激励的具体运用中，既要在工作分配时考虑员工的特长及爱好，又要使工作具有一定的挑战性。

（1）工作扩大化

工作扩大化是指通过扩大工作范围或增加工作多样性，增加员工的工作种类、内容、强度，从而使员工掌握更多的知识和技能。

工作扩大化的途径主要有两个：纵向工作装载和横向工作装载。“装载”是指将某种任务和要求纳入工作职位的结构中。“纵向工作装载”是指在工作任务及职责中增加更多责任、权利或自主权；“横向工作装载”是指在同阶层责任的工作内容中增加职位权力。

（2）工作丰富化

工作丰富化是指工作的纵向拓展，一般通过增加工作深度，即增加员工对自身工作的控制程度来实现。通过授权，让员工拥有更大的自主权、独立性和责任感，同时通过增加工作计划和评估的责任来给个体提供反馈机制，从而有助于员工对自身业绩的评估和修正，以改善工作质量。

（3）工作特征模型

工作特征模型是指通过提出五种主要的工作特征即技能多样性、任务完整性、任务重要性、工作自主性、工作反馈五种核心维度，或通过合并任务、形成完整工作单元、与客户建立直接联系、开通反馈渠道等激励员工。工作特征模型远远比工作扩大化和工作丰富化具有更多激励内容。

2. 激励理论在管理实践中的运用

（1）培训激励

培训、考核、使用、待遇相结合的培训激励机制，可以有效激发员工工作的积极性和创造性，朝着企业发展目标努力。

（2）绩效激励

绩效激励是指结合组织发展战略及目标，通过采用科学的方法，全面检测、考核、分析和评价员工个体或群体的工作绩效及综合素质，从而达到充分调动员工积极性、主动性和创造性的目的，激励员工为实现包括个人目标在内的组织目标而努力。绩效激励一般包括文化适应、习惯固化、逐步改善、体系运行四个阶段。其中，文化适应阶段最关键的是培训，习惯固化阶段最关键的是部门内部、上下级之间的探讨，逐步改善阶段最关键的是跟踪和辅导，体系运行阶段最关键的是自我完善。

（3）薪酬激励

薪酬激励是企业激励中最重要的也是最有效的激励手段，通过有效的薪酬设计，制定相应的薪酬策略，让员工所获得薪酬额与其贡献成正比，从而提高员工工作的积极性、工作业绩，最终促进企业的发展。一般而言，薪酬的构成包括固定薪酬、浮动薪酬、短期奖励薪酬、长期奖励薪酬四大要素。在进行薪酬激励设计时，根据薪酬的4P 模式，可分为以岗位为导向的薪酬制度、以技能为导向的薪酬制度、以市场为导向的薪酬制度、以绩效为导向的薪酬制度。其中以绩效为导向的薪酬制度可以很好地发挥薪酬激励的作用。

（4）生涯激励

生涯激励是指通过职业生涯规划让员工将自身的职业发展规划与企业的战略发展目标更紧密地结合在一起，增强对企业的归属感，发挥其主观能动性，最大限度地调动员工的工作热情，为企业创造更高的利润，达到员工与企业双赢。

（5）股权激励

股权激励也称为期权激励，是目前企业最常用的激励员工的方法之一，是企业为了激励和留住核心人才而推行的一种长期激励机制，主要是通过给予员工部分股东权益，从而与企业形成利益共同体，以帮助企业实现稳定发展的长期目标。

（6）情感激励

据测定，经过适当激励后，一个人的工作能力水平可与未激励前存在着大约 50%的差异。这充分表明在企业管理中，注重感情的投入和交流，注重人际互动关系，充分发挥情感激励十分重要。管理者在进行情感激励时，可采取工作行为的“垂范激励”、日常交往的“融通激励”、布置工作的“发问激励”、交代任务的“授权激励”、决策过程的“参与激励”、解决矛盾的“宽容激励”等多种激励方式。总之，在管理工作中运用情感激励，前提是坚持以人为本，时时处处尊重人、关心人、理解人。管理者应转变视角，对员工多多赏识才能最大限度地发挥好情感激励的作用。

团队任务——激励方案设计

1. 任务目标

根据所学的激励运用理论，结合学习黄铁鹰的著作《海底捞你学不会》，设计一份餐饮企业一线员工的激励方案。

2. 任务要求

团队学习黄铁鹰的著作《海底捞你学不会》并做好读书笔记，设计好餐饮员工的激励需求调查问卷，并走访不少于3家餐饮企业的一线员工及基层管理者，设计一份激励方案。

3. 任务准备

学习与餐饮企业相关的激励方面的书籍及参考文献，设计访谈提纲及调查问卷。

4. 任务实施

步骤一：阅读有关书籍和参考文献并记录，进行访谈提纲及调查问卷设计。
步骤二：实地访谈、调研并收集相应的佐证材料及图片。
步骤三：团队讨论并整理分析调研资料，形成结论并设计好激励方案。
步骤四：完成激励方案撰写并按时提交。
步骤五：进行各团队间的分享交流。
步骤六：修改激励方案。
步骤七：任务反思及改进。

5. 任务记录

请将访谈要点记录在以下空格处。

餐饮企业1：______________________________

____

____

访谈人：________________ 访谈时间：________________

餐饮企业 2：____

____

____

访谈人：________________ 访谈时间：________________

餐饮企业 3：____

____

____

访谈人：________________ 访谈时间：________________

6. 任务成果

请完成餐饮企业员工激励方案设计，并以电子文稿的形式提交。以下为激励方案模板，供参考，可根据实际情况进行删减及修改。

一、概述

1. 餐饮企业激励现状分析

2. 餐饮企业员工需求分析

3. 适用激励理论

二、激励方案主体

1. 激励对象

2. 激励目标

3. 激励内容

4. 经费预算

三、激励方案评估

1. 评估指标设定

2. 激励效果评估

四、附件

1. 餐饮企业基层管理者访谈提纲

2. 餐饮企业一线员工需求调查问卷

7. 任务反思

团队间分享交流后，激励方案修改要点为：________________________

____

本次任务反思：____

____

8. 任务评价

评委 1	授课教师（签名）：	评分 1：	被考评小组	
评委 2	企业导师（签名）：	评分 2：	最终成绩	
评委 3	学生代表（签名）：	评分 3：	组长（签名）	
考评内容	团队任务考评标准			
考评标准	内容		分值（分）	得分（分）
	完成相关书籍文献的学习及记录，完成访谈提纲和调查问卷设计并作为任务附件按时提交		20	
	实地访谈 3 家餐饮企业并按要求提供佐证材料		10	
	完成访谈要点记录		10	
	完成团队内讨论		10	
	完成激励方案并按时提交		20	
	完成团队间分享交流		10	
	完成激励方案修改及任务反思		20	
合计			100	

注：以上为本次任务的评价标准（总分 100 分），供参考。要求至少三位评委（含授课教师、企业导师、学生代表）根据任务完成的质量给出分数，最后取平均分为团队的最终成绩评定。考评满分为 100 分，60~69 分为及格，70~79 分为中等，80~89 分为良好，90 分以上为优秀。

自我评价：________________________________

____

教师评价：________________________________

____

任务三　求同存异——有效沟通

沟通是组织管理中的生命线。没有沟通就没有管理。

* 知识任务

1. 掌握沟通的定义及作用。
2. 了解相关沟通理论。

* 技能任务

1. 能够熟练运用各种沟通理论解决问题。
2. 具备沟通方案设计的能力。

* 素质任务

1. 养成理论与实际相结合的意识。
2. 培养闭环意识。

任务导入

阿维安卡航班的空难

1990年1月25日，阿维安卡52航班飞行员与纽约肯尼迪机场交通管理员之间因沟通障碍，导致了一场空难，机上73名人员无一生还。

当日晚7：40分，阿维安卡52航班飞行在南新泽西海岸上空11 277.7米的高空。飞机上的油量可维持近两个小时的航程，在正常情况下飞机降落至纽约肯尼迪机场仅需要不到半小时的时间，飞机的缓冲保护措施可以说十分安全。然而此后却发生了一系列的耽搁。晚8点整，肯尼迪机场管理人员通知52航班，由于严重的交通问题，他们必须在机场上空盘旋待命。晚8：45分，52航班的副驾驶员用冷静的语调向肯尼迪机场报告他们的“燃料快用完了”。管理员收到了这一消息，但并没有批准飞机在晚9：24分之前降落。在此期间，阿维安卡机组成员再没有向肯尼迪机场传递任何情况十分危急的信息，但却在自己的成员之间相互紧张地通知飞机的燃料供给出现了危机。

晚9：24分，52航班第一次试降失败。尽管燃料即将用尽，在第二次试降时，飞行员仍然报告机场管理员新分配的飞行跑道“可行”。晚9：32分，飞机的两个引擎失灵，1分钟后另外两个也停止了工作，耗尽燃料的飞机最终于晚9：34分不幸坠毁。

思考：请根据以上内容，分析阿维安卡52航班与肯尼迪机场管理员之间存在怎样的沟通障碍？如果你是机组成员或机场管理员该怎样进行有效沟通？

知识准备

一、倾听、表达与提问

1. 沟通的基本概念

沟通（communication）是人们分享信息、思想和情感的过程。这种过程不仅包含口头语言和书面语言，也包含形体语言、个人的习性和处事方式、物质环境等赋予信息含义的任何东西。心理学研究发现，在沟通中身体语言占 55%，讲话方式（音调、音量、音高等）占 38%，剩下的只有 7%是实际所说的内容，由此可见非语言信息的重要性。

事实上，沟通存在着众多的定义，归纳起来大致可分为两类观点：一是说服派观点，二是共享派观点。前者强调信息的单向传播和送达，后者则强调信息传递的双向性。综合两类观点后，我们可以这样理解：沟通是由信息发送者借助一定的工具，采取一定的方式，通过一定的程序及渠道，将含有预先设定好意图和目标的信息编码传递给信息接收者，由其解码后，再回馈到信息发送者的双向过程。简而言之，沟通就是发送者通过一定的渠道将信息传递给接收者并希望得到其反馈的过程。沟通过程中包括信息发送者、信息、编码、译码、渠道、信息接收者、反馈等要素。完美或理性的沟通，应该是信息发送者编码后的信息与信息接收者译码后的信息完全对称。事实上，在沟通过程中还存在着一些干扰或妨碍因素，信息的发送以及接收双方就会不可避免地出现误差，也即存在着信息理解漏斗的情形，如图 4-3 所示。

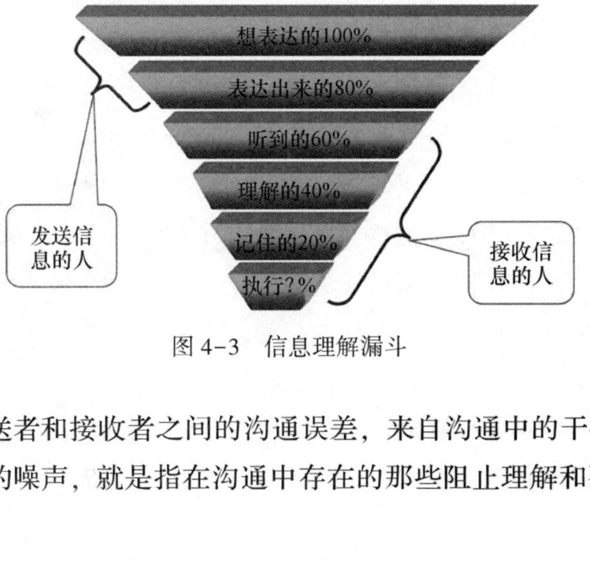

图 4-3　信息理解漏斗

这种发生在发送者和接收者之间的沟通误差，来自沟通中的干扰，也即我们常说的沟通噪声。所谓的噪声，就是指在沟通中存在的那些阻止理解和准确解释信息的障碍。一般可分为外部噪声、内部噪声和语义噪声三类。外部噪声来自沟通的环境，如嘈杂、闷热、距离等；内部噪声则存在于沟通者的大脑之中，如注意力、思维定式等；而语义噪声则是由词语在人们情感上的不同反应而引起的，如文化、习俗、宗教等。另外，沟通发生情景也会影响到沟通效果。

管理小知识

常见的六种沟通障碍

1. 沟通中断

沟通受到干扰，突然被意外的事件中断，这是沟通中最常见的一种障碍，而且这种情况在沟通过程中可能会发生许多次。例如，在讨论方案时，有同事走进来和你讲话；你在开会发言时，电话突然响了，不管你接不接电话，会谈已经中断了；你在演讲时，有人突然举起手要提问题，无论要不要停下来让他发问，他已经对你的演讲形成了干扰；你在谈判中，突然隔壁装修的噪声加振动造成你根本无法集中精神，不管对方有意无意，都会导致你的沟通被迫中断。

2. 主题不明

这种现象常常发生在上司对下属的沟通中。例如，谈论时没有找到主题，或对主题表述得不完整，这常造成双方之间的隔阂加深；当下属因为不了解沟通主题而不知道上司究竟想“说什么”的时候，他可能很担心、急着填补脑中的空白，或者胡乱猜测，导致沟通无果。

3. 距离阻隔

距离的阻隔分两种：一种是地点距离，另一种是地位距离。就地点距离而言，因为离得太远，有些事不能用电话三言两语就说得清，但又不能与他人面对面沟通，这就成为一种障碍。距离对企业沟通也很不利，比如很多大型企业，它的市场部可能在北京，物流配送中心可能在上海，研发基地可能在广东，这种地域上的距离障碍会对沟通产生一定的影响。至于地位的距离，主要是指团队中的职位距离，尤其在中国，人与人沟通时往往会把彼此职位高低的落差看得很重。例如，你是普通员工，主管对你说话的时候，你总会觉得他是上司；当你和下属沟通时，就算你是一位非常擅长处理人际关系的人，你也无法让对方忘记职位的距离，这种感觉也会使人际沟通效果大打折扣。

4. 经验开道

很多人都会把以往的经验、本身的想法和感觉引入人际沟通，难免坚持自己的立场。例如，一些老者在与人沟通或与年轻人交谈时，就会不知不觉地用过去的经验来言传身教，这样可能就达不到沟通的目的。

5. 缺乏兴趣或过分关切

沟通双方谈论主题过分关心或漠不关心，都会形成相当严重的沟通障碍。如果遇到一方对谈论的主题十分关心，往往会很急切地提出问题，发表自己的见解，而不是很在乎另一方接下来要说什么。

6. 时间受限

在沟通前，双方先把沟通的时间预约好，这无形中给沟通效果造成了一定的时间压力。例如，你去找一个领导谈话，领导说他很忙，最多只能给你五分钟时间，这就等于故意阻隔了你与他的沟通。平时朋友之间也常有受限于时间而使人际沟通遇到障碍。现在每个人都很忙，所以常常有人抱怨沟通起来什么都还没谈就“完了”，很无奈。时间受限的沟通，给人造成的心理压力几乎是无法完全消除的。

2. 沟通的分类

根据不同的划分标准，沟通可分为不同的类型。根据信息载体的不同，沟通可分为语言沟通和非语言沟通两种类型（见图 4-4）；根据沟通线路的不同，沟通可分为单向沟通和双向沟通；根据沟通结构模式的不同，沟通又可分为链式沟通、轮式沟通、Y 式沟通、环式沟通、全通道式沟通（见图 4-5）；根据沟通所涉及范围的不同，沟通可分为自我沟通、人际沟通和组织沟通三种类型。

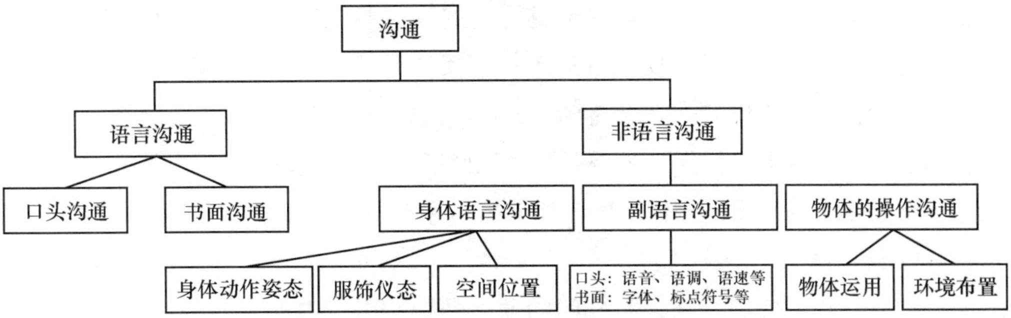

图 4-4 沟通的类型—根据信息载体的不同划分

就组织沟通而言，又可分为正式沟通和非正式沟通。正式沟通是指依据正规的组织程序，按权力等级链在组织系统内部进行的沟通，具有权威性强、沟通效果好、易于保密等优点，但沟通速度却较慢。非正式沟通是指正式沟通以外的信息交流与传达方式，是正式沟通的一种补充，能提供在正式沟通中难以获得的信息，具有沟通速度快、灵活广泛等优点，但信息易于失真。在正式沟通中，按照信息交流方式的不同，

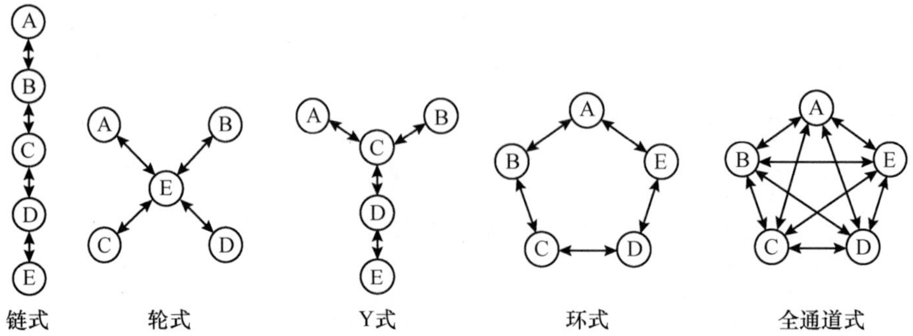

图 4-5　沟通的类型—根据沟通结构模式的不同划分

又可分为上行沟通、下行沟通、平行沟通和斜向沟通，如图 4-6 所示。

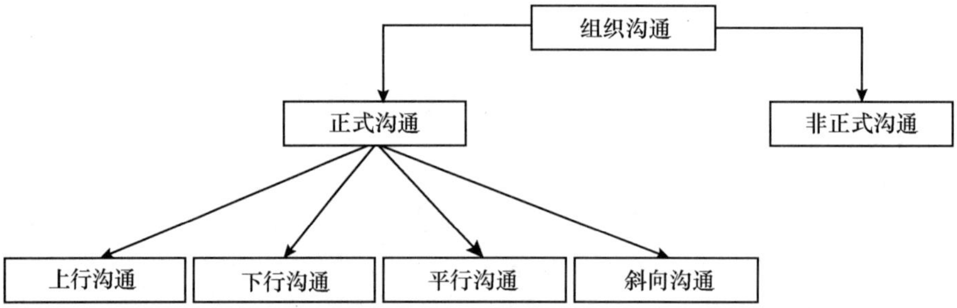

图 4-6　组织沟通形式

（1）上行沟通和下行沟通

上行沟通是指组织中个人、群体通过一定的渠道与上级进行的信息交流，是自下而上的沟通，如报告、请示、反映意见等；相反，下行沟通则是指自上而下的信息传递和沟通，如指示、工作安排等。通常，上行沟通时，信息会出现失真；下行沟通时，信息会出现损失。在上下沟通中，需要关注如何通过沟通建立上下级之间的信任关系，常见的上下沟通中的问题是如何准确把握上级的意图、怎样有效辅导下属等。

（2）平行沟通

平行沟通又称为横向沟通、跨部门沟通，是指在组织中处于同一层级的个人、群体以及职能部门之间进行的信息传递和交流，具有业务协调的性质，以寻求共识和解决方案为其目的。跨部门沟通的难度非常大，在以下的沟通小案例中，我们就能真切地感受到跨部门沟通给管理者带来的困扰，一方面是部门本身的利益，另一方面是企业整体的利益，到底该如何权衡才能通过有效的部门沟通达成共识，从而实现含部门目标在内的企业总目标？这个问题无时无刻不在困扰着部门经理、总经理等各管理层。

管理小困惑

破解部门沟通的难题

在景泰旅游公司第三季度的会议中，销售部王总和产品部李总开始了他们本年度的第二次“争吵”。

销售部王总：“旅游产品面临的市场竞争越来越大，各种低价旅游的广告满天飞，而我们的产品既没有特色，又没有价格优势，让我们怎么卖？”

产品部李总：“价格没有优势，就是因为你们的销售量不够，所以我们没有底气跟供应商谈，说到特色产品，去年花了这么多人力财力，好不容易开发出的新线路，你们不一样没卖出去？”

销售部王总：“你说的特色产品，定价比普通的贵了将近一倍，客人一听价格就跑了，根本不等我们介绍产品。”

……

两大部门都有各自的道理。

这样的场景你是否感到熟悉？日常工作中，类似的“争吵”仿佛变成工作中的一部分。如果你是部门经理，是为了本部门的绩效据理力争，还是为了和气，宁可牺牲部门利益？

其实，在部门协作中，我们遇到的又何尝只是以上类似问题，还有很多困难，同样让我们身心疲惫，踟蹰不前：

有的同事守着自己部门的利益，各自为政，明明对公司有好处的事情，却一直得不到落实，挫败感爆棚；

每天都开各种会，却发现大部分的会都是浪费时间，跑题冗长又一言堂；

公司越做越大，部门越来越多，人心却越来越散；

尽管小心再小心，不断确认、再确认，但大大小小的问题还是一波未平、一波又起，让人疲于奔命。

到底问题何在？跨部门沟通的障碍在哪里？我们能否打破这个障碍，让团队之间可以真正成为共同奋斗的伙伴、利益共享的战友？其实，在上面的这个案例中不难看出，产品部和销售部相互合作是必需的，甚至可以说两部门是互相依赖的，没有好的产品何谈销售业绩？没有销售部门在市场上的打拼，产品部的工作意义何在？

为此，借鉴张宁（马云所创办的湖畔大学第一期学员）的 POA 行动力理论，跨部门沟通可以遵循 POA 沟通公式来加以协调，如图 4-7 所示。其中，P 指伙伴（Partner)，A 指方法手段（Acceleration），O 指目标（Object）。这个公式的含义是：协调的伙伴越多，沟通力越强；方法手段越恰当，沟通越高效；目标越小越聚焦，沟通越容易达成共识。

图 4-7　跨部门沟通公式示意图

（3）斜向沟通

斜向沟通又称为越级沟通、交叉沟通，是指组织内部不同层级部门或个人之间的沟通，具有加快信息交流、谋求合作支持的作用。

管理小知识

职场江湖，如何做好越级沟通

越级沟通在职场中是个比较敏感的话题，有很多职场人士未能把这一点处理好，导致职场上郁郁不得志。尤其是职场新人，一不小心就会栽在这个问题上。

我们先分析一下关系到这个问题的三个角色，涉及越级沟通的出发点和态度。

1. 高级领导

一般来说，高级领导出于以下三种目的才会出现越级沟通：①涉及一些比较紧急或重要事项时，需要跟具体负责人沟通才能明确详情，提升效率；②高级领导工作作风扎实，具有深入一线的领导风格；③体察民情，适当的时候以示英明，了解一线员工的实际情况，维护员工的稳定性。

2. 直接上司

直接上司面对越级沟通时，会担心三个问题：①下属脱离控制，难以管理；②影响其领导权威，难以服众；③下属在高级领导前打小报告，给他的工作带来负面影响。

3. 下属

下属往往出于以下三种原因越级沟通：①应高级领导的要求，沟通具体事项；②在高级领导前展示实力，获得更多机会；③希望在适当时候“干掉”直接上司。

作为一名下属，如果你没有最后一个动机（劝诫你这种想法不要轻易有），你可以按照以下方式进行沟通。

面对高级领导的时候做好四点：①沟通时尽量客观陈述，不带有主观立场；②汇报工作时尽量汇报结果，以求简洁明了，凸现办事干脆利落；③保持距离，高级领导看待问题是从公司的角度出发，如果你过多展示你的本位意识，反而招致高级领导的反感；④重大问题与直接上司沟通后再汇报，至少你不能完全无视公司管理层级架构。

面对直接上司的时候做好三点：①保持行为和立场的一致性，消除直接上司的疑虑；②及时沟通，有任何重要变化和进展都需要及时向直接上司汇报，以免引起他的猜疑；③学会请示，请示不仅是工作的需要，同时也是对直接领导的一种尊重。

为了更好地理解自己的沟通能力，我们可以做一个沟通能力测评。

趣味小测试

沟通能力测评

一、测试说明

1. 本测试由一系列陈述语句组成，请根据你的实际情况，选择最符合自己特征的描述。

2. 在选择时，请根据自己的第一印象回答，不要作更多的思考。

3. 从每道题目中选择一项符合你情况的选项。

二、测试内容

1. 你上司的上司邀请你共进午餐后，你回到办公室，发现你的上司颇为好奇，此时你会（　　）。

A. 告诉他详细内容

B. 不透露任何蛛丝马迹

C. 粗略描述，淡化内容的重要性

2. 当你主持会议时，有一位下属一直以不相干的问题干扰会议，此时你会（　　）。

A. 要求所有下属先别提问题，直到你把正题讲完

B. 纵容下去

C. 告诉该下属在预定的议程之前先别提出其他问题

3. 当你跟上司正在讨论事情时，有人打长途电话来找你，此时你会（　　）。

A. 告诉上司的秘书说不在

B. 接电话，而且该说多久说多久

C. 告诉对方你在开会，待会儿再回电话

4. 有位员工连续四次在周末向你要求提早下班，此时你会说（　　）。

A. 我不能再允许你早退了，你要顾及他人的想法

B. 今天不行，下午4点我要开会

C. 你对我们相当重要，我需要你的帮助，特别是在周末

5. 你刚好被聘任为某部门主管，你知道还有几个人关注着这个职位，上班的第一天，你会（　　）。

A. 找人个别谈话，以确定哪几个有意竞争此职位

B. 忽略这个问题，并认为情绪的波动很快会过去

C. 把问题记在心上，但立即投入工作，并开始认识每一个人

6. 有位下属对你说："有件事我本不该告诉你的，但你有没有听到……"你会说（　　）。

A. 我不想听办公室的流言

B. 跟公司有关的事我才有兴趣听

C. 谢谢你告诉我怎么回事，让我知道详情

三、打分方法

1. 选择 A 的得 1 分，选择 B 的得 0 分，选择 C 的得 0 分。

2. 选择 A 的得 1 分，选择 B 的得 0 分，选择 C 的得 0 分。

3. 选择 A 的得 0 分，选择 B 的得 0 分，选择 C 的得 1 分。

4. 选择 A 的得 0 分，选择 B 的得 0 分，选择 C 的得 1 分。

5. 选择 A 的得 0 分，选择 B 的得 0 分，选择 C 的得 1 分。

6. 选择 A 的得 0 分，选择 B 的得 1 分，选择 C 的得 0 分。

四、结果分析

本测验选择了一些在工作中经常会遇到的两难困境或较难应付的情境，测验你是否能正确地处理这些问题，从而反映你是否了解正确的沟通知识、概念和技能。这些工作中的小事和细节往往决定了别人对你的看法和态度。

0~2 分为较低，3~4 分为中等，5~6 分为较高。分数越高，表明你的沟通技能越好。

如果你的得分偏低，应当仔细检查一下你所选择的处理方式会给对方带来什么样的感受，或会使自己处于什么样的境地。

（资料来源：姚裕群. 团队建设与管理［M］. 北京：首都经济贸易大学出版社，2006.）

3. 沟通的四大目的和五大要素

(1) 沟通的四大目的

在沟通前，我们首先要明确沟通的目的是什么。可以尝试从以下设问中加以明确，例如，我为什么要进行这个沟通？促使我沟通的真正原因是什么？我沟通的具体目的

是什么？是告知、说服、影响、教育、同情、建议、解释、消除误会、缓和关系、表明态度、达成一致还是激发创意等？我希望以此达到什么样的结果，改变对方什么样的态度或看法？我希望在沟通之后对方能做些什么？

尽管沟通的目的多种多样，但归纳起来无外乎四大目的，分别为传达信息、表达情感、建立关系、传递企图。我们来看看以下四种情形分别与沟通的哪种目的相关联。情形一：我很想你，真是一日不见如隔三秋啊；情形二：我想告诉你……；情形三：希望咱们能达成合作共赢；情形四：你是这世上最懂我的人。

（2）沟通的五大要素

沟通的五大要素包括沟通主体、沟通客体、沟通介体、沟通环境、沟通渠道，即要解决 5W 问题：Who、Whom、What、How、Where。具体而言，沟通主体就是指那些有目的地对沟通客体施加影响的个人或团体，解决谁在说或者谁想沟通的问题；沟通客体也就是沟通对象，解决沟通主体对谁说的问题，沟通对象包括个体以及团队；沟通介体解决沟通过程中说什么的问题，是指沟通主体作用以及影响沟通客体的中介；沟通环境解决沟通过程中怎么说的问题，包括沟通所处的局部环境以及与沟通主客体之间间接联系的社会整体环境；沟通渠道解决沟通是通过什么样的渠道进行传递的问题，是指沟通介体从沟通主体传递到沟通客体的途径。除此之外，沟通原因（Why）、沟通时机（When）、沟通成本（How much）也是十分重要的。在沟通中必须要综合考虑各要素的组合，才能达到有效沟通的目的。

针对沟通过程的五大要素，可以在牢牢把握清晰（Clear）、积极（Constructive）、简洁（Concise）、准确（Correct）、礼貌（Courteous）、完整（Complete）的有效沟通 6C 原则的基础上，通过自我提问的方法和技巧进行自我训练。另外，沟通中还存在 KISS 原则（Keep It Short and Simple），即沟通的简短原则，可以作为沟通前、沟通中以及沟通后的准备、调整以及反思的遵循法则，通过不断的自我训练，逐步提升自己沟通的效能以及效率，从而不断达到沟通的更高境界。

有关沟通的主体，可以自问：我是谁？我此次沟通的目的是什么？我有多少把握达成此次沟通的预期目标？是否有退让的空间与余地，大致有多大？我的原则和底线在哪里？我所拥有的信息是否足以让我进行此次沟通？此次沟通是否会分阶段进行？是否有相应的备选方案？

有关沟通的客体，可以自问：我的沟通对象是谁？有什么特征？优劣势是什么？有什么样的年龄、个性、教育背景、地位等？以前是否打过交道？是否有因第三人的关系而拉近距离的可能？沟通对象的需求是什么？在沟通中采取什么样的沟通策略？对方是否曾经有过类似的沟通经历或经验？我跟对方的关系怎样？此次沟通的主题是否会引起我们之间的意见分歧甚至造成不和？根据对方的个性、身份、地位等判断此次沟通的气氛是紧张还是和谐？

有关沟通的内容，可以思考：我需要说什么？对方需要知道什么？哪些信息一定需要强调？哪些信息可以省略？沟通内容如何组织，沟通中如何确定所收集信息的先后表达顺序？我怎样才能准确地表达相关的沟通内容？

有关沟通的方式和技巧，可以考虑如下的设问：什么样的沟通媒介最适合？我将如何传递我的信息？通过文字还是图片抑或视频等？是书面沟通还是口头沟通？是用电子邮件、聊天软件、便条、短信还是电话沟通？是书信、线上沟通还是当面沟通？是在聊天式的非正式场合还是在会议研讨式的正式场合沟通？是以讲述为主，还是通过举例说明、利用图解数据等来进行沟通？是利用归纳的方式还是演绎的方式进行沟通？在沟通中应采取什么样的策略、什么样的语气、什么样的情绪？怎样做才能达到沟通的预期效果？怎样根据对方的反应适时调整沟通策略？

至于沟通的时间和地点，可以从以下几个方面进行考虑：对方会在哪里接收我的信息，办公室内、家里还是其他非工作场所？沟通的时间是否恰当？是否可能对对方的工作、生活等产生干扰？

总之，为了达到有效沟通的目的，我们需要不断进行相应的训练，方能达到运用自如的程度。

4. 有效沟通的技巧

什么样的沟通才能称为有效沟通呢？

有人认为，有效沟通有一个 16 字诀：以善待人、以情感人、以理服人、以利动人。

也有人认为，没有达成协议就不能称为有效沟通，只是有“沟”而不“通”。而斯蒂芬·P. 罗宾斯则指出，沟通是指意义的传递和理解，因此，要想沟通成功，意义不仅要得到传递，还需要被理解。也就是说，良好的沟通，并不一定能使别人接受我们的观点，有效的沟通也并非等同于意见一致。

那么我们来看看以下的例子。当一些不愉快的事发生时，以下是常见的四种表达关心的沟通方式，你觉得是否能达到有效沟通的目的？

方式一：“哎，听你这么说近 40 岁遭遇失业确实挺惨的。不过你跟父母同住至少不用考虑租房之类的问题，很多人可能连这些都没有呢。想开点吧，生活还不算太糟。”

方式二：“失业外加失恋？之前我也遇到过和你一样的状况，我也经历过这些痛苦，你的感受我都有过，一切都会好起来的，相信我。”

方式三：“不开心也没有用。我觉得你现在遇到的这种状况并不是不可以改变，你可以这么做：首先，报个驾校；其次，拿到驾照后买辆车；最后，跑跑网约车。”

方式四：“我能想象你现在遭遇的这些事情，也能想象你在经历这些事情的那种痛苦感受。你是不是遇到过不去的坎？你是不是觉得很伤心很无助？你需要我做些什么吗？”

事实上，有效沟通涉及听说问看读写等方方面面，尤其需要重点关注沟通中的倾听、表达与提问。

（1）倾听

之所以倾听处于首位，原因是在所有沟通中，倾听是最基础也是最重要的环节。据统计，我们在每天的工作中，大约有四分之三的时间花在言语沟通上，而其中倾听占一半以上。

有人说，我们天生一张嘴两只耳朵，就是为了少说多听，可见在沟通中倾听的重要性。我们几乎每个人都有先天的听力（听音的能力），但需要后天的不断学习和练习，才能具备听懂别人说话的能力。因此，倾听是有效沟通的第一步。

其实，我们倾听的目的，大致包括获得信息、增进了解、收集反馈意见、尊重对方等。一般而言，倾听可分为四个层次，如图 4-8 所示。按照影响倾听效率的行为特征，这四个层次分别为：①心不在焉地听，此时倾听者关注的并不是听，更倾向于说或者辩驳，因此心不在焉极易导致人际关系的紧张甚至破裂，是一种十分危险的倾听方式；②被动消极地听，此时由于被动消极往往会错过讲话者的表情眼神等细节，极易导致人际沟通中的误解；③主动积极地听，此时因倾听者的专注聆听，往往会激发讲话者的注意，但仍然难以产生相互共鸣的条件；④感同身受地听，此时倾听者往往是带着理解与尊重积极主动地倾听，这是一种注入情感的倾听方式，是一种具备同理心的倾听，往往有助于良好人际关系的形成。当一个人的倾听层次不断上升时，也就意味着其倾听能力、沟通交流效率在不断提升。研究表明，第一层次的倾听大约有60%的人能做到，第二层次则骤降为 20%，第三层次为 15%，而仅仅只有 5%的人才能做到第四层次的倾听。因此，倾听尤其是主动积极、感同身受的倾听能力十分重要。

要做到主动积极甚至感同身受地倾听，首先应排除倾听中的障碍，包括来自环境的障碍以及倾听者自身的障碍。环境障碍分为环境封闭性、环境氛围、对应关系。其中，封闭性与沟通环境的空间大小、有无噪声等相关，决定注意力高低以及信息损失的多少。沟通是在室内还是室外、是紧张还是轻松、是接纳还是排斥等环境氛围，直

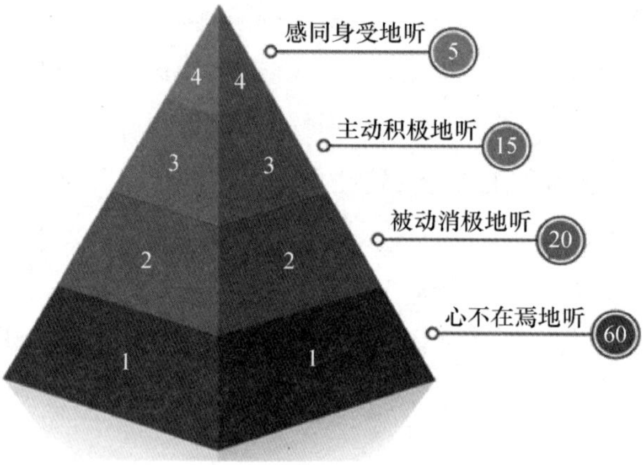

图 4-8　倾听的层次

接影响沟通双方的情绪与心理。另外沟通双方相对应的人数差异，如一对一、一对多、多对一等，也会影响倾听者的注意力以及所感知压力的大小，从而影响沟通效果。至于倾听者自身的障碍又可分为生理障碍与心理障碍，与其理解力、态度等密切相关。前者与是否有听力受损、身体不适等有关，后者则与心理排斥、注意力不集中、以自我为中心、急于发言、先入为主的心理定式或成见等有关。

总之，我们要始终牢记积极倾听的三项基本技能，即感觉、参与、反应，形成积极、互动、高效的倾听模式，为良好沟通打下坚实的基础。

管理小知识

积极倾听的五种技巧

1. 解释：倾听者用自己的词汇解释说话者所讲的内容，从而检查自己的理解。

A：我觉得很压抑，我自愿加班加点，尽了最大努力，按时完成了项目，但是好像人人都不赞同我。

B：看上去你很失望，你没有得到足够的支持。

2. 反射感觉：向对方表达你对他/她的感受的认同。

A：我真是厌烦极了。这项预算非常不精确，他们希望我严格管理。我花费大量的时间熟悉它们，发现错误，却耽误了我的工作。

B：是的，真是够烦的。

A：……

B：听起来你确实厌烦极了。

3. 反馈意思：把讲话者所说的内容、事实等简要概括。

A：你不在的时候发生了许多事情。李四撞车，需要几天才能治好；王二患了流感；张三扭伤了脚踝。此外，我们必须有一份临时计划，不知谁故意把我们的主要文件弄丢了。你回来了我真高兴。

B：听起来你做了大量的工作，而且一直忙到现在，对吗？

4. 综合处理：把讲话者的几种想法综合为一种想法。

5. 大胆设想：从讲话者的角度大胆设想。

A：我真不知道该如何选择，每项活动都有赞成和反对两种意见，而且反应都相当强烈。

B：如果我处在你的位置上，我想我宁愿慢些作出决定，以免得罪一方。

（资料来源：张秋筠. 商务沟通技巧［M］. 北京：对外经济贸易大学出版社，2010.）

（2）表达

众所周知，言为心声，我们正是通过语言表达进行思想情感交流，形成和谐互动的关系，因此，沟通中的表达也是十分重要的。戴尔·卡耐基说，一个说话得人心的人，别人对他的评价，往往超过他的真实才华。杰克·韦尔奇也说，要想成为一名优秀的管理者，就要始终把口才放在第一位。因此，我们不难得出这样的结论：语言表达能力是领导者必备的基本素质。由于工作原因，领导者常常会与不同的人打交道，在组织内部有上级、同事、下属等，在组织外部有顾客、经销商、供货商、竞争对手、政府部门等，语言表达在这些不同类人员中的沟通非常重要。因此，领导者也十分有必要提高表达能力。

与倾听一样，表达同样也是需要一定的技巧和方法的，可以通过有目的、有阶段、有策略的训练来有效提升语言表达力。归纳起来，具体的方法如下：

一是目标感训练。训练语言表达的目的导向，具体可以通过短话训练、长话训练甚至整篇训练来进行。短话训练以有意义的一句话训练为主，长话训练以段落或整篇演讲训练进行提升进阶，以段落大意、中心思想的表达训练为主。

二是判断力训练。通过语言的表面意识以及深层含义，判断对方沟通意图，从而制定并调整自己的沟通策略，通过求同存异、迂回深入、直面失误等策略进行有效沟通。通过对沟通障碍的识别和判断，提前为有效沟通扫清障碍。

三是语商训练。通过探寻他人心理需求，以达到满足沟通双方甚至多方双赢或多赢的目的。

四是激发力训练。通过强有力的语言鼓励他人，激发创造力，促使沟通方积极寻找解决对策，从而达成理解并促成合作的目的。

五是目中有人的沟通训练。有针对性地训练对不同类别人员沟通的策略及技巧，如针对工作中意见不合者的沟通，与各种不同气质类型、性格迥异的人的沟通等。

六是时间观念的训练。进行沟通过程的时间管理训练，掌握对时间的分阶段控制、节奏的把握技巧。

七是公众场合演讲训练。充分训练语言的表达能力与感染力，进行表达技巧以及激发力、说服能力展现。其中表达技巧的提升还可以从以下几个细节进行反复练习：①力量技巧。语言表达时，以简洁凝练的结构、干脆利落的词语以及强有力的语气来达到沟通的目的。应多用我要、我能、我可以、我一定、我马上做、我立刻执行等，尽量少用或不用我猜、估计、大概、也许、可能、过几天等模棱两可的表达。②“两多两少”技巧。在语言表达时，多用肯定式，少用否定式；多用请求式，少用命令式。③活用表达公式技巧。在语言表达中，存在着两个公式，尽管从表面上看似乎是一样的，但实际上表达的效果却差异很大。我们先来看以下两个句子表达。句子a，你有很多缺点，但是优点也很多；句子b，你有很多优点，但是缺点也很多。那么，到底哪一种才是恰当的表达呢？句子a，缺点—优点，强调优点；句子b，优点—缺点，强调缺点。因此，在实际的语言表达训练中，应多用句子a，少用甚至不用句子b。④多用数字技巧。在语言表达及沟通中，多用数字会更加令人信服，也可以令自己更加自信。

（3）提问

沟通中的探询技巧，即提问技巧，也是有效沟通的保障，便于识别沟通各方的真实需求，从而有针对性地进行沟通策略的制定及调整。在沟通探询中，涉及封闭式、开放式、针对性、非针对性、组合类五种问题类型。

1）封闭式问题。主要目的是发现问题、澄清事实，有利于理解对方意图，并清楚事实真相，能使沟通各方较快地对沟通现状及各自的需求达成认知一致。

2）开放式问题。主要目的是引导对方讲述，获得暂时从其他渠道无法了解到的信息，并进一步判断对方的真实意图，可以达到尊重对方、让对方有参与感的目的，在不知不觉中获得关键信息，为接下来的顺畅沟通做好基础铺垫。

3）针对性问题。主要目的是进一步获得沟通中必要的细节。通过提出针对性的问题，去发现隐藏在表面现象背后的真实原因或情况，避免先入为主的主观判断，从而造成沟通中的不合作、抵触甚至对抗的不利局面出现。比如，某位员工近期出现了经常迟到和不在状态的情况，直接主管在沟通中可以通过针对性的问题来了解对方迟到的真正原因，而不要仓促地认为是员工主观的故意造成频繁迟到。

4）非针对性问题。主要目的是通过周围其他类似的情形去探询问题的根源。比如，你说情况特殊想打电话请假，但手机没有信号，那么请问你周围人员的手机是否也没有信号呢？

5）组合类问题。根据沟通目的的不同，可将上述各种问题进行组合后提问，从而获得信息、了解需要、增强互动，探询有效沟通解决策略等，如封闭式+开放式、针对性+开放式、非针对性+封闭式等。

管理小故事

董明珠骂哭男主管

2020年4月24日晚8点，格力总裁董明珠在抖音直播首秀，但直播画面不时出现卡顿，被网友们戏称“直播卡顿首秀”。

直播最终遭遇翻车。当晚累计观看431万人，在线人数峰值21.63万人，音浪收入为15.33万元，商品销售额仅22.53万元。董明珠表示，首秀很失败。直播一结束，她就批评了负责直播的一位30多岁的男主管：“第一次做不等于允许你犯错误，你搞一个新的技术研究无论犯了多少错我都不怪你，一旦产品成熟了以后，你犯了致命的错误，我就会很生气。”

尽管这位主管非常委屈，辩称为了直播他已经连续好几天没有回过家了，董明珠回应：“勤劳不一定有收获，做不好可以不选择你。”这位男主管被当场骂哭。

尽管他最终并没有因为这次工作失误被辞退，但董明珠的严厉批评或许给他造成了心理阴影吧。

我们大多数人使用语言时是否也是倾向于评判、命令和指责，而不是鼓励倾听彼此的感受和需要呢？也许我们并不认为自己的谈话方式是“暴力”的，但我们的语言确实常常引发自己和他人的痛苦。

师从人本主义心理学之父卡尔·罗杰斯的马歇尔·卢森堡博士发现了一种沟通方式，依照它来谈话和聆听能够使我们情意相通，乐于互助，称为“非暴力沟通”。

1984年，卢森堡成立了非暴力沟通中心（CNVC），指导人们在工作和生活中运用非暴力沟通，消除分歧和争议，实现高效沟通，还帮助解决了许多世界范围内的争端和冲突。

非暴力沟通模式有四个要素：观察、感受、需要、请求。

非暴力沟通提醒我们专注于彼此的观察、感受、需要、请求。它鼓励倾听，给予尊重与爱，使我们情意相通，乐于互助。

与此相对应，非暴力沟通有四个步骤：陈述客观事实，表达自身感受，表达自己的需求，请求对方行动。

具体而言，我们可以使用非暴力沟通公式——“我观察到……我感觉……是因为……我请求……”——来达到沟通目的。

那么，请你思考一下，假如董明珠下了直播后，运用非暴力沟通的方式来指出这位男主管的工作失误，那她该怎么说呢？

我观察到____，

我感觉____，

是因为____，

我请求/希望____。

非暴力沟通，你学会了吗？

团队任务——沟通方案设计

1. 任务目标

根据所学的沟通理论，利用冰山理论、情商模型以及哈里视窗，结合观看徐静蕾执导并主演的《杜拉拉升职记》，设计一份有关科技企业员工离职前挽留的沟通方案。

2. 任务要求

团队自学冰山理论、情商模型、哈里视窗相关知识，自行观看徐静蕾执导并主演影片《杜拉拉升职记》并做好读书笔记，设计好员工离职原因调查问卷，并走访不少于 3 家科技企业的一线员工及基层管理者，设计一份有关员工离职前的挽留沟通方案。

3. 任务准备

学习与科技企业相关的沟通方面的书籍及参考文献，设计访谈提纲及调查问卷。

4. 任务实施

步骤一：阅读书籍、文献并记录，进行访谈提纲及调查问卷设计。

步骤二：实地访谈、调研并收集相应的佐证材料及图片。

步骤三：团队讨论并整理分析调研资料，形成结论并设计好员工离职挽留沟通方案。

步骤四：完成员工离职挽留沟通方案撰写并按时提交。

步骤五：进行各团队间的分享交流。

步骤六：修改员工离职挽留沟通方案。

步骤七：任务反思及改进。

5. 任务记录

学习及访谈要点记录（一）

（一）请将自学要点记录在以下空格处。

冰山理论：____

____

____

情商模型：____

____

____

哈里视窗：____

____

____

（二）请将影视作品观看要点记录在以下空格处。

影片中的沟通情节：________________________________

____

____

影片中采用的沟通方式：____________________________

____

____

学习及访谈要点记录（二）

有无更好的沟通方式（简单阐明理由）：______________

____

____

（三）请将访谈要点记录在以下空格处。

科技企业 1：______________________________________

____

____

访谈人：________________ 访谈时间：________________

科技企业 2：______________________________________

____

____

访谈人：__________ 访谈时间：__________

科技企业3：______________________________

____

____

访谈人：__________ 访谈时间：__________

6. 任务成果

请完成科技企业员工离职挽留沟通方案设计，并以电子文稿的形式提交。以下为离职挽留沟通方案模板，供参考，可根据实际情况进行删减及修改。

一、概述

1. 科技企业员工离职现状分析

2. 科技企业员工离职原因分析

3. 适用沟通理论

二、员工离职挽留沟通方案主体

1. 挽留对象

2. 挽留目标

3. 挽留沟通方案内容

4. 经费预算

三、挽留方案评估

1. 评估指标设定

2. 挽留效果评估

四、附件

1. 科技企业基层管理者离职挽留访谈提纲

2. 科技企业一线员工职业需求调查问卷

7. 任务反思

团队间分享交流后，离职挽留沟通方案修改要点为：______________

____

本次任务反思：______________________________

____

8. 任务评价

评委 1	授课教师（签名）：	评分 1：	被考评小组	
评委 2	企业导师（签名）：	评分 2：	最终成绩	
评委 3	学生代表（签名）：	评分 3：	组长（签名）	
考评内容	团队任务考评标准			
考评标准	内容		分值（分）	得分（分）
	完成相关书籍和文献的学习及记录，完成访谈提纲及调查问卷设计并作为任务附件按时提交		20	
	实地访谈 3 家科技企业并按要求提供佐证材料		10	
	完成学习、影视作品观看及访谈要点记录		10	
	完成团队内讨论		10	
	完成科技企业员工离职挽留沟通方案并按时提交		20	
	完成团队间分享交流		10	
	完成科技企业员工离职挽留沟通方案修改及任务反思		20	
合计			100	

注：以上为本次任务的评价标准（总分 100 分），供参考。要求至少三位评委（含授课教师、企业导师、学生代表）根据任务完成的质量给出分数，最后取平均分为团队的最终成绩评定。考评满分为 100 分，60~69 分为及格，70~79 分为中等，80~89 分为良好，90 分以上为优秀。

自我评价：____

____

教师评价：____

____

知识准备

二、冲突处理

真理多半是从各种意见冲突中来。

1. 冲突的概念

冲突是一个过程，这种过程始于一方感受到另一方对自己关心的事情产生消极影响或将要产生消极影响。冲突包含两个必要因素：一是被双方感知；二是存在意见的对立或不一致，并带有某种相互作用。

其实，冲突也是组织沟通的一种特殊形式，即组织中的成员在交往中产生意见分歧，出现争论、对抗，导致彼此间关系紧张的状况，这种状况也被称为组织冲突。组织冲突既可以发生在组织内各成员之间，也可能发生在成员与组织之间，当然也包括发生在组织中不同团队之间。概言之，组织冲突是指由于利益上的矛盾或认识上的不一致而导致的组织内各成员或团体之间彼此抵触、争执甚至攻击的组织行为，是一个从知觉到情绪再到行为的心理演变过程。

2. 冲突的阶段

一般而言，冲突发展具有五个阶段，分别为潜在冲突（潜在对立）、可察觉冲突（认知和情感投入）、可感知冲突（行为意向）、冲突外化（行为）、冲突后果（结果）。

阶段 1：潜在冲突阶段，也即潜在对立或不一致阶段。这一阶段存在可能产生冲突的条件，包括沟通（语义理解、沟通噪声、沟通渠道、信息过少或过多等）、结构（群体规模、任务专门化程度、管辖范围的清晰度、员工与目标之间的匹配性、领导风格、奖酬体系、群体间相互依赖程度等）以及个人因素（个人价值系统和个性特征）。尽管这些条件是冲突产生的必要条件但却不一定导致冲突。

阶段 2：可察觉冲突阶段，也即认知和情感投入阶段。当一方或多方意识到冲突条件的存在，且进一步引起情感上的冲突时，潜在冲突则可能成为现实。

阶段 3：可感知冲突阶段，也即行为意向阶段。这个阶段介于认知和外显行为之间，指采取某种特定行为的决策。行为意向导致行为，但行为并不总是能准确反映行为意向。

阶段 4：冲突外化阶段，也即行为阶段。这个阶段是指发生以一方或多方采取行动去阻止他方达到目标或损害其利益为特点的公开冲突。冲突外化包括行为的整个过程，从微妙、间接、节制，发展到直接、粗暴、不可控的对抗及斗争。

阶段 5：冲突后果阶段，也即结果阶段。冲突双方或多方之间的行为及相互作用导致最后的结果。

3. 冲突的分类

根据对群体绩效产生结果的不同，冲突可分为建设性冲突和破坏性冲突。

建设性冲突可以促进竞争，提高决策的质量及组织效率；可以促进发现问题并采取改进措施，激发革新与创造，防止组织僵化停滞不前；可以调动群体成员的兴趣与好奇，激发员工的创造力，提高组织适应环境的能力。建设性冲突的特点具体可归纳为以下四点：第一，冲突双方或多方都很关心共同目标的实现；第二，彼此尊重并乐于了解对方的观点、意见等；第三，对事不对人，争论是以解决问题为中心，指向问题的解决方法；第四，即使在冲突中，冲突双方或多方之间的信息交流也在不断增加。

破坏性冲突则对组织发展起消极破坏作用，组织成员之间的明争暗斗成为首位，而组织目标的实现降到次位，造成组织成员心理紧张和压力增加，人际关系紧张，士气涣散，凝聚力、战斗力减弱，不仅无法达到组织的协调统一，甚至会威胁到组织的生存。破坏性冲突的特点归纳起来也有四点：第一，冲突双方或多方只关注己方利益，为了赢得自己观点的胜利不遗余力；第二，冲突双方或多方都不愿甚至拒绝听取对方的观点、意见；第三，冲突中会出现由问题的争论转为人身攻击；第四，冲突双方或多方之间的信息交换不断减少，甚至完全停止。

研究表明，当组织目标与个人或部门目标相互干扰、互不兼容时，就会引起冲突，而且目标越重要引发的冲突就会越大。与此同时，组织成员的差异化、相互依赖性，工作任务的不确定性，资源的匮乏性以及沟通不当等都能引发组织冲突，其中差异化是冲突的重要来源，沟通不当则是导致冲突的重要原因。

管理小故事

大多数冲突源于缺乏沟通？

“大多数冲突源于缺乏沟通”，这种说法可能是错误的。在组织中有一种非常流行的看法，认为冲突的原因主要来自不良的沟通。当然，沟通过程中存在的问题确实会阻碍合作，激发误解，并产生冲突。但是，通过文献回顾我们发现，在组织内部，结构因素和个体价值观的差异更可能成为产生冲突的源泉。

组织中的冲突常常由结构所导致。例如，在电影制片产业中，导演和制片人通常由于不同的目标而产生冲突。导演希望创作艺术性强的影片，而不考虑成本；制片人则希望以最小成本生产最高利润的影片。当追求不同目标的人们却不得不在一起工作时，冲突就会接踵而来。同样，组织规模的扩大、常规化的存在、工作专门化以及报酬体系，都是一些可能导致冲突的结构因素。

很多源于沟通不良的冲突，仔细考察时都会发现它们实际上源于价值观的差异。例如，偏见是一种基于价值观的冲突原因。当管理者错误地把基于价值观的冲突视为沟通问题时，则这种冲突几乎无法消除。相反，在沟通方面的更多努力只能明确和强化双方业已存在的差异。“在这次讨论之前，我想你可能会是个思想保守的人，现在我知道你的确如此！”

缺乏沟通可能是冲突的原因之一。但作为管理者，应该首先看一看结构的原因或基于价值观的解释，因为这些原因在组织中更为普遍。

（资料来源：斯蒂芬·P. 罗宾斯. 组织行为学［M］. 北京：中国人民大学出版社，2012.）

4. 冲突的处理方式

2003年，托马斯、基尔曼提出托马斯—基尔曼冲突模型。作为世界领先的冲突解决方法，该模型从坚持度和合作度两个方向出发，将常见的冲突处理方式划分为五种：竞争、逃避、迁就、折中和协作。

（1）竞争

高度坚持且不合作，又称为强迫策略，指的是牺牲一部分成员的利益，换取自己的利益或团队整体的利益。其特征是正面冲突，直接发生争论、争吵或其他形式的对抗，为了取胜不惜任何代价。

（2）逃避

不坚持也不合作，冲突双方意识到冲突的存在，但试图忽略和放弃冲突，不采取任何措施与对方合作，也不维护自身利益，希望一躲了之。

（3）迁就

不坚持且保持合作，指一方愿意把对方的要求和利益放在自己的要求和利益之上，做出自我牺牲，使对方达到目标，从而维持相互友好的关系。

（4）折中

中等程度的合作，中等程度的坚持。冲突双方都让出一部分要求和利益，但同时也保存一部分要求和利益。其特征是没有明显的赢家和输家，他们愿意共同承担冲突问题，并接受一种双方都达不到彻底满足的解决方案。冲突双方的基本目标能达成，相互之间的关系也能维持良好，冲突能得到暂时解决，但也有可能留下下一次冲突的隐患。

（5）协作

高度坚持且高度合作。冲突双方既考虑和维护自己的要求和利益，又充分考虑和维护对方的利益，尽可能地使双方的利益都达到最大化，最终达成共识。其特征是冲突双方相互尊重与信任，对于自己和他人的利益都给予高度关注，坦率沟通，澄清差异，致力于双赢。协作的方式能使冲突得到完全消除。

那么管理者如何处理团队冲突?

如果管理者不是冲突双方之一，这时管理者要解决冲突，矛盾关系就会因为管理者的介入而发生演化，进而可能出现以下几种情形。

第一种情形，管理者不站在任何一方的立场上，引导冲突双方自己采取一种冲突解决方式。

第二种情形，管理者站在某一方的立场上，通过说服或者强迫另一方来解决冲突。

第三种情形，管理者不同意原来冲突双方的办法，提出了新的方案，冲突就变成多方。管理者要采用竞争（强制）策略解决冲突时，就会同时强迫原来的两方。

第四种情形，当事情既重要又紧急，必须快速决策时，管理者可以采用竞争策略，强制性地解决冲突。必要时先隔离开冲突双方，然后再来了解冲突的原因，或者在双方之间居间调停，或者根据公司规章制度强制性处理，如罚款、辞退等。

趣味小测试

托马斯—基尔曼冲突模型测试

托马斯—基尔曼冲突模型测试是与 MBTI、九型人格、DISC 性格测试、赫曼脑力优势量表（Herrmann Brain Dominance Instrument）等相类似的一种性格测试方法。

一、测试说明

请想象一下你的观点与另一个人的观点产生分歧的情景。在此情况下你通常是怎样反应的?

下列的几对陈述句描述了可能出现的行为反应。在每一对陈述句中，请在最恰当描述你自己行为特点的陈述句前的字母“A”或“B”上画圈。

在许多情况下，A 和 B 都不能典型地体现你的行为特点，但请选择你较可能有的反应。

二、测试内容

1. A　有时我让他人承担解决问题的责任

   B　与其协商分歧之处，我力图强调我们的共同之处

2. A　我试图找到一个妥协性解决方法

   B　我力图考虑到我与他所关心的所有方面

3. A　我通常坚定地追求自己的目标

   B　我可能尝试缓和对方的情感，来保持我们的关系

4. A　我试图找到一个妥协方案

B　我有时牺牲自己的意志，而成全他人的愿望

5. A　在制定解决方案时，我总是求得对方的协助

B　为避免不利的紧张状态，我做一些必要的努力

6. A　我努力避免为自己造成不愉快

B　我努力使自己的立场获胜

7. A　我试图推迟对问题的处理，使自己有时间考虑一番

B　我放弃某些目标作为交换以获得其他目标

8. A　我通常坚定地追求自己的目标

B　我试图将问题的所有方面尽快摆在桌面上

9. A　感到意见分歧不总是值得令人担心

B　为达到我的目的，我做一些努力

10. A　我坚定地追求自己的目标

B　我试图找到一个妥协方案

11. A　我试图将问题的所有方面尽快摆到桌面上

B　我可能努力缓和他人的情感从而维持我们的关系

12. A　我有时避免选择可能产生矛盾的立场

B　如对方做一些妥协，我也将有所妥协

13. A　我采取折中的方案

B　我极力阐明自己的观点

14. A　我告知对方我的观点，询问他的观点

B　我力图将自己立场的逻辑和利益显示给对方

15. A　我可能试图缓和他人的情感从而维持我们的关系

B　为避免紧张状态，我做一些必要的努力

16. A　我力图不伤害他人的感情

B　我力图劝说对方接受我的观点的长处

17. A　我通常坚定地追求自己的目标

B　为避免不利的紧张状态，我做一些必要的努力

18. A　如能使对方愉快，我可能让他保留自己的观点

B　如对方有所妥协，我也将做一些妥协

19. A　我试图将问题的所有方面尽快摆在桌面上

B　我试图推迟对问题的处理，使自己有时间做一番考虑

20. A　我力图立即对分歧之处进行协调

B 我试图为我们双方找到一个公平的得失组合

21. A 在进行谈判调解时，我试图考虑到对方的愿望

B 我总是倾向于对问题进行直接商讨

22. A 我力图找到一个界于我与对方之间的位置

B 我极力主张自己的愿望

23. A 我十分经常地尽量满足我们双方所有的愿望

B 有时我让他人承担解决问题的责任

24. A 如果对方观点似乎对其十分重要，我会试图满足他（她）的愿望

B 我力图使对方妥协以解决问题

25. A 我试图将自己立场的逻辑与利益显示给对方

B 在进行谈判调解时，我试图考虑到对方的愿望

26. A 我采取折中的方案

B 我几乎总是关心满足我们所有的愿望

27. A 我有时避免采取可能产生矛盾的姿态

B 如能使对方愉快，我可能让对方保留其观点

28. A 我通常坚定地追求自己的目标

B 在找出解决方案时，我通常求得对方的帮助

29. A 我采取折中的方案

B 我觉得分歧之处不总是值得令人担心

30. A 我力图不伤害对方的情感

B 我总是与对方共同承担解决问题的责任

三、托马斯—基尔曼冲突模型测试评分表

托马斯—基尔曼冲突模型测试评分表

序号	竞争（强制）	协作（解决问题）	折中（共同承担）	逃避（收回）	迁就（缓和）
1				A	B
2		B	A		
3	A				B
4			A		B
5		A		B	
6	B			A	
7			B	A	

续表

序号	竞争（强制）	协作（解决问题）	折中（共同承担）	逃避（收回）	迁就（缓和）
8	A	B			
9	B			A	
10	A		B		
11		A			B
12			B	A	
13	B		A		
14	B	A			
15				B	A
16	B				A
17	A			B	
18			B		A
19		A		B	
20		A	B		
21		B			A
22	B		A		
23		A		B	
24			B		A
25	A				B
26		B	A		
27				A	B
28	A	B			
29			A	B	
30		B			A

在每个问题所选中的字母上画圈，写出每一列中被画圈的字母总数：

竞争（　　）　协作（　　）　折中（　　）　逃避（　　）　迁就（　　）

总数最多的即是测试者的职场特质。

团队任务——冲突处理方案设计

1. 任务目标

根据所学的托马斯—基尔曼冲突模型，结合有关富士康员工群殴保安的冲突案例，提出团队的冲突处理对策及建议。

2. 任务要求

团队自行上网收集有关富士康群殴事件的冲突案例并做好读书笔记，提出相应的冲突处理的对策及建议，并通过到本地富士康分厂或者其他类似企业走访，拟定冲突过程的观察量表以及冲突管理流程。

3. 任务准备

学习冲突管理的相关书籍及文献，在网上自行搜索富士康的背景知识，学习有关观察量表设计、管理流程设计的相关知识，做好企业走访的相关资料准备（如提前联系相关人员，开具好介绍信等）。

4. 任务实施

步骤一：学习有关冲突模型及管理的书籍和文献并记录，自学有关观察量表设计、管理流程设计的相关知识并做好笔记。

步骤二：做好走访企业前的准备。

步骤三：走访企业并收集相应的佐证材料及图片。

步骤四：团队讨论整理走访所获得的信息资料，设计冲突过程的观察量表，并制定相应的冲突管理流程。

步骤五：团队依据富士康冲突案例，形成结论并完成冲突处理对策及建议，按时提交。

步骤六：进行各团队间的分享交流。

步骤七：修改冲突处理方案。

步骤八：任务反思及改进。

5. 任务记录

学习及访谈要点记录（一）

（一）请将自学要点记录在以下空格处。

富士康冲突案例：____

____

____

观察量表设计知识：____

____

____

管理流程设计知识：____

____

____

学习及访谈要点记录（二）

（二）请将走访要点记录在以下空格处。

富士康本地分厂：____

____

____

访谈人：____________________ 访谈时间：____________________

类似的生产性企业：____

____

____

访谈人：____________________ 访谈时间：____________________

6. 任务成果

请完成员工冲突处理对策及建议，并以电子文稿的形式提交。以下为冲突处理对策及建议的模板，供参考，可根据实际情况进行删减及修改。

一、冲突产生的背景

1. 外在环境

2. 内在心理

二、冲突产生的原因

1. 管理目标

2. 管理风格

3. 个体差异

4. 冲突产生的其他内外在原因

三、冲突处理对策及建议

1. 树立正确的冲突观

2. 正确理解和进行冲突管理

3. 防患于未然，提高沟通技巧

四、附件

1. 冲突过程的观察量表

2. 冲突管理流程

7. 任务反思

团队间分享交流后，冲突处理方案修改要点为：________________________

____

本次任务反思：________________________________

____

8. 任务评价

评委 1	授课教师（签名）：	评分 1：	被考评小组	
评委 2	企业导师（签名）：	评分 2：	最终成绩	
评委 3	学生代表（签名）：	评分 3：	组长（签名）	
考评内容	团队任务考评标准			
考评标准	内容		分值（分）	得分（分）
	完成相关书籍和文献的学习及记录，完成观察量表设计及管理流程设计并提交		20	
	实地走访富士康本地分厂或类似的生产性企业并按要求提供佐证材料		10	
	完成自学及走访要点记录		10	
	完成团队内讨论		10	
	完成冲突处理方案并按时提交		20	
	完成团队间分享交流		10	
	完成冲突处理方案修改及任务反思		20	
合计			100	

注：以上为本次任务的评价标准（总分 100 分），供参考。要求至少三位评委（含授课教师、企业导师、学生代表）根据任务完成的质量给出分数，最后取平均分为团队的最终成绩评定。考评满分为 100 分，60~69 分为及格，70~79 分为中等，80~89 分为良好，90 分以上为优秀。

自我评价：____________________

____

教师评价：____________________

____

任务四　众人拾柴火焰高——团队建设

失败的团队没有成功者，成功的团队成就每一个人！

* 知识任务

1. 掌握团队的定义及作用。
2. 了解相关团建理论。

* 技能任务

1. 能够熟练运用各种团建理论解决问题。
2. 具备团建方案设计的能力。

* 素质任务

1. 养成理论与实际相结合的意识。
2. 培养闭环意识。

任务导入

公司教育：按规矩办事

有一天，美国 IBM 公司老板托马斯·华森带着客人去参观厂房，走到厂房门口时，警卫挡住他：“对不起先生，不能进去，识别牌不对。”原来 IBM 公司有个规定，进厂区的时候，识别牌必须是浅蓝色的，在行政大楼、公司本部统统是粉红色的，托马斯·华森和他的这些随从们挂的都是粉红色的牌子，因此警卫并没有放行。托马斯·华森的助理就马上对警卫叫了起来，说这是公司大老板，但是警卫说公司要求必须按规矩办事。结果托马斯·华森笑笑说，他讲得对，快把识别牌换一下。

其实，团队精神发挥到后面，就成了企业规章。最可能破坏制度和规章的就是企业里面的领导者，因为底下的人根本不敢。例如，在营业大厅里面挂一块牌子，上面写着“请勿吸烟”，如果领导自己掏烟抽，哪个敢讲，所以“请勿吸烟”这句话是写给外人看的，自己人却在破坏规矩。很多领导口口声声说这是个团队，自己却没有按照团队精神去做。

思考：这个案例对你有什么触动？仔细想想自己在以前的学习、工作、生活中有没有带头破坏规矩和制度呢？

知识准备

一、团队知识

前进的最佳方式，就是与别人一道前进。

从 20 世纪七八十年代，丰田、沃尔沃等公司在其生产过程中引入团队以来，团队日益普及并流行开来，被广泛使用于各行各业的组织中，许多组织围绕工作团队重新建构工作流程，希望在不增加投入的基础上，提高组织绩效以及产出水平。

随着现代管理对团队越来越注重，管理专家建议重新构建组织，以有利于团队工作，领导者也向组织阐述团队工作方法的好处和重要性，所有迹象表明，以团队为基础的工作模式将成为几百年的科层制模式的终结者。团队建设与管理业已成为现代管理学中的重要领域，也是现代管理实践中的重要管理工具。

1. 团队建设与团队管理

团队建设是指为了实现团队绩效及产出最大化而进行的一系列结构设计及人员激励等团队优化行为。团队管理是指在一个组织中，根据成员工作性质、能力组成各种小组，参与组织各项决定和解决问题等事务，以提高组织生产力和达成组织目标。团队管理就是运用团队成员专长，鼓励成员参与及相互合作，致力于组织发展，既可以说是合作式管理，也可以说是参与式管理。

团队建设与团队管理的基础在于团队，其成员可在 2~25 人，以少于 10 人为佳。

2. 团队的定义

团队，英文为Team，常直译为小组，也被称为工作团队（Work Team）。有关团队的定义，目前较为一致的看法为：团队是指一个组织在特定的可操作范围内，为实现特定目标而建立的，由相互合作、共同努力的若干成员组成的共同体。

团队的构成要素可总结为5P，分别为：目标（Purpose）、人员（People）、团队定位（Place）、职权（Power）、计划（Plan）。团队中存在有九种成员角色，分别为：革新者、倡导者、开发者、组织者、生产者、核查者、维护者、建议者、联络者。

斯通（James A. F. Stone）和弗里曼（R. Edward Freeman）认为团队有两种形式：一是永久性团队，通常由管理人员及其部属所组成，也被称为家庭式小组（Family Group）；二是特定式团队，也即特定式小组（Special Group），是一种临时性或任务性的组织，是为解决某一特定问题所组成的团队，也就是说，一旦问题解决，团队就可能解散。

3. 团队与群体的区别

事实上，团队脱胎于群体，又高于群体。为了更好地理解团队与群体的区别，我们先来看一下群体的概念。管理学家斯蒂芬·P. 罗宾斯认为：群体是指为了实现某个特定目标，两个或两个以上相互作用、相互依赖的个体的组合。

下面我们从目标、协同效应、责任、技能四个方面来了解团队与群体的区别。

群体的目标主要是为了信息共享，通过群体决策，帮助成员承担个人责任；团队的目标为了实现集体绩效。群体的协同效应常常是中性的甚至可能是消极的，群体绩效为个体绩效之和；团队通过成员的共同努力往往能产生积极的协同效应，其结果为团队绩效大于个体绩效之和。群体中每个成员承担的是个人责任；而团队中则是个人责任与共同责任的兼顾。群体中成员的技能是随机和相异的，但并未构成互补；团队中成员的技能则恰恰是相互补充的。

通过对比，我们不难看出，团队具有以下四个典型特点：以目标为导向；以协作为基础；具有共同的规范和方法；团队成员在技术或技能上形成互补。

管理小故事

贝尔宾团队角色理论

剑桥产业培训研究部前主任梅雷迪思·R. 贝尔宾（Meredith R. Belbin）博士和他的同事们经过多年在澳大利亚和英国的研究与实践，提出了著名的贝尔宾团队角色理论，即一支结构合理的团队应该由九种人组成，这九种团队角色分别为：

1. 智多星 PL（Plant）

智多星创造力强，充当创新者和发明者的角色。他们为团队的发展和完善出谋划策。通常他们更倾向于与其他团队成员保持距离，运用自己的想象力独立完成任务，标新立异。

2. 外交家 RI（Resource Investigator）

外交家热情，行动力强，与生俱来是谈判高手，并且善于挖掘新的机遇和发展人际关系。

3. 审议员 ME（Monitor Evaluator）

审议员态度严肃，谨慎理智，具有批判性思维。他们善于在考虑周全之后作出明智的决定。

4. 协调者 CO（Co-ordinator）

协调者成熟、值得信赖并且自信，最突出的特征就是他们能够凝聚团队的力量向共同的目标努力。

5. 鞭策者 SH（Shaper）

鞭策者是团队中最具竞争性的角色，喜欢领导并激励他人采取行动，精力充沛，渴望成就，拥有强大驱动力。他们勇于挑战他人，并且关心最终是否取得胜利。

6. 凝聚者 TW（Team Worker）

凝聚者是在团队中给予最大支持的成员，观察力强，善于交际，灵活性强，适应不同环境和人的能力非常强。

7. 执行者 IMP（Implementer）

执行者是典型的将自身利益及忠诚与团队紧密相连、较少关注个人诉求的角色，是具有强大的自我控制力及纪律意识的实用主义者。

8. 完成者 CF（Completer Finisher）

大多数完成者都性格内向，坚持不懈，注重细节，并不太需要外部的激励或推动。他们不喜欢委派他人，而是更偏好自己来完成所有的任务。

9. 专业师 SP（Specialist）

专业师是专注的，专注于维持自己的专业度以及对专业知识的不断探究，并成为只对专一领域有贡献的专家。

贝尔宾团队角色理论的应用在于自我认知，了解伙伴，创造一门团队的共同语言。通过选拔人、组建高业绩团队、化解工作冲突，帮助团队领导提升知人善任能力、进行跨部门合作优化、新老团队融合、组织人才盘点等，既能最大化员工个人效能，又能帮助团队领导对团队人员进行相应调配，从而最大化团队效能。

4. 团队分类

斯蒂芬·P. 罗宾斯则根据团队成员的来源、拥有自主权的大小、团队存在目的的不同，将团队分为问题解决型团队（Problem-solving Team）、自我管理型团队（Self-managed Team）以及跨功能型团队（Cross-functional Team）三类。

（1）问题解决型团队

在团队发展早期，大多数团队属于问题解决型团队，尽管团队成员会针对工作中出现的问题提出意见和建议，但却没有行动决策权。

（2）自我管理型团队

自我管理型团队很好地弥补了团队成员决策权的缺乏，通过自我管理，建立起对工作结果承担全部责任的团队。

（3）跨功能型团队

跨功能型团队则是当今运用广泛的团队发展形式，团队成员的来源为同一等级、不同工作领域、跨部门的员工，可处理完成复杂多样的工作任务，常用于项目管理之中，项目团队制即属于此种类型。

随着团队在现代管理中的作用和地位的日益突出，团队类型还出现了学习型团队、虚拟团队等新形式。

5. 团队培育

针对团队 Team 一词，拆分为：T-Target（目标），E-Education（教育、培育、训练），A-Ability（能力、技能），M-Moral（士气）。

因此，对于团队培育我们这样理解：团队培育，就是根据团队的目标对团队成员进行适当的训练，提升团队成员的能力，从而提高团队整体的士气。

（1）团队精神

团队培育的灵魂和核心即为团队精神的培育。团队精神是高绩效团队难于被模仿、被复制的特质，关系到整个团队的价值观、信念、理想等。团队精神主要涉及三个层面：团队凝聚力、团队合作意识、团队士气。

1）团队凝聚力培育。团队凝聚力表现为团队成员对团队强烈的归属感、自豪感、责任感和融入感。就团队凝聚力培育而言，主要应从团队忠诚度方面进行，如良好的信息沟通渠道、兼顾个人与团队的激励机制等，因此，成功的领导总是力求建立一种民主公平的领导模式。

就团队凝聚力培育而言，除了民主公平的管理、良好有效的沟通之外，还应注意充分发挥员工特长、合理分配利益，将团队成员的需求与团队目标相结合，提高团队整体的积极性，以高昂的士气高效率地完成团队目标。这其中需要进行相应的领导特质打造，形成有魅力、有感召的领导模式。

2）团队合作意识培育。团队精髓就是合作，良好的合作氛围是打造高绩效团队的基础。团队合作意识的培育，首先应建立在团队成员之间彼此的高度信任之上，主要应从团队愿景及使命打造、团队短长期目标规划、合作氛围营造、团队合作规范及规章制定等方面进行。团队领导应通过鼓励合作而非绝对竞争的导向来形成一种互融互信的领导模式。

3）团队士气培育。全体团队成员的工作热情及工作行为的总和构成了团队士气。正如拿破仑所说，一支团队的胜利，四分之三靠的是团队士气，团队成员的精神状态及高昂的斗志是团队获胜的利器。

（2）团队发展五阶段模型

团队培育中，还应从团队发展五阶段以及团队成员的成长五层次两方面同时进行。

1965 年，布鲁斯·塔克曼提出团队发展阶段模型（Tuckman Stages of Team Development Model），就团队创建及发展历程而言，起初该模型涉及团队发展四个阶段：成立阶段（Forming）、震荡阶段（Storming）、规范阶段（Norming）、成熟阶段（Performing）。

1）成立阶段。此时是团队启蒙组建期。本阶段的目的是辨识团队的人际边界以及任务边界。团队领导为指挥式领导，确保团队成员之间建立起一种互信的工作关系。

2）震荡阶段。此时出现各种观念、竞争等激烈碰撞的局面，存在人际冲突、分化的问题。团队领导为教练式领导，强调团队成员的差异并相互包容。

3）规范阶段。此时团队效能提高，动机水平增加，并开始有意识地解决问题，规则、价值、行为等形成并被遵守。团队领导为参与式领导，允许团队有更大的自治性。

4）成熟阶段。此时团队成员对于任务层面的工作职责认知清晰，团队运作顺利高效，凝聚力强，无冲突困扰。团队领导为委任式领导，给予团队必要的决策权。

1977 年，塔克曼将团队发展阶段模型增至第五阶段—解散阶段（Adjourning）。

5）解散阶段。此时任务完成，团队解散。团队经过短暂休整后，将进入下一个工作任务或项目，会有成员调整，如流出或加入。

（3）高绩效团队构建模型—团队效力火箭模型

我们知道，团队领导会影响一个团队的某些关键性目标；我们也知道，团队之间存在着多个重要因素上的差异，如团队规模、规范、发展阶段和凝聚力等。因此，领导者在创建和领导团队时，需要综合考虑上述因素。基于此，团队培育的问题就摆上了团队领导的议事日程。

团队领导模型正是因为提供了有关团队动力的综合描述，并指向高绩效团队构建而备受推崇。如图 4-9 所示，团队效力的火箭模型就是这样一种指向高绩效团队构建的模型。

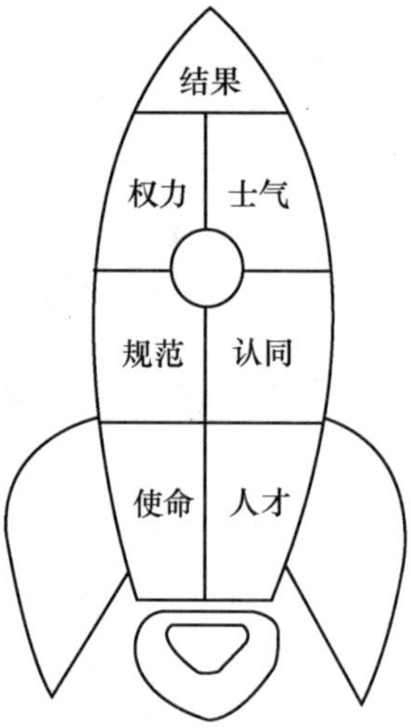

图 4-9　团队效力的火箭模型

以下是对火箭模型 7 项要素的深入描述。正像助推阶段对于火箭发射至关重要一样，使命和人才阶段对于创建一个团队也是至关重要的。

1）使命要素。火箭模型的使命要素关注的是为团队设定共同的方向。通过确定团队工作意图、目标及绩效标准，降低角色模糊和冲突，确保团队中的每名成员明了团队目标以及达成团队目标个人所需要做出的贡献。

2）人才要素。人才要素意味着团队的人才选择和开发，合适技能和合适人数均需贯穿始终。团队技能的开发可以通过辅导、培训项目、实践测试程序等方式来实现。

3）规范要素。规范即规则，是指团队成员为结果负责并分享信息的规则。涉及决策、沟通、会议以及职责的规范，对于团队运作是最重要的。

4）认同要素。认同不仅仅体现在团队成员对团队使命及规范的理解上，更应体现在行为上。有三种培养认同的方法可供团队领导者采用。一是制定一个能打动人心的团队愿景或目标。团队意图和目标与其个人价值观的匹配度越高，吸引力就会越强。二是提高团队领导的个人可信度。三是让团队成员参与目标、标准和规则的设置过程，从而赢得他们对团队的高度认同。

5）权力要素。火箭模型的权力要素是指团队为达成目标所拥有的决策权限和资源。高权力水平的团队拥有相当大的决策权，以及完成团队目标所需的全部设备、时间、设施和资金。团队领导者需要首先确定自己是否拥有完成群体目标所需的全部决策权和资源。在权力不足、资源有限的情况下，团队领导需要想方设法以有限的资源来达成团队目标，或者基于资源不足的现状下调团队目标。

6）士气要素。火箭模型的士气要素就是要解决如何处理团队冲突、提升凝聚力的问题。团队领导可以通过与成员一起制定团队冲突处理规则来提高团队士气。其实，士气往往是一个团队深层问题的表面症状。不清晰的目标和角色、界定不明确的绩效标准或职责规范等，都会导致冲突的产生，造成士气低下。因此，我们也可以这样理解，团队冲突不断往往与火箭模型中的其他要素有关。

7）结果要素。如果说火箭模型中的以上 6 项要素描述的是如何完成团队构建，那么火箭模型的结果要素则描述的是团队构建的最终成果。

通过对比，不难看出火箭模型的各项要素基本上与布鲁斯·塔克曼所提出的团队发展四个阶段相对应。团队成立阶段——团队领导可以通过关注火箭模型的使命和人才要素，帮助团队成功创建；团队震荡阶段——团队领导可集中关注火箭模型中的规范和认同要素；团队规范阶段——团队领导者应关注权力和士气要素；团队成熟阶段——团队领导应关注火箭模型的结果要素。

团队任务——团队研讨议程方案设计

1. 任务目标

根据所学的团队培育理论，结合某家运动类企业，设计一次有关运动新品签售活动策划的团队研讨。

2. 任务要求

团队自学引导技术中的便利贴、头脑风暴法和焦点讨论法。

3. 任务准备

自学引导技术相关书籍及文献，设计团队研讨议程。

4. 任务实施

步骤一：阅读有关引导技术的书籍及文献并记录，进行团队研讨议程设计。

步骤二：实地访谈、调研运动类企业。

步骤三：整理分析调研资料，形成结论并设计好团队研讨议程。

步骤四：完成利用引导技术的团队研讨方案撰写并按时提交。

步骤五：进行团队间的分享交流。

步骤六：修改运动类企业新品签售活动策划团队研讨方案。

步骤七：任务反思及改进。

5. 任务记录

学习及访谈要点记录（一）

（一）请将自学要点记录在以下空格处。

引导技术：______________________________

便利贴：

头脑风暴法：

焦点讨论法：

学习及访谈要点记录（二）

（二）请将访谈要点记录在以下空格处。

运动类企业 1：

访谈人：　　　　　　访谈时间：

运动类企业 2：

访谈人：　　　　　　访谈时间：

运动类企业 3：

访谈人：　　　　　　访谈时间：

6. 任务成果

请完成运动类企业签售活动研讨议程设计，并以电子文稿的形式提交。以下为团队研讨议程模板，供参考，可根据实际情况进行删减及修改。

一、团队研讨主题

二、团队研讨时间、地点

三、团队研讨参与人

四、团队研讨议程

1. ×××致辞

2. ×××发言

3. ×××分享

4. 自由研讨

5. 研讨总结

五、注意事项

六、附件

1. 发言材料

2. 会议日程

3. 分组名单及座次表

4. 研讨题目及分组研讨地点

5. 作息时间表

6. 酒店住宿、用餐地点、交通线路等详细描述

7. 任务反思

团队间分享交流后，团队研讨议程设计方案修改要点为：________________

____

本次任务反思：________________________________

____

8. 任务评价

评委 1	授课教师（签名）：	评分 1：	被考评小组	
评委 2	企业导师（签名）：	评分 2：	最终成绩	
评委 3	学生代表（签名）：	评分 3：	组长（签名）	
考评内容	团队任务考评标准			
考评标准	内容		分值（分）	得分（分）
	完成相关书籍和文献的学习及记录，完成访谈提纲和调查问卷设计并作为任务附件按时提交		20	
	实地访谈 3 家运动类企业并按要求提供佐证材料		10	
	完成自学及访谈要点记录		10	
	完成团队内讨论		10	

续表

	内容	分值（分）	得分（分）
考评标准	完成撰写团队研讨议程设计方案并按时提交	20	
	完成团队间分享交流	10	
	完成运动类企业团队研讨方案修改及任务反思	20	
合计		100	

注：以上为本次任务的评价标准（总分 100 分），供参考。要求至少三位评委（含授课教师、企业导师、学生代表）根据任务完成的质量给出分数，最后取平均分为团队的最终成绩评定。考评满分为 100 分，60~69 分为及格，70~79 分为中等，80~89 分为良好，90 分以上为优秀。

自我评价：____

____

教师评价：____

____

知识准备

二、拓展训练

欲建设优秀团队，先成为卓越领导。

拓展训练（Outward Development）又称为户外拓展训练（Outward Bound），是指通过专业的机构，针对团队现状，设计相应培训课程，通常利用崇山峻岭、瀚海大川等自然环境，通过精心设计的拓展项目达到陶冶情操、磨炼意志、熔炼团队的训练目的。

1. 拓展训练的起源

拓展训练起源于第二次世界大战期间的英国。当时英国的商务船队在大西洋屡遭敌国潜艇的袭击，大批海员因此丧生，只有极少数人幸存了下来。后来英国救生专家经研究发现，这些幸存者并不是体能最好的人，但却是求生意志最强的人，并由此提出“成功并非依靠充沛的体能，而是强大的意志力”的观点。1942 年，德国人库尔特·汉恩和英国人劳伦斯·沃特等人创办了“阿伯德威海上学校”，训练年轻海员的海上生存能力及技巧。

早期的户外拓展运动其实是一种生存手段的训练，涵盖采药、狩猎、战争等人类生存和发展的活动。

第二次世界大战以后，英国出现了户外拓展训练的管理培训，利用户外活动的形式，模拟真实管理情境，对管理者和企业家进行心理和管理两方面的培训。

1946 年，Outward Bound 信托基金会（Outward Bound Trust）在英国成立，开始了 Outward Bound（简称 OB）理念在全球的推广，1964 年后经美国传遍全球，新加坡、中国香港、日本、韩国先后引进。1970 年，中国香港出现了 OB 学校。1989 年中国内地第一个拓展训练民间社团成立，1992 年后发展迅猛，目前涵盖以休闲旅游为主导的拓展、以课程教育为主导的拓展、以管理培训为主导的拓展三大类。

2. 拓展训练的要素、特点及形式

（1）拓展训练的要素

拓展训练包括快乐、审美、体验、改变四要素。

与传统教育学习不同，拓展训练是一种体验式学习方法，打破了传统的训练模式，是一种通过体验获得知识的过程，可以有效地提升和强化个人心理素质，开发企业员工的潜能，激发团队精神，增强团队凝聚力，以达到更加融洽地与团队合作的目的。拓展训练并不向受训者灌输某种知识和训练某种技巧，而是通过一种特殊的设定环境，让受训者参与整个学习过程，通过参与体验进行自我反思，获得感悟及自我教育。

（2）拓展训练的特点

1）综合活动性。拓展训练的所有项目都以体能活动为引导，引发出相应的认知活动、情感活动、意志活动和交往活动。

2）挑战极限。拓展训练的项目都具有一定挑战性，需要向自己的能力极限挑战，除了体能上的难度外，还表现在心理考验上的难度。

3）集体中的个性。拓展训练强调团队合作，通过团队任务，力争使每一位团队成员竭尽全力为集体争得荣誉，并以集体为坚强的后盾，从而在集体中显示个性。

4）高峰体验。在通力合作、克服困难、挑战极限、完成任务后，每一位团队成员都能切切实实地体会到发自内心的胜利感和自豪感，从而获得难忘的人生高峰体验。

5）自我教育。自我教育强调，充分尊重受训者的主体地位和主观能动性，通过课后总结，达到自我教育的目的。

（3）拓展训练的形式

拓展训练的形式包括团队热身、个人项目、团队项目、回顾总结等。

拓展训练并非体育加娱乐，而是对传统教育的全面提炼和综合补充。具体而言，通过拓展训练，能够让团队成员体验换位思考，树立团队合作意识及团队合力制胜的

信念；改善团队成员的沟通，增进互相理解，提高团队认知度和亲和力；增强团队成员的责任感及信心，激发创造性思维；增强团队成员面对困难、挑战的勇气，培养积极进取、勇于创新的工作态度；让团队领导发现团队问题，培养领导能力，改善团队管理方法，提升团队管理技能；增强部门之间的沟通协作，树立全局观念、大局意识和服务意识。当然，通过训练还可以帮助团队成员释放压力，调整心态，轻装上阵，身心平衡。

总之，拓展训练在打造高效团队、新员工融入公司、培养团队凝聚力方面具有十分重要的意义。

3. 拓展训练的项目

目前国内拓展训练的项目已达上百种，主要分为高空项目、半高空项目、场地项目、水上项目、自然环境利用的主题项目等。

常见的流行项目有信任背摔、高空抓杠、断桥、天梯、齐心协力、盲人攀岩、七巧板、罐头鞋、电网、逃生墙、雷区取水、真人 CS 等，同时新的项目也在不断开发中。

4. 拓展训练的教育性

与普通的游戏不同，拓展训练项目具有深刻的教育性，注重身心的体验，兼顾过程的参与及最终的收获，通过一次次身心的洗涤，使心灵得到净化与升华，增强战胜困难的信心，提升团队凝聚力，从而将所学所思、所感所悟运用到实际工作之中，以达到超越自我、熔炼团队的目的。因此，拓展训练的“悟”与“用”是重中之重。

拓展训练项目是按照体验式学习方法展开的，分别经历体验→发表→反思→总结→应用等环节。自主、探究、合作和创新是其特色，教法和学法都与常规传统的教学培训迥异，强调教练的引领及团队成员之间的讨论与协作，依靠相互之间的信任和帮助，使每一位团队成员都能完成任务，都能得到感悟和提高。

另外，拓展训练项目的评估也异于常规传统的教学培训，既兼顾过程与结果，更强调将拓展训练中的感悟迁移到学习、工作、生活的方方面面，从而在态度、行为的转变以及绩效的提升上体现拓展训练的成效。

团队任务——拓展训练活动方案设计

1. 任务目标

根据所学的拓展训练相关理论知识，结合团队目标，设计一份企业销售团队的拓展训练活动方案。

2. 任务要求

团队学习有关拓展训练的知识，并学习借鉴优秀的拓展训练活动方案，做好读书笔记，设计好有关团队训练调查问卷，走访不少于 3 家企业的销售团队成员及销售团队领导，设计一份团队拓展训练的活动方案。

3. 任务准备

学习与销售团队相关的团队建设方面书籍及文献，设计访谈提纲及调查问卷。

4. 任务实施

步骤一：阅读有关企业销售团队建设的书籍及文献并记录，进行访谈提纲及调查问卷设计。

步骤二：实地访谈、调研并收集相应的佐证材料及图片。

步骤三：整理分析调研资料，形成结论并设计好企业销售团队拓展训练方案。

步骤四：完成企业销售团队拓展训练方案撰写并按时提交。

步骤五：进行团队间的分享交流。

步骤六：修改企业销售团队拓展训练方案。

步骤七：任务反思及改进。

5. 任务记录

请将访谈要点记录在以下空格处。

企业 1：____

____

____

访谈人：____________________　访谈时间：____________________

企业 2：____

____

____

访谈人：____________________　访谈时间：____________________

企业 3：____

____

____

访谈人：____________________　访谈时间：____________________

6. 任务成果

请完成企业销售团队拓展训练方案设计，并以电子文稿的形式提交。以下为企业销售团队拓展训练活动方案模板，供参考，可根据实际情况进行删减及修改。

一、概述

1. 企业团队建设现状分析

2. 企业销售团队建设问题分析

3. 适用拓展训练理论

二、销售团队拓展训练方案主体

1. 拓展训练的主题

2. 拓展训练的时间地点

3. 拓展训练对象

4. 拓展训练目标

5. 拓展训练方案内容

6. 经费预算

7. 拓展训练的紧急预案

三、拓展训练方案评估

1. 评估指标设定

2. 拓展训练效果评估

四、附件

1. 企业基层管理者拓展训练访谈提纲

2. 企业一线员工拓展训练调查问卷

3. 拓展训练物料（含行军路线图、饮水点、医疗点等）

7. 任务反思

团队间分享交流后，拓展训练方案修改要点为：________________________________

____

本次任务反思：____

____

8. 任务评价

评委 1	授课教师（签名）：	评分 1：	被考评小组	
评委 2	企业导师（签名）：	评分 2：	最终成绩	

续表

评委 3	学生代表（签名）:	评分 3:	组长（签名）	
考评内容	团队任务考评标准			
考评标准	内容		分值（分）	得分（分）
	完成相关书籍和文献的学习及记录，完成访谈提纲和调查问卷设计并作为任务附件按时提交		20	
	实地访谈 3 家企业并按要求提供佐证材料		10	
	完成访谈要点记录		10	
	完成团队内讨论		10	
	完成企业销售团队拓展训练方案并按时提交		20	
	完成团队间分享交流		10	
	完成销售团队拓展训练方案修改及任务反思		20	
合计			100	

注：以上为本次任务的评价标准（总分 100 分），供参考。要求至少三位评委（含授课教师、企业导师、学生代表）根据任务完成的质量给出分数，最后取平均分为团队的最终成绩评定。考评满分为 100 分，60~69 分为及格，70~79 分为中等，80~89 分为良好，90 分以上为优秀。

自我评价：________________________________

____

教师评价：________________________________

____

同步训练题

一、填空题

1. 传统的领导特性理论认为领导者的品质是天生的，与后天的培育、训练和实践无关，因而传统的特性理论也称为____________。

2. 沟通过程中最后的一个步骤也是至关重要的一个步骤是____________。

3. 领导具有战略性及超脱性，即领导重在决策，管理重在____________。

4. 领导权力主要以职权形式出现，领导权威则主要来源于____________，具有内在的、个性化的性质。

5. 一个人比较稳定的心理活动的动力特征主要是指人的____________。

6. 权变领导理论的研究重点在领导者、被领导者和____________的关系。

7. ____________是领导关系存在的前提，人是领导关系的核心。

8. 激励理论可以简单概括为：____________引起动机，动机决定行为。

9. 在组织内工作经常会因为____________、职责不明等造成群体间的不团结和工作中的不协调。

10. 沟通的起点是____________。

二、选择题

1. 关于领导者和管理者的描述，正确的是（　　）。

A. 管理者的工作主要是确定方向、统一思想、激励和鼓舞

B. 领导者负责某件具体事情的管理或实现某个具体目标

C. 管理者设定目标，领导者率众实现目标

D. 项目经理具有领导者和管理者的双重身份

2. 某企业多年来任务完成得都比较好，职工经济收入也很高，但领导和职工的关系却很差，该领导很可能是管理方格理论中所说的（　　）。

A. 贫乏型　　B. 乡村俱乐部型

C. 任务型　　D. 中庸之道型

3. 要做到有效倾听，下列不正确的是（　　）。

A. 领导者必须控制自己的情绪

B. 对于力所能及的要求，要大方许诺

C. 不要随意插话

D. 适时发问，鼓励对方进一步地解释和说明

4. 组织内部在信息传递过程中发生信息丢失的现象，属于（　　）。

A. 信道障碍　　B. 传送障碍　　C. 接受障碍　　D. 非语言障碍

5. 要建设一个成功的团队，首先要（　　）。

A. 了解团队的作用　　B. 提高领导艺术水平

C. 设立共同的目标　　D. 了解团队方面的理论

6. 主要凭借领导者个人的经验、知识和才干实施领导的领导方式是（　　）。

A. 经验领导　　B. 科学领导　　C. 集体领导　　D. 专家式领导

7. 晋升和增加员工的责任所体现的激励作用是比较明显的，在实施过程中，不正确的做法是（　　）。

A. 让某个成员主持团队的项目　　B. 提供给某人成为老师的机会

C. 给予某个成员一些普通的任务　　D. 让团队成员担任关键职位

8. 通过竞赛激励员工简单易行，有很强的操作性。下列关于实施这种激励方式的

表述，错误的是（　　）。

A. 竞赛活动需要具备一定的文化和背景

B. 事先了解员工当前最关注的方面

C. 比赛规则要尽可能细致而全面

D. 奖励要有一定的诱惑性

9. 下列选项中，不属于马斯洛需要层次理论的是（　　）。

A. 安全需要　　B. 归属与爱的需要

C. 心理需要　　D. 尊重需要

10. 沟通组织很差的一个表现是（　　）。

A. 慢　　B. 等　　C. 快　　D. 强

三、判断题

1. 广义上的领导是个人或者集团用来影响团队成员以实现团体目标的一个过程，并且团队成员认为这种影响是合理的，通常由领导者、被领导者、领导目标以及领导环境四个要素构成。（　　）

2. 所谓“目标激励”，实际上就是通常所讲的激将法。（　　）

3. ERG 理论认为，各种层次的需要可同时并存，共同发挥激励作用。（　　）

4. 为员工提供美味的工作餐和送健身器材都属于福利激励。（　　）

5. 领导对下属进行激励的前提是把握员工需要激励时发出的信号。（　　）

6. 双因素理论中，保健因素和激励因素不会存在重叠。（　　）

7. 管理是建立在合法的、有报酬的、强制性权力的基础上对下属命令的行为。（　　）

8. 一个人可能既是管理者又是领导者，可能只是管理者而不是领导者，也可能只是领导者而不是管理者。（　　）

9. 领导的本质是有被领导者的追随和服从，这也取决于追随者的意愿。因此，掌握职权的管理者可能没有部下的服从，也谈不上是真正意义上的领导者。（　　）

10. 《三国演义》中，曹操割发代首的故事是一个很好的沟通例子，表明了曹操治军纪律严明。（　　）

11. 几乎所有的冲突都是从轻度的意见分歧或者误解到彻底的冲突，形成一个梯度。（　　）

12. 沟通的原则之一是重要的不是做了什么，而是说了什么。（　　）

13. 有效聆听就是理解对方全部信息。（　　）

14. 沟通的反馈类型包括正面反馈及建设性反馈。（　　）

15. 团队建设的重点是培养核心成员。 （　　）

四、判断分析题

领导活动是一种社会活动，因此领导素质只有后天性特征。请判断这种说法是否正确，并进行简要分析。

五、材料分析题

1. 俗话说，“尺有所短，寸有所长”“黄金无足色，白玉有微瑕”。我国清代有一位名叫杨时斋的将军，他深谙此道并用于选才用人，使军中无废才。他让聋人当侍者，让哑巴送密信，让盲人伏地听，让瘸子守炮座。历史上还有很多这样的例子，如美国南北战争时期，林肯任命嗜酒如命却能运筹帷幄、决胜千里的格兰特将军为北军总司令，实现了战争的重大转折。而《三国演义》中的诸葛亮将本适合做谋士的马谡用作前线将军导致街亭失守。

请用相关的领导知识和理论分析：上述材料反映了领导工作中的什么问题？如何看待材料中正反两方面各自的得失？对领导工作有什么启示？

2. 某县一位年富力强的青年副县长对记者说：“我没有安排时间的主动权，进了会议室有开不完的会议，进了办公室有看不完的文件，特别是有接待不完的来访者。上级领导来视察要接待，有关部门来了人要寒暄，下级汇报工作要决断，甚至基层单位的具体问题也会越级找到你面前，你不听，又怕骂你官僚主义，还有亲朋好友、同学老乡都不断来找你办事，你不理，就会挨骂。整天忙忙碌碌，感觉根本不能很好地履行副县长的职责。”

根据上述材料，请分析该副县长为什么不能很好地履行职责？

六、职场挑战题

1. 在职场工作中，由于各个部门机构的设置，一个岗位可能会受到多个上级领导的管辖，这时候如果各个上级领导之间存在矛盾，甚至在工作中起了冲突，这时候你作为“夹心饼干”就会左右为难。

请根据以下职场情景，谈谈你的做法。

你的直接领导与大领导对你的一篇报告中的一个观点产生了很大的观念冲突，并且两个人私下就关系不好。这时你该怎么做？

2. “谏”，旧时指规劝帝王、将相改正错误。一个好的部下，不仅表现为对领导言听计从，努力完成领导交办的工作，而且应表现为善当助手和参谋。你若作为副职领导，当正职领导出现错误决策时，该怎样巧言进谏？

项目五

有效控制

【项目内容】

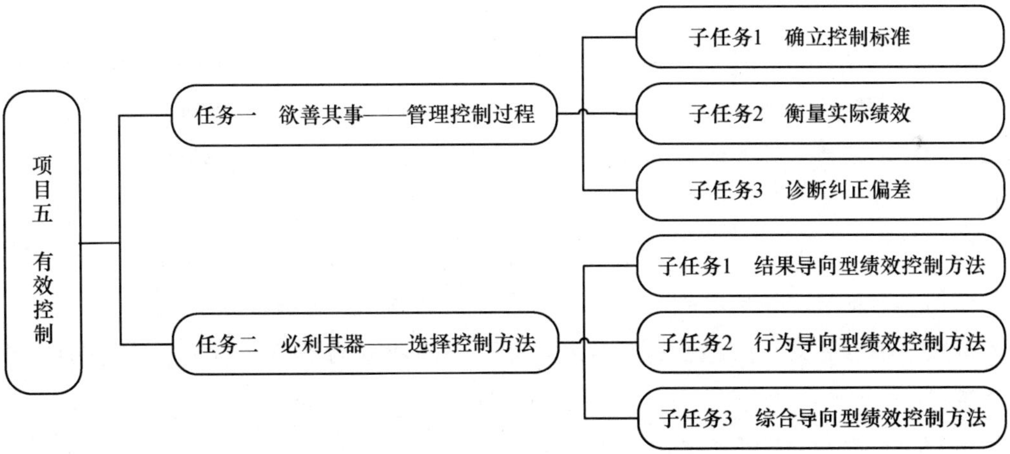

【项目理论】

1. 控制过程理论。
2. 控制方法理论。

【项目重难点】

重点：设计绩效控制表单。

难点：360 度考评法应用。

【项目成果】

1. 确定企业控制标准。
2. 优化/设计企业人员绩效控制表单。

【项目导入】

海尔管理的真经——OEC管理模式

海尔“日事日毕、日清日高”的OEC管理模式是海尔企业管理的精髓，被哈佛商学院收录作为经典教学案例，引起国际管理界高度关注。

一、什么是OEC管理？

OEC管理法中的“O”代表Overall（全方位），“E”代表Everyone（每人）、Everything（每件事）、Everyday（每天），“C”代表Control（控制）、Clear（清理）。OEC管理法也可表示为：每天的工作每天完成，每天的工作要清理并要有所提高，即“日事日毕、日清日高”。

OEC管理模式意味着企业每天的每件事都有人管；所有的人都有管理、控制的内容，依据工作标准，按规定的计划完成各自控制的事项；每日把实施结果与计划指标加以对照，进行总结、收编，达到日日控制、事事控制的目的，确保事物向预定的目标发展。

二、OEC管理模式有哪些具体表现形式？

OEC管理模式的具体表现形式就是：总账不漏项；事事有人管，人人都管事；管理凭效果，管人凭考核。

总账不漏项：这是海尔模式的基础，是指把企业内所有的事物按事（软件）与物（硬件）分为两类，建立总账，使企业正常运行过程中所有的事与物都处在控制网络内，确保体系完整、无漏项。

事事有人管，人人都管事：这是指将总账中所有的事与物通过层层细化落实到各级人员，并制定各级岗位职责及每件事的工作标准。为达到事事控制的目的，每个人根据其职责建立工作台账，明确每个人的工作范围、工作内容，以及每项工作的工作标准、工作频次、计划进度、完成期限、考核者、价值量等。为确保其完整性，每个人的台账由其上一级主管审核后方可生效。

管理凭效果，管人凭考核：这是指任何人在实施过程中，必须依据工作台账的要求，开展本职范围内的工作，在一定的自由度下，每个人进行创造性能力发挥，力求在规定的期限内用最短的时间完成符合标准甚至高于标准的各项工作。

三、OEC管理模式的有效管控机制是怎样的？

OEC管理模式由三个系统构成：目标标准系统、日清控制系统和有效激励系统。它是海尔生存的基础，是海尔对外扩张、推行统一管理的基本模式，也是海尔走向世界的资本。

1. 目标标准系统

（1）根据企业发展方向、市场竞争需求确定合理的目标，如海尔的三大发展战略。

（2）将企业的大目标分解到各部门，再分解到每个员工的身上。

（3）指标具体、可以度量，将量化值编成小册子。目标分解到责任人、主管人、配合人、审核人等，如冰箱有156道工序、545项责任，都落实到人，并规定每一道工序不出废品。

（4）做到管理不漏项、事事有人管、人人都管事，并将责任人、检查人明确显示出来。

（5）做到企业内所有人都十分清楚自己每天该干什么，按什么标准干，如何获得优秀标准。

2. 日清控制系统

（1）日事日毕：当天发生的问题，当天解决。

（2）日清日高：要求职工坚持每天提高1%，70天工作水平可提高一倍。

（3）日清方法：自清，职能管理部门现场复审，自检、互检、专检。

（4）复审中发现问题，随时纠偏，连续发现不了问题时必须提高目标值。

3. 有效激励系统

（1）激励原则：公平、公正、公开。

（2）通过3E卡，每天公布每人的收入，通过工资公开使员工感到相对公平。

（3）制定合理的计算依据，对每个岗位量化考核，使劳动与报酬直接挂钩，质量与报酬直接挂钩。

任务一　欲善其事——管理控制过程

有效的管理者应该始终监督他人，以保证应该采取的行动事实上已经在进行，保证他人应该达到的目标事实上已经达到。

——斯蒂芬 · P. 罗宾斯

* 知识任务

1. 熟悉管理控制过程理论。
2. 掌握管理控制重点。
3. 掌握控制标准的实施步骤。

* 技能任务

1. 具备管理控制的能力。
2. 能确立企业控制标准。
3. 能够熟练运用控制理论解决问题。

* 素质任务

1. 养成理论与实际相结合的意识。
2. 培养闭环意识。
3. 培养大局观。

任务导入

唐僧师徒的故事

唐僧团队乘坐飞机去旅游，途中飞机出现故障，需要跳伞，不巧的是，四个人只有三个降落伞。为了做到公平，师傅唐僧准备对各个徒弟进行考核，考核过关就可以得到一个降落伞，考核失败，就自由落体，自己跳下去。

于是，师傅问孙悟空："悟空，天上有几个太阳?"悟空不假思索地答道："一个。"师傅说："好，答对了，给你一个降落伞。"接着又问沙僧："天上有几个月亮?"沙僧答道："一个。"师傅说："好，也对了，给你一个降落伞。"八戒一看，心里暗喜："哈哈，这么简单，我也行。"师傅的题目一出来，八戒却自己跳下去了，知道为什么吗？师傅提的问题是"天上有多少颗星星?"八戒当时就傻掉了。这是第一次旅游。

过了些日子，师徒四人又乘坐飞机去旅游，结果途中飞机又出现了故障，同样只有三个降落伞。师傅如法炮制，再次出题考大家。先问悟空："中华人民共和国哪一年成立的?"悟空答道："1949 年。"师傅说："好，给你一个降落伞。"又问沙僧："中国的人口有多少亿?"沙僧说是 14 亿，师傅说："好的，答对了。"沙僧也得到了一个降落伞。轮到八戒，师傅的问题是"14 亿人的名字分别叫什么?"八戒当时晕倒，又一次以自由落体方式结束旅行。

第三次旅游的时候，飞机再一次出现故障，这时候八戒说："师傅，你别问了，我跳。"然后八戒纵身跳下飞机。师傅双手合十，说："阿弥陀佛，殊不知这次有四个降落伞。"

知识准备

控制就是检查工作是否按既定的计划、标准和方法进行，发现偏差，分析原因，进行纠正，以确保组织目标的实现。由此可见，控制职能几乎包括了管理人员为确保实际工作与组织计划相一致所采取的一切活动。

在管理中，要实现有效控制，必须有三个前提条件：一是要制订一套科学的、切实可行的计划；二是要有明晰的组织结构，在开展控制工作之前应明确界定负责评价和纠正偏差工作的机构、岗位和个人，这样不仅可明确职责，也可清楚相互之间的监督关系；三是应建立起相对完善的信息沟通网络，控制工作本身就是一个信息交流的过程，控制者需要不断收集相关信息，以便及时判断实际工作的进展。

控制是根据计划的要求，设立衡量绩效的标准，然后把实际工作结果与预定标准相比较，以确定组织活动中出现的偏差及其严重程度，在此基础上有针对性地采取必要的纠正措施，以确保组织资源的有效利用和组织目标的圆满实现。

控制是一个过程，它贯穿于整个管理活动的始终。控制的过程包括三个基本环节的工作，即确立控制标准、衡量实际绩效、诊断纠正偏差，如图 5-1 所示。控制的过程是一个推动形成企业活动的良性循环。若在执行过程中衡量实际绩效的结果是"通过”，那么继续按照原定计划执行，直至完成计划目标，开始新的计划循环；若衡量实际绩效的结果是“未通过”，那么需要分析诊断出现偏差的原因，并确定纠偏措施的实施对象，选择恰当的纠偏措施，直至完成计划目标。

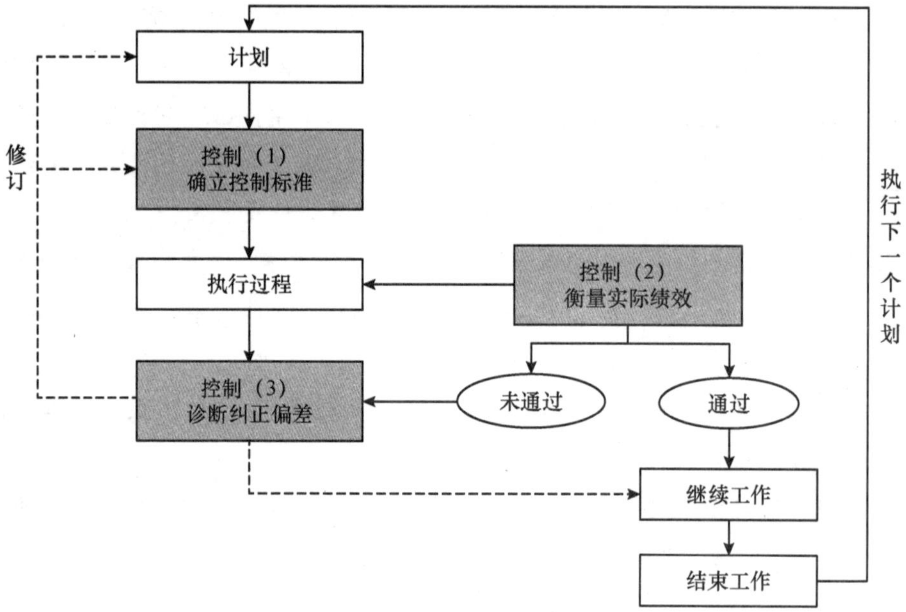

图 5-1　管理控制过程

一、确立控制标准

标准是人们检查和衡量工作及其结果的规范。确立控制标准是进行控制的基础。没有一套完整的标准，衡量绩效或纠正偏差就失去了客观依据。确立控制标准的步骤是：确定控制对象，选择控制重点，制定控制标准。

1. 确定控制对象

确定控制对象是确立控制标准的前提。在一个组织中，管理控制对象主要是指组织的人、财、物、信息、生产作业、时间、组织绩效等，其中最重要的是对人的管理控制。控制工作的最初动机是促进企业有效取得预期的活动成果，因此企业组织活动的成果应该成为重点的控制对象。企业员工的工作质量和数量，即员工的工作绩效是决定企业经营成果的重要因素，因此必须建立员工工作规范，以及各部门和各员工在各个时期阶段成果的标准，以便对他们的活动进行控制。

2. 选择控制重点

企业无力也没有必要对所有成员的所有活动进行控制，管理者必须在影响企业经营成果的众多因素中选择关键性的环节作为重点控制对象。

控制原理中一条最为重要的原理是关键点控制原理，它是指为进行有效控制，管理者需要特别注意那些根据各种组织计划来衡量工作成效时具有关键意义的因素。实际上，只要控制了关键点，也就控制了全局。

3. 制定控制标准

最理想的情况是以可考核的目标直接作为标准，但更多的情况往往是将某一计划目标分解为一系列的控制标准。控制标准进一步可分为定量标准和定性标准，前者是控制标准的主要形式，后者主要是有关服务质量、组织形象等难以量化的标准。在企业中，最常用的定量控制标准有四种：时间标准（如工时、交货期等）、数量标准（如产品数量、废品数量）、质量标准（如产品等级、合格率）和成本标准（如单位产品成本等）。组织中所有作业活动都可依据这四种标准进行控制。对于一项工作，人们总是可以近似或准确地找出数量、质量、时间及成本间的内在联系，如生产控制往往注重质量和时间控制，而销售控制更多侧重于成本和数量控制。

常用的制定控制标准的方法有三种：利用统计方法来确定预期结果；根据经验和判断来估计预期结果；在客观的定量分析的基础上建立工作标准。制定控制标准的方法比较见表 5-1。

表 5-1　　制定控制标准的方法比较

标准的类型	制定控制标准的方法	优缺点
统计性标准	利用统计的方法，以反映企业经营在历史上各个时期状况的数据为基础来为未来活动建立标准	优点：简便易行 缺点：制定的标准可能低于同行业水平
评估性标准	根据管理人员的经验、判断和评估建立标准	优点：能促进项目可选方案的相对评估，即选择项目时权衡评估性标准都是做相对性选择 缺点：若管理人员知识、经验不足，则制定的评估性标准可能不够先进合理
工作标准	在客观的定量分析的基础上建立工作标准	优点：客观、可量化，便于衡量 缺点：有些工作难以量化

管理小案例

麦当劳的管理控制标准

麦当劳餐厅由创始人雷·克洛克在美国伊利诺伊州创立。创立至今，它已经成为一家现代化的、锐意进取的公司，致力于成为顾客最喜爱的用餐场所，目前已经成为全球零售食品服务业龙头。截至2017年年底，全球有超过37 000家麦当劳餐厅，每天为100多个国家和地区的6 900万名顾客提供高品质的食品与服务。

品质（Quality）、服务（Service）、清洁（Cleanliness）及物超所值（Value）（简称QSCV）是麦当劳始终坚持的经营理念。Q是指麦当劳为保证食品品质制定了极其严格的标准，使顾客在任何地点、任何时间品尝到的麦当劳食品都是同一品质的。S是指按照细心、关爱和爱心的原则，提供热情、周到、快捷的服务。C是指麦当劳制定了必须严格遵守的清洁工作标准。V代表价值，传达麦当劳“向顾客提供更有价值的高品质”的理念。这些理念在管理控制中使得麦当劳的核心价值文化得以延续，使得其特色经营理念和标准化的风格得以持久。

克洛克认为：管理不是一种抽象的可供人们高谈阔论的东西，而是一种实实在在体现在工作中的东西，它无处不在，只有把它贯彻到麦当劳商业活动的每一个细节中，才能真正发挥作用。为践行QSCV的经营理念，实现麦当劳持续发展的战略目标，麦当劳制定了详细的管理控制标准，具体见表5-2、表5-3、表5-4。

表5-2　　麦当劳的品质标准示例

指标标准	指标说明
奶浆温度<4 ℃	奶浆供应商提供的奶浆在送货时，温度不能超过4 ℃，若超过4 ℃必须退货
面包均厚=17毫米 气泡=0.5毫米	面包均厚17毫米，面包中的气泡均为0.5毫米，这样的面包在口中咀嚼时味道最佳、口感最好
可口可乐温度=4 ℃	4 ℃的可口可乐味道最佳，若顾客不做特殊要求，统一规定为4 ℃
肉饼直径=98.5毫米 厚=5.65毫米 重=47.32克	牛肉原料必须精选精瘦肉，牛肉由83%的肩肉和17%的上等五花肉精制而成，脂肪含量不得超过19%，绞碎后，一律按标准做成直径98.5毫米、厚5.65毫米、重47.32克的肉饼。每块牛肉饼的加工需要经过40多道质量检查关，只要有一项不符合规定标准，就不能出售给顾客
生菜保鲜期限≤2小时	生菜从冷藏库送到配料台只有2个小时的保鲜期限，一旦超过这个时间就必须处理掉
10分钟制作12个汉堡包	每个汉堡包的制作时间是1分45秒，加上调制、清理和取肉饼的时间，10分钟可以做4次，每次做3个。用这种“少量多次”的原则制作，就能把最新鲜、质量最高的汉堡包送到顾客手中

续表

指标标准	指标说明
原材料、配料按照生产日期和保质日期先后顺序摆放	为了方便管理，所有的原材料、配料按照生产日期和保质日期先后顺序摆放使用
制作好的食品按照包装先后顺序依次标注序号	制作好的食品放在中央运输槽内保存。这些食品按照包装时间的先后顺序，每列都放有一个小小的塑料标志牌，上面标注序号
不同食品的保存期不同	不同食品的保存期不同：三明治类 10 分钟；炸薯条 7 分钟；苹果派 10 分钟；咖啡 30 分钟；香酥派 90 分钟

表 5-3　　　　麦当劳的服务标准示例

指标标准	指标说明
每位顾客整体服务时间≤3 分 30 秒	每位顾客的整体服务时间最多为 3 分 30 秒，从顾客开始排队和走向柜台算起，到顾客取得点购的餐点且说过“谢谢光临”为止
顾客排队时间≤2 分钟	顾客排队时间不超过 2 分钟
柜台高度 = 92 厘米	根据科学测定，不论高矮，人们在 92 厘米高的柜台前掏钱感觉最方便
柜台服务速度≤1 分钟	从统计点餐到点餐呈递给顾客的统计时间（交易完成）为 60 秒或更短
顾客用餐时间不受限	顾客用餐时间不受限制，即使吃完以后也不能“赶走”顾客
顾客满意度 = 100%	用快速、精准、友善的服务，赢得顾客 100%的满意度

表 5-4　　　　麦当劳的清洁标准示例

指标标准	指标说明
桌椅、橱窗、垃圾桶、天花板、停车场清洁标准	桌椅、橱窗每天擦洗，做到一尘不染；垃圾桶每天刷洗；天花板每星期打扫一次；停车场每天打扫一遍
餐具、机器设备清洁标准	所有餐具、机器在每天下班后必须彻底拆开清洗、消毒；每隔一天擦洗一遍所有的不锈钢器材
员工洗手“六步”标准	第一步，用清水洗两遍；第二步，用麦当劳专用洗手液洗；第三步，放在较热的温水里洗；第四步，双手揉搓消毒液一分钟；第五步，将手放在烘干机下烘干，不得用纸或布擦；第六步，关水龙头，不要用手指而要用手肘

续表

指标标准	指标说明
洗手间卫生标准	1. 镜子清洁标准：①用喷瓶将玻璃清洁剂喷洒到镜子上；②用胶刮刮净水渍；③用干净的抹布擦拭 2. 小便池和抽水马桶清洁标准：①戴上手套；②用清洁的抹布擦拭小便池；③用清洁的抹布擦拭马桶的四周及顶部；④清洁废纸篓及地面 3. 洗手池清洁标准：用清洁的抹布将不锈钢水龙头、洗手池及周围擦干 4. 瓷砖及其他表面（地面、墙壁、通风口、门、围栏、烘手机等）清洁标准：①用干净的拖把清洁地面；②用干净的抹布擦拭墙壁及其他表面；③试用烘手机，看是否使用正常 5. 洗手液分配器和手纸架清洁标准：①确保洗手液分配器内有足够的洗手液；②手纸架上有足够的手纸 6. 除去异味清洁标准：①向小便池和抽水马桶的内侧喷洒消毒液；②倒空垃圾桶，然后喷洒消毒液

二、衡量实际绩效

企业经营活动中，偏差如能在产生之前被发现，就可指导管理者预先采取必要的措施以求避免。这种理想的控制和纠偏方式虽然有效，但其现实可行性不是很高。并非所有的管理人员都有卓越的远见，也并非所有的偏差都能在产生之前被预见，事实可能正好相反。在这种限制条件下，最满意的控制方式应是能在偏差产生以后迅速采取必要的纠偏行动。为此，要求管理者及时掌握能够反映偏差是否产生并能判定其严重程度的信息。用预定标准对实际工作成效和进度进行检查、衡量和比较，就是为了提供这类信息。

为了能够及时、正确地提供反映偏差的信息，同时又符合控制工作在其他方面的要求，管理者在衡量实际绩效的过程中应注意以下问题。

1. 通过衡量实际绩效，检验标准的客观性和有效性

衡量工作成效是以预定的标准为依据的，但利用预先制定的标准去检查各部门在各个阶段的工作，这本身也是对标准的客观性和有效性进行检验的过程。衡量检验标准的客观性和有效性，是要分析通过对标准执行情况的测量能否取得符合控制需要的信息。在为控制对象确定标准的时候，人们可能只考虑了一些次要的因素，或只重视了一些表面的因素，因此，利用既定的标准去检查员工的工作，有时并不能达到有效控制的目的。在衡量过程中对标准本身进行检验，就是指出能够反映被控制对象的本

质特征，从而选择最适宜的标准。

2. 确定适宜的衡量频度

控制过多或不足都会影响控制的有效性。这种“过多”或“不足”不仅体现在控制对象、衡量标准的数目选择上，而且表现在对同一标准的衡量次数或频度上。对影响各种结果的要素或活动过于频繁地进行衡量，不仅会增加控制的费用，而且可能引起有关人员的不满，从而影响他们的工作态度；而检查和衡量的次数过少，则可能使许多重大的偏差不能被及时发现，从而不能及时采取措施。以什么样的频度，在什么时候对某种活动的绩效进行衡量，这取决于被控制活动的性质。

3. 建立信息反馈系统

负有控制责任的管理人员只有及时掌握反映实际工作与预期工作绩效之间偏差的信息，才能迅速采取有效的纠正措施。然而，并不是所有衡量绩效的工作都是由主管直接进行的，有时需要借助专职的检测人员。因此，应该建立有效的信息反馈网络，使反映实际工作情况的信息能适时传递给适当的管理人员，使之能与预定标准相比较，及时发现问题。这个网络还应能及时将偏差信息传递给与被控制活动有关的部门和个人，以使他们及时知道自己的工作状况、出现问题的原因，以及需要怎样做才能更有效完成工作。建立这样的信息反馈系统，不仅更有利于保证预定计划的实施，而且能防止基层工作人员把衡量和控制视作上级检查工作、进行惩罚的手段，从而避免产生抵触情绪。

三、诊断纠正偏差

利用科学的方法，依据客观的标准，对工作绩效进行衡量，可以发现计划执行中出现的偏差。纠正偏差就是在此基础上，分析偏差产生的原因，制定并实施必要的纠正措施。这项工作使得控制过程得以完整，并将控制与管理的其他职能相互联结。通过纠偏，使组织计划得以遵循，使组织结构和人事安排得以调整。为了保证纠偏措施的针对性和有效性，需要注意以下问题。

1. 找出偏差产生的原因

并非所有的偏差都可能影响企业的最终成果。有些偏差可能反映了计划制订和执行工作中的严重问题，而另一些偏差则可能是一些偶然的、暂时的、区域性的因素引起的，从而不一定会对组织活动的最终结果产生重要影响。因此，在采取任何纠正措施之前，必须对反映偏差的信息进行评估和分析。第一，要判断偏差的严重程度，是否足以构成对组织活动效率的威胁，从而值得去分析原因，采取纠正措施。第二，要探寻导致偏差产生的主要原因。纠正偏差的措施是以偏差原因的分析为依据的，而同一偏差则可能由不同的原因造成，不同的原因需要采取不同的纠正措施。要通过评估反映偏差的信息和对影响因素的分析，透过表面现象找出造成偏差的深层原因；在众多的深层原因中找出最主要者，为纠偏措施的制定指导方向。

2. 确定纠偏措施的实施对象

需要纠正的不仅可能是企业的实际活动，也可能是组织这些活动的计划或衡量这些活动的标准。因此，首先要改变的是衡量这些工作的标准或指导工作的计划。预定计划或标准的调整是由两种原因决定的：一是原先的计划或标准制订得不科学，在执行中发现了问题；二是原来正确的标准和计划，由于客观环境发生了预料不到的变化，不再适应新形势的需要。负有控制责任的管理者应该认识到，外界环境发生变化以后，如果不对预先制订的计划和行动准则及时进行调整，那么，即使内部活动组织得非常完善，企业也不可能实现预定的目标。如果消费者的需求偏好转移，那么无论企业的产品质量再高，功能再完善，生产成本、价格再低，仍然不可能找到销路，不会给企业带来期望的利润。

3. 选择恰当的纠偏措施

针对产生偏差的主要原因，就可能制定改进工作或调整计划与标准的纠正方案。纠偏措施的选择和实施过程中需要注意以下问题。

首先，需要充分考虑原定计划实施的影响。由于对客观环境的认识能力提高，或者由于客观环境本身发生了重要变化而引起纠偏需要，可能会导致对原先计划与决策的局部甚至全局的否定，从而要求对企业活动的方向和内容进行重大的调整。

其次，需要消除员工对纠偏措施的疑虑。任何纠偏措施都会在不同程度上引起组织的结构、关系和活动的调整，从而会涉及某些组织成员的利益。不同的组织成员会因此对纠偏措施采取不同态度，所以控制人员要充分考虑到组织成员对纠偏措施的不同态度，特别是要注意消除执行者的疑虑，争取更多人的理解、赞同和支持，以避免在纠偏方案的实施过程中可能出现的人为障碍。

最后，需要将纠偏方案双重优化。纠正偏差，不仅在实施对象上可以进行选择，而且对同一对象的纠偏也可以采取多种不同的措施。所有这些措施，其实施条件和效果的经济性都要优于不采取任何行动使偏差任意发展可能给组织造成的损失。这是纠偏方案选择过程中的第一重优化。第二重优化是在此基础上，通过各种经济可行方案的比较，找出其中追加投入最少、解决偏差效果最好的方案来组织实施。

综上，确立控制标准、衡量实际绩效、诊断纠正偏差这三步是相互联系、相互制约的。没有标准就没有控制的依据；没有衡量成效、找出偏差，也就没有控制的对象；没有纠正偏差的措施，也就无法进行控制。

团队任务——设计企业某一部门某一工作环节的管理控制标准

1. 任务目标

通过团队高效协作，为企业的某一部门某一工作环节设计管理控制标准。

2. 任务要求

团队首先选择某一企业，设计针对企业中某一部门某一工作环节的有关控制重点、控制标准的访谈提纲或调查问卷，实地调研，结合企业的计划目标，分析企业某一部门某一工作环节的管理控制现状，根据部门和环节情况，选择控制重点，为企业某一部门某一工作环节制定管理控制标准。

3. 任务准备

知识准备：认真学习管理控制过程理论，尤其加强对确立控制标准的深入学习，掌握确定控制对象、选择控制标准、制定控制标准的知识内涵。

组织准备：组建团队，团队队长做好团队内的任务分工，以便高效合作完成项目任务。

4. 任务实施

步骤一：进行企业某一部门某一工作环节的有关控制重点、控制标准的访谈提纲及调查问卷设计。

步骤二：实地访谈并收集相应的佐证材料及图片。

步骤三：团队讨论确定企业某一部门某一工作环节的控制对象和控制重点。

步骤四：结合企业的计划目标，制定企业某一部门某一工作环节的管理控制标准并按时提交。

步骤五：团队之间分享交流。

步骤六：修改管理控制标准。

步骤七：任务反思及改进。

5. 任务记录

访谈记录

<table>
<tr><td>访谈时间</td><td></td><td>访谈地点</td><td></td></tr>
<tr><td>访谈方式</td><td></td><td>访谈人</td><td></td></tr>
<tr><td>被访谈人</td><td></td><td>被访谈人岗位</td><td></td></tr>
<tr><td colspan="4">访谈记录</td></tr>
<tr><td rowspan="6">访谈内容</td><td>访谈提纲（问题）</td><td colspan="2">访谈回复</td></tr>
<tr><td>1.</td><td colspan="2"></td></tr>
<tr><td>2.</td><td colspan="2"></td></tr>
<tr><td>3.</td><td colspan="2"></td></tr>
<tr><td>4.</td><td colspan="2"></td></tr>
<tr><td>5.</td><td colspan="2"></td></tr>
</table>

续表

<table>
<tr><td rowspan="6">访谈内容</td><td>访谈提纲（问题）</td><td>访谈回复</td></tr>
<tr><td>6.</td><td></td></tr>
<tr><td>7.</td><td></td></tr>
<tr><td>8.</td><td></td></tr>
<tr><td>9.</td><td></td></tr>
<tr><td>10.</td><td></td></tr>
<tr><td>发现的问题及优化（设计）思路</td><td colspan="2">发现的问题：________________
____
____
优化（设计）思路：________________
____
________________</td></tr>
</table>

访谈人（签字）：　　　　　　　　被访谈人（签字）：

6. 任务成果

____________公司____________部门____________岗位（环节）

管理控制标准

企业名称及主要业务内容	企业名称：______ 企业规模：______ 组织结构类型：______ 企业业务内容：______ ______ ______ ______ 企业发展理念：______ 企业发展战略及目标：______ ______ 部门（岗位）的职能：______ ______ 部门目标：______ 岗位职责：______ ______ ______ ______
岗位（环节）管理控制现状分析	该岗位（环节）是否有管理控制标准： □有　□无 该岗位（环节）是如何进行管理控制的？ ______ ______ ______ ______ 该岗位（环节）是如何衡量是否实现业绩目标的？ ______ ______ ______ 该岗位（环节）没有实现业绩目标是如何处理的？ ______ ______ ______

续表

岗位（环节）管理控制存在问题分析	分析存在的问题： 1. ____________________ ____________________ 2. ____________________ ____________________ 3. ____________________ ____________________

设计____________岗位（环节）管理控制标准

控制的重点	控制的指标	指标说明

如何衡量上述管理控制指标	

7. 任务反思

团队间分享交流后，管理控制标准表单修改要点为：________________________

____

本次任务反思：________________________________

____

8. 任务评价

评委 1	授课教师（签名）：	评分 1：	被考评小组	
评委 2	企业导师（签名）：	评分 2：	最终成绩	
评委 3	学生代表（签名）：	评分 3：	组长（签名）	
考评内容	团队任务考评标准			
考评标准	内容		分值（分）	得分（分）
	完成访谈提纲及调查问卷设计并作为任务附件按时提交		15	
	实地访谈、收集企业某一部门某一工作环节管理控制标准情况，并按要求提供佐证材料		20	
	完成访谈要点记录		10	
	完成团队内讨论并确定企业某一部门某一工作环节的控制对象和控制重点		10	
	结合企业的计划目标，制定企业某一部门某一工作环节的管理控制标准并按时提交		20	
	完成团队间分享交流		10	
	完成管理控制标准表单修改及任务反思		15	
合计			100	

注：以上为本次任务的评价标准（总分 100 分），供参考。要求至少三位评委（含授课教师、企业导师、学生代表）根据任务完成的质量给出分数，最后取平均分为团队的最终成绩评定。考评满分为 100 分，60~69 分为及格，70~79 分为中等，80~89 分为良好，90 分以上为优秀。

自我评价：________________________________

____

教师评价：________________________________

____

任务二　必利其器——选择控制方法

你如果无法度量它，就无法管理它。

——彼得·德鲁克

＊知识任务

1. 掌握结果导向型绩效控制方法。
2. 掌握行为导向型绩效控制方法。
3. 掌握综合导向型绩效控制方法。

＊技能任务

1. 为企业选择合适的绩效控制方法。
2. 具备优化/设计企业员工绩效控制表单的能力。
3. 能够熟练运用各种控制方法解决实际问题。

＊素质任务

1. 培养理论与实际相结合能力。
2. 培养闭环意识。
3. 培养大局观。

任务导入

从《西游记》看绩效考核控制

姑且把唐僧、孙悟空、猪八戒、沙僧组成的团队视为一个西天取经的公司。在这个公司中，唐僧负责制定战略目标，担任公司董事长；孙悟空是主要战略的执行者，是公司的CEO；猪八戒是中层管理人员；沙僧是普通职员。

在这个公司中，对于CEO的考核是非常必要的，因为他工作的好坏，直接影响到整个公司的发展。由于唐僧自己无法辨别妖怪，常常把化为人形的妖怪当成好人，这也就是说唐僧无法就孙悟空打妖怪的过程进行控制。起初唐僧在考核时，过分关注过程，而忽略结果，并且掺杂了过多的个人价值判断，这样考核的结果无法令人信服。在对考核结果的反馈上，唐僧一味以惩罚为主——念紧箍咒，孙悟空的辞职也就再正常不过了。这里就涉及一个过程的考核与结果的考核究竟以什么为导向的问题。对于高层来说，每个人都有不同的处理问题的方式，况且孙悟空的工作具有很大的不确定性，如果从过程来考核，难免会给孙悟空的工作带来很大的障碍。唐僧开公司的目的是到西天取得真经，唐僧的任务是明确取经的路线，制定大的战略，怎样达成战略是孙悟空的事。关注过程的考核，只会产生一些不必要的麻烦。比如后来的无底洞事件，由于唐僧坚持认为老鼠精变的女子是好人，从而否定孙悟空的判断，结果被老鼠精掳去，差点破坏了整个取经计划。既然把孙悟空聘用过来，就应该相信他的能力，考核只针对结果就可以了。如果唐僧对孙悟空还不完全放心，要做的应该是建立完善的激励体制，统一孙悟空与公司的目标，也就是唐僧应该就取经的愿景与孙悟空进行充分沟通，这样孙悟空会认识到公司经营的好坏与自己的利益有很大的关联度，这也就是为什么到后来取经时孙悟空更加努力了。

至于控制方面，唐僧有了紧箍咒已经足够了。这种控制实际应用得很少，但这给了孙悟空一定的心理暗示——如果他的行为不端可能会招致惩罚，这样的话，整个西天取经公司高层考核机制就比较完善了。

而对于猪八戒的考核，过程更为重要一点。他的工作主要是一些日常工作，他工作的成果比较难以量化，这时，过程的控制监督就非常必要了。而唐僧不具备这种监督的能力，于是对猪八戒的考核主要由孙悟空来执行，孙悟空通过一些不定期的抽查，来规范猪八戒的日常行为。对于猪八戒的考核关键还在于明确他的定位，对于他的评价应该针对给他交代的工作的完成情况，但是公司对猪八戒的定位模糊，没有确定的职位说明，这样猪八戒什么事情都干，因此在对他进行评价时，就很容易忽略其工作业绩，而对他的一些个人品质纠缠不清。

按照功劳来说，猪八戒大于沙僧，可最后沙僧的绩效奖比猪八戒大，而这是因为沙僧的个人品质比较好一点。但是，这种个人品质的好坏与工作业绩的好坏并没有必然的联系。个人品质是一个比较抽象的东西，通过考核去鉴别品质的好坏无疑具有相当大的难度，而且这种品质具有很大的欺骗性。考核的作用是提高公司的整体绩效，这是根本目的，当然这并不是说品质不重要，个人的道德与他所处的环境有很大的关系，也就是说企业文化对员工的个人行为规范起到一个引导的作用，而这并不是仅通过考核所能达到的。我们在考核时，一定要界定好考核与其他职能的分界线，套用一句老话："考核不是万能的，没有考核是万万不能的。"

知识准备

在管理实践中一般是通过运用多种控制方法来实现有效控制的。根据管理对象的不同，企业控制的重点有人员控制、财务控制、作业控制、信息控制、组织绩效控制等，相应的控制方法就有人员控制方法、作业控制方法、信息控制方法和组织绩效控制方法。本部分重点介绍组织绩效控制方法，具体包括结果导向型绩效控制方法、行为导向型绩效控制方法和综合导向型绩效控制方法。

一、结果导向型绩效控制方法

结果导向型绩效控制方法评估的依据是工作的绩效，即工作的结果，能否完成任务是第一要考虑的问题，也是评估的重点对象，主要包括平衡计分卡、目标管理法、关键绩效指标法等。

1. 平衡计分卡

平衡计分卡（Balanced Score Card，BSC）是从财务、客户、内部运营、学习与成长四个角度，将组织的战略落实为可操作的衡量指标和目标值的一种新型的、综合性的企业绩效评估方法。在平衡计分卡中，企业的战略处于核心位置，财务、客户、内部运营、学习与成长环绕四周，构成一个管理系统，如图 5-2 所示。

平衡计分卡的指标分为四个层面：财务、客户、内部运营、学习与成长。管理人员应根据企业实际情况从这四个层面分解成具体的衡量指标，见表 5-5。

表 5-5　　平衡计分卡的衡量指标示例

四个层面	衡量指标示例
财务	净资产收益率、资产负债率、投资回报率、销售利润率、账款周转率、存货周转率、成本降低率、营业净利额、现金流量净额等
客户	市场占有率、产品质量等级率、客户满意程度、产品交送货率、产品退货率、产品返修率、产品保修期限、产品维修天数等
内部运营	新产品开发能力、产品制造周期、产品设计水平、工艺改造能力、生产能力利用率、机器完好率、设备利用率、安全生产率、成品率、次品率、返工率、对产品故障反应速度等

续表

四个层面	衡量指标示例
学习与成长	员工满意程度、员工流动率、员工知识水平、员工培训次数、管理水平、培训支出、每个员工提出建议的数量、被采纳建议在总建议中所占的比重、被采纳建议所产生的效果、信息系统更新程度、环境保护状况等

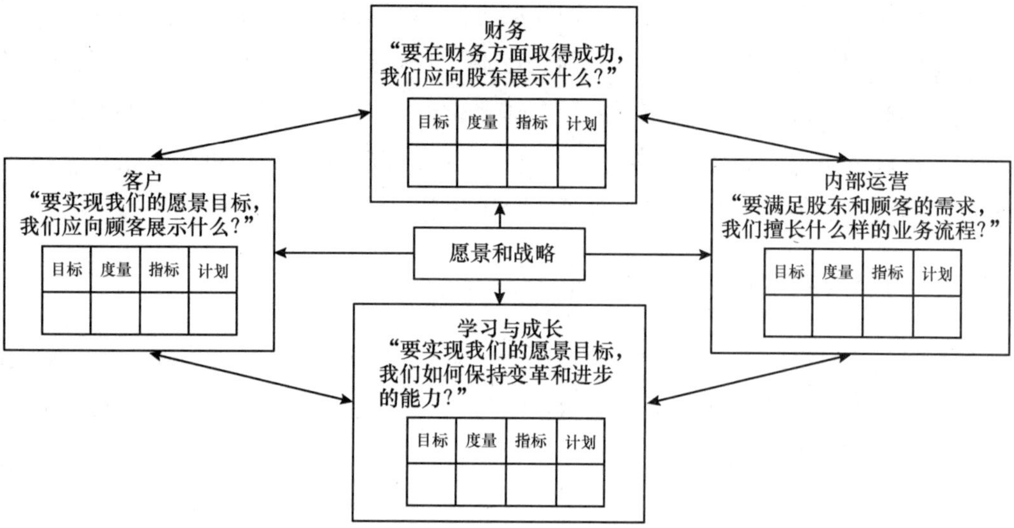

图 5-2　平衡计分卡控制图

平衡计分卡将战略目标和企业运营结合起来，形成一个闭环管理系统。整个系统的实施分为五个步骤，如图 5-3 所示。

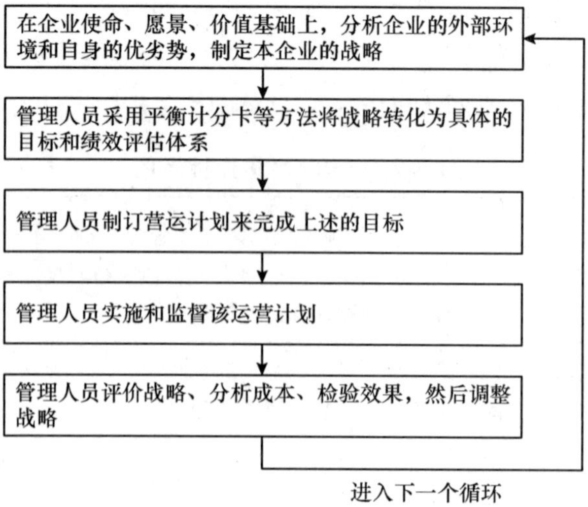

图 5-3　平衡计分卡实施步骤

管理小故事

万科公司平衡计分卡的应用

万科作为我国房地产业的领军企业，在制度和流程管理上拥有健全和成熟的企业系统，并善于不断创新，在企业内部形成了“忠实于制度”“忠实于流程”的价值观和企业文化。万科之所以能够取得如此成就，与其重视企业战略管理、积累管理能力有着重要的关系，特别是万科采用了平衡计分卡的方式提升企业管理，以完善的企业管理制度为基础，契合企业自身价值与理念，平稳持续地提升万科的管理能力。万科在结合战略规划的基础上，从企业财务、客户、内部运营、学习与成长四个层面全面绘制企业战略规划，实现目标客户的管理以及企业价值最大化。

万科的平衡计分卡衡量指标见表 5-6。

表 5-6　万科的平衡计分卡衡量指标表

四个层面	目标	衡量指标
财务	①注重股东，对股东负责；②明确战略能够创造的财务结果；③明确“财务差距”，解释所需变革的重要性；④构建经济模式，解释增值和回报的关键动力；⑤确定创造价值可以使用的经营绩效杠杆（增长/回报/生产率）	普通股回报率、每股收入、收入/全面资产、新产品或运营收入；收入/员工；利润/全面资产；新产品或运营利润；利润/员工；市场价值；净资产回报率；增值/员工；全面资产回报率；所用资本回报率；边际利润；缴纳金/收入或边际缴纳金；缴纳金/员工；现金流；股东权益/全面资产或偿付能力；投资回报率
客户	①确定市场或客户满意度目标；②明确公司的客户及客户/市场细分；③与财务目标联系（如增长和利润来源）；④确立每个细分市场的价值观点；⑤明确客户满意的驱动因素以建立竞争优势	客户数量；市场份额；年销售额/客户；回头生意；新客户数量/客户底数；保持客户数量；完成销售额/联系销售额；满意客户指数；客户忠诚指数；客户关系紧密程度（指数）；客户利润；不满意客户数量；营销支出/销售成本；品牌形象指数/品牌价值；客户关系平均维持时期；平均客户规模；客户等级；客户来访公司数目；从联系客户到完成销售的平均时间；服务支出/客户/年

续表

四个层面	目标	衡量指标
内部运营	①确定促进客户价值的内部流程价值链（如产品开发、赢得/保持客户、交货、客户服务等）；②将在“拓展机会”专题会议上重点提出的流程与能力相结合；③明确必须胜于对手的方面；④优先制定与内部流程最相关的一系列目标和指针	行政管理支出/总营业额；流程周期；业务流程效率；平均投产时间；投产时间，产品开发；投产时间，从订货到交货；投产时间，供货商；投产时间，生产；一般决策所需时间；库存周期；生产率提高；自动化程度；IT 能力/雇员数；流程质量（指数）；服务质量（指数）；生产率；产品环境影响；行政失误成本/管理营业额；按时交货；生产过程有害气体释放量
学习与成长	①明确今后如何才能持续提高和创造价值；②结合程序目标，针对各项核心程序目标，明确具体的学习与发展要求；③结合“探究可能性”这一部分中所明确的能力差距；④明确实施策略所必备的能力（技能与核心能力、知识资产与最佳操作方案、组织背景信息、氛围及文化、技术）	研发费用；研发费用/总体费用（%）；信息技术开发费用/信息技术费用（%）；时数，研发（%）；研发资源/全部资源（%）；培训投资/客户（数量）；调研投资；新产品辅助与培训投资；开发新市场投资；客户直接沟通/年（数量）；待发专利（数量）；公司专利平均年限（数量）；改进建议/员工（数量）；核心能力培养费用/员工；员工满意指数（数量）；营销费用/客户（美元）；员工意见（授权指数）（数量）；××岁以下员工所占比例（%）；非产品性费用/客户/年；新产品与基础产品之比（%）

2. 目标管理法

目标管理法（Management By Objectives，MBO）是最典型的结果导向型绩效评估法。目标管理法是由员工与主管共同协商制定个人绩效目标，个人目标依据企业的战略目标及相应的部门目标而确定，并与它们尽可能保持一致。该方法以可观察、可测量的工作结果作为衡量员工工作绩效的标准，以制定的目标作为对员工考评的依据，从而使员工个人的努力目标与组织目标保持一致，减少管理者将精力放到与组织目标无关的工作上的可能性。

目标管理的基本程序主要包括三个阶段：第一阶段为目标设置；第二阶段为实现目标过程的管理；第三阶段为测定与评价所取得的成果。其具体步骤、原则、管理要点如图 5-4 所示。

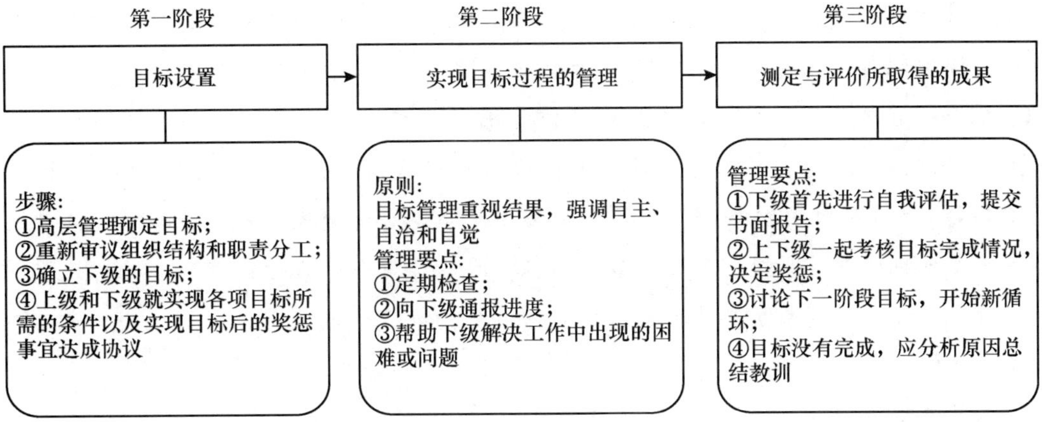

图 5-4　目标管理法的基本程序

管理小案例

华为公司的目标管理

一、先有目标再工作

华为总裁任正非提出“先瞄准目标，再开枪”，而不是“先干起来再说”。“华为工作法”中，对于目标管理有很详细的分解。员工必须得清楚五个要点：How（怎样做）、How much（做多少）、When（什么时候做）、Where（在哪儿做）、Why（为什么做）。公司在培训员工的时候，会让每一名员工在开始工作之前必须弄清楚这五件事。明白这五个要点，才是员工做好工作的前提，这样才能引导员工正确地去做工作。

二、目标要切实可行

任正非提出：“任何目标都必须是可执行的，任何缺乏执行性或者无法达到的目标，都毫无用处。”华为公司在进行目标管理即为员工在制定目标之前，总是会先进行一番调查，同时做好可行性研究，了解目标工作的难度，了解目标是否能够完成。因此，在华为内部，很少会有人提出一些不切实际的计划，公司也绝对不赞成、不鼓励员工提出此类计划，在他们看来，目标不是越大越好，一旦遥不可及，就会变成负担。

三、目标要明确、要量化

华为员工都有明确而可执行的工作目标，都明白各自的工作任务。在执行目标时，他们会根据具体的工作过程，按照基本的流程设定相对独立的工作步骤或者工作单元，指定三个量化指标：时量、数量、质量。比如，对于产品的数量、检查次数等直接可量化的目标，完全可以从数量角度去衡量，而无法直接量化的指标可以从质量、时量的角度去考虑。比如，人员投诉率、服务及时性可以反映出员工对于职能部门的满意程度，文件的通过率可以反映出文件起草的好坏程度。上述三个量化指标，既是布置工作的要求，也是衡量工作效果的指标。它们贯穿于整个工作的全过程，有了这三个指标，员工才能确保工作执行到位。比如，华为在进行考勤统计时，他们会要求“3 小时内完成 15 000 人的考勤统计，形成考勤表并及时上报行政主管”。在这个工作目标中，就包含了三个量化指标：时量是 3 个小时，数量是 15 000 人的考勤统计，质量是形成考勤表并上报行政主管。任何一个量的未完成或者缺失，都会影响目标的实现。

四、目标要一步一个脚印

华为的发展有迹可循，而且一直以来都在循序渐进，它的扩张绝对不是一两天内就完成的，它所有的目标也不是一两天内实现的。这种逐步扩张壮大的方式在日常工作中也得以体现出来，华为的每个员工平时都严格按照“制定目标—执行—完成目标—制定新目标”的方式进行工作。

以华为市场部员工为例，市场销售人员通常会接到任务，要求第一年完成多少销售额，紧接着第二年会增加多少，第三年接着增加更多，而到了第五年要确保市场份额占到了多少，第十年的市场份额又增加多少，这些都会纳入工作计划，成为工作的核心。此外，在华为的会议上，无论是领导还是员工都会提出短期计划和中期计划，这些计划通常都是相对稳健的。每个人都知道自己在短期内应该做什么，接下来应该做什么，以此来推进自己的工作。

华为通常会制订五年计划和十年计划，而对于部门以及团队内部之间，目标与计划则控制在两三年以内，因为短期目标和短期计划的存在能够有效保证管理者以及工作者不会冒进。

华为的员工常常将公司的发展比作长跑马拉松，一般的跑步者在跑步过程中很容易因为路程太远而放弃，如果跑步者能够将目的地进行切割和分化，将路程中的大树、房子、河流等作为标志，那么每当跑步者通过一个标志时，就会产生一种实现目标的成就感，这会带来更多的动力。因此，低着头硬撑的人往往难以坚持到最后，而沿途上做好标记并随时进行观察的人，则能够更好地完成长跑计划。

3. 关键绩效指标法

关键绩效指标法（Key Performance Indicator，KPI）是把对绩效的评估简化为对几个关键指标的考核，将关键指标当作评估标准，把员工的绩效与关键指标进行比较的评估方法，在一定程度上可以说是目标管理法与帕累托定律的有效结合。

关键绩效指标法的实施程序如图 5-5 所示。

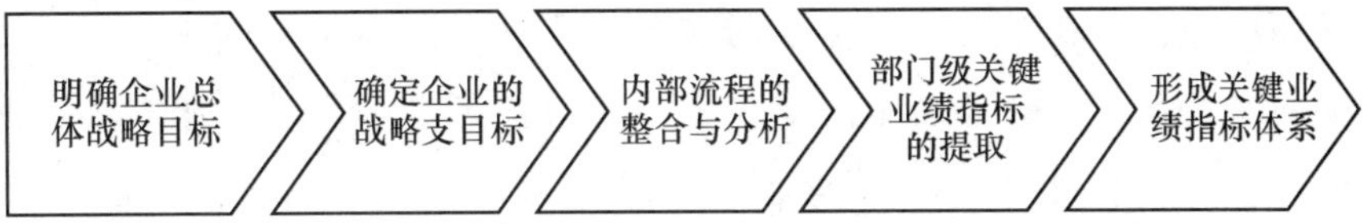

图 5-5 关键绩效指标法的实施程序

管理小案例

海底捞在 KPI 实践中走过的一些弯路

海底捞在 KPI 绩效实践中走了一些弯路，主要表现在以下几点。

一、事与愿违的 KPI 指标

1. 对服务员考核“点台率”

海底捞曾经将“点台率”作为考核服务员的关键指标。根据该指标，客人来店就餐时，点哪个服务员的次数越多，就代表客人的满意度越高，从而那个被点名服务的服务员的奖金也就越高。这听上去挺合理，但是结果事与愿违。很多服务员为了赢得更高的“点台率”，不惜利用手中的赠品权给客人免费赠送黄豆、豆浆、小菜等各种食品，而且服务员之间相互攀比，看谁给客人送的东西多。结果可想而知，以“点台率”为指标的客观绩效考核导致服务员之间产生恶性竞争，服务员的“点台率”上去了，奖金也多了，但是整个分店的成本也上去了，利润率也因此下来了。

2. 对分店考核“利润”

由于海底捞的管理模式是总部控制了选址、装修、菜式、定价和工资等大项，分店为了提高利润，就只能拼命在小项支出上节约成本，结果导致该换的扫把没有换，该送的西瓜没有送，给客户提供的毛巾也没有及时更新。为了短期利润考核指标，导致分店变相降低服务质量，短期利润是上去了，但长期来看减少了客人，实际上是“捡了芝麻，丢了西瓜”。

3. 对分店考核“翻台率”

为了提高客户的满意度，海底捞曾经对分店考核“翻台率”。翻台率越高，证明客户满意度越高。可是这样一来，分店为了追求“翻台率”，又闹出了一些麻烦。海底捞生意火爆，不预订肯定没有位置，但是预订了的客人晚到了几分钟，结果发现还是没位子。因为预订客人晚到，意味着空台，翻台率就会下降，这时候分店就会把预订好的位子让给别的客人，结果就造成客户满意度的下降。

二、啼笑皆非的 KPI 指标

为了提高服务员的服务质量，海底捞曾经在考核服务员时设置了非常细化的 KPI 指标。比如，客人杯子里的水不能低于多少，客人戴眼镜一定要给眼镜布，客人的手机一定要拿套装上，否则就扣分。

可是一到考核，却演变成只要来一个客人，服务员就送眼镜布；客户说豆浆我不喝了，不用加了，不行，必须给你加上；最好笑的是手机套，有的客人说不用，服务员说我给你套上吧，客人说真不用，结果服务员会趁客人不注意的时候，把手机抓过去给套上。

三、难以落地的 KPI 指标

海底捞在给员工提供住宿方面有一个 KPI 指标：员工从餐厅到宿舍步行不能超过 20 分钟。因为员工下班很晚，如果走得远的话就太累了。我们都知道，餐厅一般都设在繁华地段，离繁华地段步行 20 分钟以内的地方都是很贵的小区，而海底捞依然坚持在高档小区给员工租房子。网上很多文章对于海底捞这个指标的设置都是一片赞誉，认为是对员工关怀的管理典范。但是从绩效考核角度来讲，这实在是很奇怪的一项 KPI 指标。繁华闹市区的房子房租高暂且不谈，更为突出的矛盾往往是一房难求，海底捞一家分店这么多员工，哪里能找到这么多房源呢？这项指标真的是看上去很美，实则很难落地。

四、走向极端的绩效考核

正因为海底捞在 KPI 指标设置上走过这么多的弯路，因此海底捞董事长张勇干脆去掉了所有客观量化的绩效考核指标，走向了极端。它主要选取三个主观评价指标：顾客满意度、员工积极性和干部培养数量。对顾客满意度的考核方式，是派小区经理去分店巡查，询问店长关于客人的满意情况；对员工积极性的考核方式，是以上司评价为主，以抽查和派遣“神秘访客”为辅；对干部培养数量的考核方式，是看管理者培养了多少个分店店长和一级店店长。而上述所有的考核，全都是上级的主观评价。这种完全主观的绩效评价，非常容易引起争议，会为企业带来大量的管理成本。

通过海底捞在 KPI 绩效考核实践中走过的一些弯路，我们可以看到，企业在设置 KPI 绩效指标时有以下几点值得重视。

1. 指标不能太过单一，既要有客观量化的，也要有主观定性的。只有这些 KPI 指标结合工作岗位合理设置，科学分配权重，彼此配合，才能发挥真正的作用。

2. 指标设置要合理，让员工或部门承担超出其职责和权限范围的指标会让他们觉得不公平，这就要求管理者找出能真正起作用、能落地执行的指标。

三种结果导向型绩效控制方法的优缺点见表 5-7。

表 5-7　　结果导向型绩效控制方法比较

控制方法	优点	缺点
平衡计分卡（BSC）	以公司竞争战略为出发点，进行全面动态的评估，能有效防止次优化行为	对信息系统的灵敏性要求高，对企业管理基础的要求高
目标管理法（MBO）	能够通过目标调动起员工积极性，促使其千方百计地改进工作效率；有利于在不同情况下控制员工的方向；员工相对比较自由，可以合理安排自己的计划和应用自己的工作方法	目标在设定时可能有一定的困难，目标必须具有激发性和实现的可能性；对员工的行为在某种程度上缺少一定的评价
关键绩效指标法（KPI）	标准比较鲜明，易于进行评估	对简单的工作制定标准难度较大；缺乏一定的定量性；绩效指标只是一些关键的指标，对于其他内容缺少一定的评估

二、行为导向型绩效控制方法

与结果导向型绩效控制方法不同的是，行为导向型绩效控制方法是以工作中的行为作为主要绩效控制的依据，也就是说控制的对象主要是行为，主要包括关键事件法、行为观察法、行为锚定评价法等。

1. 关键事件法

关键事件法（Critical Incident Method，CIM）又称为重要事件法，是管理人员将员工工作过程中的关键事件加以记录，在收集大量信息之后，对工作岗位的特征和要求进行分析研究，对员工绩效进行考核的方法。这里的关键事件是指在工作过程中给员工造成显著影响的事件，通常关键事件对工作的结果有决定性的影响，关键事件基本决定了工作的成功与失败、盈利与亏损、高效与低效。关键事件法的实施步骤见表 5-8。

表 5-8　　关键事件法的实施步骤

实施步骤	具体内容
1. 识别岗位关键事件	（1）收集岗位的职务行为 （2）识别工作成败的关键性事件 （3）总结工作岗位主要特征、具体控制要求
2. 观察记录信息和资料	（1）导致该关键事件发生的前提条件是什么 （2）导致该事件发生的直接和间接原因是什么 （3）关键事件的发生过程和背景是什么 （4）员工在关键事件中的行为表现是什么 （5）关键事件发生后的结果如何 （6）员工控制和把握关键事件的能力如何
3. 对员工工作表现进行评价	以事实为依据，给予“优秀、一般、不及格”等评价

2. 行为观察法

行为观察法（Observational Survey，OS）也称为观察评价法或行为观察量表法。这种方法不是首先确定工作行为处于何种水平上，而是确认员工某种行为出现的概率，它要求管理者根据某一工作行为发生频率或次数的多少来对被考评者打分，将工作中每一种行为的评定分数相加得到总分，作为不同员工之间进行比较的依据。

3. 行为锚定评价法

行为锚定评价法（Behaviorally Anchored Rating Scale，BARS）也称为行为定位法、行为决定性等级量表法或行为定位等级法。这种方法是关键事件法的进一步拓展和应用。它将关键事件和等级评价有效结合在一起，侧重于具体可衡量的工作行为，通过数值给各项评估项目打分，只不过评分项目是某个职务的具体行为事例，也就是对每一项职务指标制作出评分量表，量表分段是实际的行为事例，然后给出等级对应行为，将工作中的行为与指标对比并作出评估。它主要针对的是那些明确的、可观察到的、可测量到的工作行为。

管理小故事

某销售营业部经理绩效考评表示例

	9	能全权领导一个全天办公的销售营业部，并能把其中两名新员工培养成本部门的优秀人员
充分信任销售人员，并把很多重要工作交给他们，使他们具有很强的责任心	8	
	7	能够胜任培训销售人员的工作任务，满足每期培训计划和培训大纲的要求
能够听取销售人员所提出的意见和合理化建议	6	
	5	能够及时提醒销售人员热情接待客户，认真遵守工作纪律，在店内不交头接耳、闲谈
根据销售部的实际情况，能够制定并修订本部门严格的规章制度（在可能引起不满的情况下）	4	
	3	不论下属个人情况如何，都要求下属能够坚守岗位，甚至是在其身体不适或有私事要处理的时候
能够收回对某人某事的承诺，如某下属事先曾被告知，如果其对现在的工作岗位不满意就可以调回原岗位的承诺	2	
	1	能够在可能违背公司薪酬制度的情况下，根据本部门销售情况，确定员工的薪资水平

三种行为导向型绩效控制方法的优缺点见表 5-9。

表 5-9　　行为导向型绩效控制方法比较

控制方法	优点	缺点
关键事件法（CIM）	针对性比较强，对评估优秀和劣等表现十分有效	对关键事件的把握和分析可能存在某些偏差
行为观察法（OS）	能够有一个比较有效的行为标准，可以帮助被考评者建立工作岗位指导书	观察到的工作行为可能带有一定的主观性
行为锚定评价法（BARS）	评估指标有较强独立性，评估尺度较精确；对具体的行为进行评估，准确性高一些	评估对象一般是从事具体工作的员工，对其他工作适用性较差；另外，一个员工的行为可能出现在量表的顶部或底部，科学设计量表有助于避免这种情况，但实际中难免出现类似情况

三、综合导向型绩效控制方法

综合导向型绩效控制方法考虑的角度比较全面，是综合考虑个体品质的特征性、行为性和结果性的绩效指标，主要包括图尺度评价法、360 度绩效评估法等。

1. 图尺度评价法

图尺度评价法（Graphic Rating Scale，GRS），也称为业绩评价法。该方法是一种出现得比较早且常用的方法，它是利用规定的绩效因素（如完成工作的质量、数量等）对工作进行评估，把工作的业绩与规定表中的因素进行逐一对比打分，然后得出工作业绩的最终结果。

图尺度评价法的实施步骤见表 5-10。

表 5-10　图尺度评价法的实施步骤

实施步骤	步骤要点
1. 选择评价要素	根据岗位工作的性质和特点，选择与绩效有关的若干评价要素 个体方面的因素：判断能力、适应能力、积极性等 与工作成果有关的因素：工作质量、工作数量等 与行为有关的因素：合作程度、工作态度等
2. 确定考评项目（指标）	以评价因素为基础，确定出具体的考评项目（指标）
3. 划分考评项目等级	每个项目分成 5~9 个等级，用文字或数字表示，如最优、良好、一般、较差、极差或 1、2、3、4、5，并对各个等级尺度的含义作出具体说明
4. 形成考评量表及应用	在应用过程中，考评者根据对被考评者工作的观察和了解，只需在量表的每个项目等级评估的尺度上做记号，待全部项目考评完成后，将各个项目所得的分数相加，即可得到考评的总结果

2. 360 度绩效评估法

360 度绩效评估法又称为全视角考评方法，是由被考评者的上级、同级、下级、客户（包括内部客户、外部客户）以及被考评者本人担任考评者，从多个角度对被考评者进行 360 度的全方位评价，再通过反馈程序，达到改变行为、提高绩效等目的的考评方法，如图 5-6 所示。

360 度绩效评估法的实施步骤包括考评项目设计、培训考评者、实施 360 度考评、反馈面谈、效果评价，其具体内容见表 5-11。

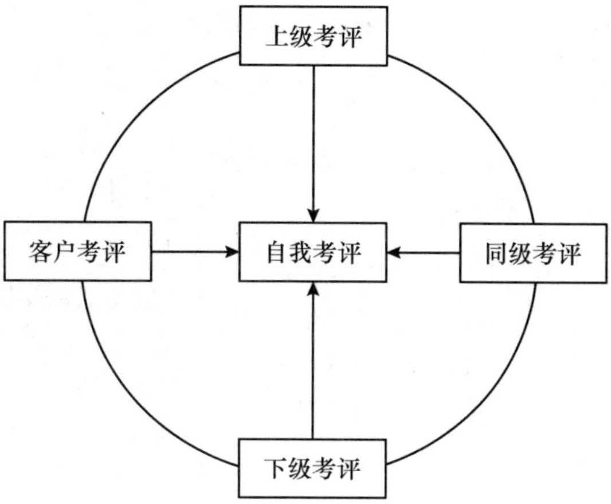

图 5-6　360 度绩效评估法图示

表 5-11　　360 度绩效评估法实施步骤

实施步骤	具体内容
1. 考评项目设计	（1）需求分析和可行性分析，决定是否采用 360 度绩效评估法
	（2）编制基于岗位胜任特征模型的考评问卷
2. 培训考评者	（1）组建 360 度考评队伍
	（2）对选拔出的考评者进行沟通技巧、考评实施技巧、总结考评结果的方法、反馈考评结果的方法等培训
3. 实施 360 度考评	（1）实施考评，并对具体实施过程进行监控和质量管理
	（2）统计考评信息并报告结果
	（3）对被考评者进行如何接受他人考评信息的培训，提高其对考评目的和方法可靠性的认同度
	（4）企业管理部门应针对考评结果所反映出来的问题，制订改善绩效的行动计划
4. 反馈面谈	（1）确定进行面谈的成员和对象
	（2）有效进行反馈面谈，及时反馈考评的结果，帮助被考评者改进工作，提高绩效
5. 效果评价	（1）验证评价结果的准确性，确认执行过程的安全性
	（2）评价应用效果
	（3）总结考评过程中的经验和不足，完善考评系统

三种综合导向型绩效控制方法的优缺点见表 5-12。

表 5-12　　综合导向型绩效控制方法比较

控制方法	优点	缺点
图尺度评价法（GRS）	可以作定量比较，评估标准比较明确，便于得出评价结果	标准的确定性问题，需要有对工作相当了解的评定表制定者；评估者可能带有一定的主观性，不能如实评估
360 度绩效评估法	比较全面地进行评估，易于作出比较公正的评价，同时通过反馈可以提高工作能力，也有利于团队建设和沟通	因为是来自各方面的评估，所以工作量比较大；也可能存在非正式组织，影响评价的公正性；还需要员工有一定的知识，能够参与评估

团队任务——优化/设计企业不同员工绩效控制表单

1. 任务目标

通过团队高效协作，优化/设计企业领导、部门主管、普通员工的绩效考核控制表单。

2. 任务要求

团队首先选择某一企业，设计针对企业领导、部门主管、普通员工有关绩效控制方法的访谈提纲及调查问卷，实地或网络访谈，分析企业不同人员的绩效控制现状，确定适合的绩效控制方法，优化/设计企业领导、部门主管、普通员工的绩效考核控制表单。

3. 任务准备

知识准备：认真学习结果导向型、行为导向型、综合导向型绩效控制方法，掌握不同绩效控制方法的特点、实施步骤，对比不同方法的优缺点，掌握不同方法的适用条件。

组织准备：组建团队，团队队长做好团队内的任务分工，以便高效合作完成项目任务。

4. 任务实施

步骤一：进行企业领导、部门主管、普通员工有关绩效控制方法的访谈提纲或调查问卷设计。

步骤二：实地或网络进行访谈并收集相应的佐证材料及图片。

步骤三：团队讨论确定企业适合的绩效控制方法。

步骤四：优化/设计企业领导、部门主管、普通员工的绩效考核控制表并按时提交。

步骤五：团队之间分享交流。

步骤六：修改绩效考核控制表。

步骤七：任务反思及改进。

5. 任务记录

访谈记录

<table>
<tr><td>访谈时间</td><td></td><td>访谈地点</td><td></td></tr>
<tr><td>访谈方式</td><td></td><td>访谈人</td><td></td></tr>
<tr><td>被访谈人</td><td></td><td>被访谈人岗位</td><td></td></tr>
<tr><td colspan="4">访谈记录</td></tr>
<tr><td rowspan="5">访谈内容</td><td>访谈问题</td><td colspan="2">访谈回复</td></tr>
<tr><td>1.</td><td colspan="2"></td></tr>
<tr><td>2.</td><td colspan="2"></td></tr>
<tr><td>3.</td><td colspan="2"></td></tr>
<tr><td>4.</td><td colspan="2"></td></tr>
</table>

续表

<table>
<tr><td rowspan="7">访谈内容</td><td>访谈问题</td><td>访谈回复</td></tr>
<tr><td>5.</td><td></td></tr>
<tr><td>6.</td><td></td></tr>
<tr><td>7.</td><td></td></tr>
<tr><td>8.</td><td></td></tr>
<tr><td>9.</td><td></td></tr>
<tr><td>10.</td><td></td></tr>
<tr><td>发现的问题及优化（设计）思路</td><td colspan="2">发现的问题：________________
____
____
优化（设计）思路：________________
____
________________</td></tr>
</table>

访谈人（签字）：　　　　　　被访谈人（签字）：

6. 任务成果

企业高层领导的绩效控制表单

<table>
<tr><td>企业名称及主要业务内容</td><td colspan="4">企业名称：______
企业规模：______
组织结构类型：______
主要业务内容：______
______
______
______
企业发展理念：______
企业发展战略及目标：______
______
该领导负责业务内容：______
______</td></tr>
<tr><td>选择绩效控制方法</td><td colspan="4">请在你的绩效控制方法上打钩，若无选项，请具体说明：
1. □结果导向型 □行为导向型 □综合导向型
2. □BSC □MBO □KPI
□CIM □OS □BARS
□GRS □360 度 □其他______</td></tr>
<tr><td>选择该绩效控制方法的原因</td><td colspan="4"></td></tr>
<tr><td colspan="5">选择绩效控制的要素和指标</td></tr>
<tr><td>绩效控制要素</td><td>绩效控制指标</td><td>指标说明</td><td>权重</td><td>等级标准</td></tr>
<tr><td></td><td></td><td></td><td></td><td></td></tr>
<tr><td></td><td></td><td></td><td></td><td></td></tr>
<tr><td></td><td></td><td></td><td></td><td></td></tr>
<tr><td></td><td></td><td></td><td></td><td></td></tr>
<tr><td></td><td></td><td></td><td></td><td></td></tr>
<tr><td>绩效控制实施步骤说明</td><td colspan="4"></td></tr>
</table>

企业部门管理人员的绩效控制表单

<table>
<tr><td>部门名称及部门职责</td><td colspan="4">部门名称：____________
部门职责：____________
____
____
____
部门目标：____________</td></tr>
<tr><td>选择绩效控制方法</td><td colspan="4">请在你的绩效控制方法上打钩，若无选项，请具体说明：
1. □结果导向型　□行为导向型　□综合导向型
2. □BSC　□MBO　□KPI
□CIM　□OS　□BARS
□GRS　□360 度　□其他____________</td></tr>
<tr><td>选择该绩效控制方法的原因</td><td colspan="4"></td></tr>
<tr><td colspan="5">选择绩效控制的要素和指标</td></tr>
<tr><td>绩效控制要素</td><td>绩效控制指标</td><td>指标说明</td><td>权重</td><td>等级标准</td></tr>
<tr><td></td><td></td><td></td><td></td><td></td></tr>
<tr><td></td><td></td><td></td><td></td><td></td></tr>
<tr><td></td><td></td><td></td><td></td><td></td></tr>
<tr><td></td><td></td><td></td><td></td><td></td></tr>
<tr><td></td><td></td><td></td><td></td><td></td></tr>
<tr><td></td><td></td><td></td><td></td><td></td></tr>
<tr><td>绩效控制实施步骤说明</td><td colspan="4"></td></tr>
</table>

企业普通员工的绩效控制表单

岗位名称及职责	岗位名称：________________ 岗位职责：________________ ________________ ________________ ________________ ________________
选择绩效控制方法	请在你的绩效控制方法上打钩，若无选项，请具体说明： 1. □结果导向型　□行为导向型　□综合导向型 2. □BSC　□MBO　□KPI □CIM　□OS　□BARS □GRS　□360 度　□其他________
选择该绩效控制方法的原因	

选择绩效控制的要素和指标

绩效控制要素	绩效控制指标	指标说明	权重	等级标准

绩效控制实施步骤说明	

7. 任务反思

团队间分享交流后，表单修改要点为：____

____

本次任务反思：____

____

8. 任务评价

<table>
<tr><td>评委 1</td><td>授课教师（签名）：</td><td>评分 1：</td><td>被考评小组</td><td></td></tr>
<tr><td>评委 2</td><td>企业导师（签名）：</td><td>评分 2：</td><td>最终成绩</td><td></td></tr>
<tr><td>评委 3</td><td>学生代表（签名）：</td><td>评分 3：</td><td>组长（签名）</td><td></td></tr>
<tr><td>考评内容</td><td colspan="4">团队任务考评标准</td></tr>
<tr><td rowspan="8">考评标准</td><td colspan="2">内容</td><td>分值（分）</td><td>得分（分）</td></tr>
<tr><td colspan="2">完成访谈提纲及调查问卷设计并作为任务附件按时提交</td><td>15</td><td></td></tr>
<tr><td colspan="2">实地或网络访谈企业领导、部门主管、普通员工不少于 5 人并按要求提供佐证材料</td><td>20</td><td></td></tr>
<tr><td colspan="2">完成访谈要点记录</td><td>10</td><td></td></tr>
<tr><td colspan="2">完成团队内讨论并确定企业不同人员适合的绩效控制方法</td><td>10</td><td></td></tr>
<tr><td colspan="2">优化/设计企业领导、部门主管、普通员工的绩效考核控制表并按时提交</td><td>20</td><td></td></tr>
<tr><td colspan="2">完成团队间分享交流</td><td>10</td><td></td></tr>
<tr><td colspan="2">完成任务表单修改及任务反思</td><td>15</td><td></td></tr>
<tr><td>合计</td><td colspan="2"></td><td>100</td><td></td></tr>
</table>

注：以上为本次任务的评价标准（总分 100 分），供参考。要求至少三位评委（含授课教师、企业导师、学生代表）根据任务完成的质量给出分数，最后取平均分为团队的最终成绩评定。考评满分为 100 分，60~69 分为及格，70~79 分为中等，80~89 分为良好，90 分以上为优秀。

自我评价：____

____

教师评价：____

____

同步训练题

一、填空题

1. 管理控制过程包括三个步骤，分别是__________、__________、__________。

2. 平衡计分卡法是从__________、__________、__________、__________四个角度，将组织的战略落实为可操作的衡量指标和目标值的一种新型的、综合性的企业绩效评估方法。

3. ________________________是最典型的结果导向型绩效评估法，由员工与主管共同协商制定个人绩效目标，个人目标依据企业的战略目标及相应的部门目标而确定，并与它们尽可能保持一致。

4. ________________________是管理人员将员工工作过程中的关键事件加以记录，在收集大量信息之后，对工作岗位的特征和要求进行分析研究，对员工绩效进行考核的方法。

5. 360 度绩效评估法是由__________、__________、__________、__________以及__________担任考评者，从多个角度对被考评者进行 360 度的全方位评价，再通过反馈程序，达到改变行为、提高绩效等目的的考评方法。

二、判断题

1. 一般来说，标准必须从计划中产生，计划必须先于控制。 （　　）

2. 关键绩效指标法的优点是标准比较鲜明，易于进行评估。 （　　）

3. 企业必须对所有成员的所有活动进行控制。 （　　）

4. 行为锚定评价法主要针对的是那些明确的、可观察到的、可测量到的工作行为。 （　　）

5. 反馈控制最大的缺点是，在管理者实施纠偏措施之前，偏差已经产生，损失已经造成，对工作没有任何意义，所以我们没有必要进行反馈控制。 （　　）

三、选择题

1. 控制工作得以开展的前提条件是（　　）。

A. 建立控制标准　　B. 分析偏差原因

C. 采取纠正措施　　D. 明确问题属性

2. 商场经理为了提高商场的服务质量，聘请有关专家到售货现场对销售人员的售货进行指导。这是一种（　　）。

A. 同期控制　　B. 预先控制　　C. 反馈控制　　D. 前馈控制

3. （多选）关于控制频度，说法正确的有（　　）。

A. 过于频繁的衡量会增加控制的费用

B. 检查和衡量的次数过少，则可能使许多重大的偏差不能被及时发现

C. 以什么样的频度、在什么时候对某种活动的绩效进行衡量，这取决于被控制活动的性质

D. 管理人员可以在他们方便的时候，而不是在工作绩效“仍在控制中”时进行衡量

4. （多选）控制工作的重要内容包括（　　）。

A. 确立标准　　B. 制订计划　　C. 衡量绩效　　D. 纠正偏差

5. （多选）控制的含义包括（　　）。

A. 控制是一个过程　　B. 控制是通过监督和纠偏来实现的

C. 控制的目的是保证组织实现目标　　D. 控制是五项管理职能的关键

四、论述题

管理大师德鲁克指出：“绝不应该对微不足道的事去衡量。人们如果浪费时间在检查无关紧要的工作成绩和成果上，就不能达到控制的目的。”请你根据控制的有关原理来理解这段话的含义，并结合实际情况论述如何实现控制的目的。

五、资料分析题

麦当劳：有效实施管理控制

1955 年，克洛克在美国开办了第一家麦当劳快餐店，然后迅速发展，在每个州都建立了连锁店，并于 1967 年在加拿大开办了首家国外分店。至 1983 年，麦当劳在美国国内的分店已超过 6 000 多家，并将业务拓展到了全世界 40 多个国家，在全球范围内广受欢迎。麦当劳可以说形成了自己的快餐文化，每天都有 1800 多万人光顾麦当劳快餐店。

其实，麦当劳菜单上的品种并不多，都是一些美国人常吃的“汉堡包”“炸薯条”之类的食品，并无什么特别之处，而且几十年一贯制，在品种上几乎没有什么改变和创新。那么，是什么吸引人们趋之若鹜、百食不厌呢？说起来很简单，人们爱吃快餐，图的就是其快捷方便、价格低廉、新鲜可口、清洁卫生的特点，而麦当劳公司正是以几十年一贯的优质服务，赢得了大众的喜爱。

在快餐业中，保证产品质量和服务水平是成功的关键。道理虽然简单，但其管理和控制的难度是很大的，尤其是像麦当劳这样的大型连锁店，在世界各地拥有上万家分店，要保证始终如一的优质产品和服务，其管理和控制的难度可想而知。因此，麦

当劳公司在采取连锁经营这种方式实现规模扩张的同时，非常注重对各连锁店的管理和控制工作，制定了一整套周密、完善的管理办法，强调从原料的生产到加工、烹制程序及售卖乃至厨房布置一条龙的标准化严格管理，使麦当劳的顾客无论在世界各地的哪一家分店，享受的产品和服务都是没有差别的。

麦当劳公司通过授予经营特许权的方式来开辟连锁店，目的是采用这种激励机制，使分店经理人员成为麦当劳的合伙人，分享其经营利润，从而把工作干得更为出色。这种制度在无形中对其扩展的业务产生了约束和控制的作用。

麦当劳公司在出售其经营特许权时非常慎重，总是通过充分的调查和了解，选择恰当的人选，对已获得特许权的经理人员，一旦发现不符合要求，就当机立断，撤销授权。法国的一家麦当劳分店，就因为在快速服务和卫生方面不符合标准，尽管盈利丰厚，还是被撤销了经营权。麦当劳公司认为，如果不采取这样严格的控制，一家分店产生的不良影响会影响其他分店的生意，从而损害整个公司的声誉。

麦当劳公司花费大量的时间和精力，对快餐店的日常工作，如制作汉堡包、炸薯条、清理餐桌等进行了细致的工作分析和研究，找出了各项工作的最佳操作方式，编制成详尽的程序规则和质量控制标准，要求世界各地的麦当劳经营者和员工都严格按照这些规程，进行标准化、规范化的作业。为确保这些规章制度都能得以准确理解和执行，公司还开办专门的培训中心——汉堡包大学，所有的经营者都要在这里接受为期一个月的培训，然后再对所有工作人员开展培训工作。

为保证每项规章制度都能严格地贯彻执行，麦当劳公司总部的管理人员经常对世界各地的分店进行巡回检查、监督和控制，一旦发现问题，立即解决；另外麦当劳公司还要求各分店及时向总部上报有关成本、利润方面的信息，以便及时掌握各分店的经营状况和出现的问题，并长期对各分店的经营业绩进行考评。

麦当劳公司还非常注重营造独特的文化，他们提出了“质量超群、服务优良、清洁卫生、货真价实”的口号，并使这个口号所体现的价值深入人心，使这个被全体员工认同和遵守的价值观成为公司独特的管理控制手段。这种组织文化的建设活动不仅在各分店的员工中进行，而且还因其文化价值观符合广大顾客的最大利益这一特点，被顾客所接受和津津乐道，从而成为麦当劳公司上下、内外共享的文化价值观，使公司的利益和消费者的利益达成了一致，从而成为公司管理控制工作中减少摩擦和阻力的润滑剂。

根据上述案例，回答以下问题：

1. 麦当劳公司采取的“与经营人分享利润的机制以及经营人的选拔”措施，属于哪一类控制方法。(　　)

A. 事先控制　　B. 过程控制
C. 事后控制　　D. 群体控制和过程控制

2. 麦当劳公司采取的“程序、规则、标准及员工的培训”措施，属于哪一类控制方法。(　　)

A. 事先控制　　B. 过程控制
C. 事后控制　　D. 群体控制和过程控制

3. 麦当劳公司采取的“巡视、检查、监督”措施，属于哪一类控制方法。(　　)

A. 事先控制　　B. 过程控制
C. 事后控制　　D. 群体控制和过程控制

4. 麦当劳公司采取的“对业绩进行考评”措施，属于哪一类控制方法。(　　)

A. 事先控制　　B. 过程控制
C. 事后控制　　D. 群体控制和过程控制

5. 麦当劳公司采取的“共享文化价值观”措施，属于哪一类控制方法。(　　)

A. 事先控制　　B. 过程控制
C. 事后控制　　D. 群体控制和过程控制

6. 管理控制工作应着重于对关键点的控制，你认为麦当劳公司控制的关键因素在于（　　）。

A. 产品的质量　　B. 及时迅速的服务
C. 清洁和卫生　　D. 全都是

7. 在下列五种管理措施中，你认为最经济、效果最显著的是（　　）。

A. 与经营人分享利润的机制以及经营人的选拔
B. 程序、规则、标准及员工的培训
C. 巡视、检查、监督
D. 对业绩进行考评
E. 共享文化价值观

项目六

管理变革与创新

【项目内容】

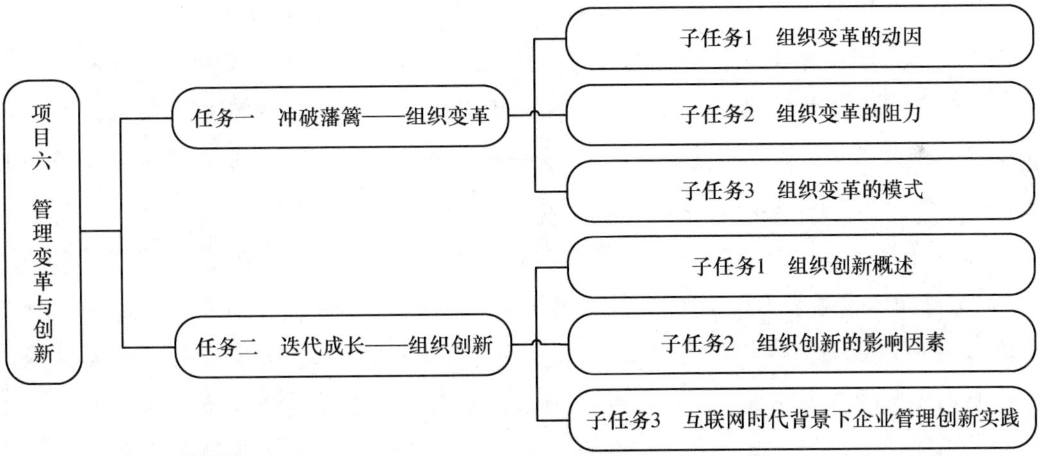

【项目理论】

1. 组织变革理论。
2. 组织创新理论。

【项目重难点】

重点：组织变革的过程，管理创新的内涵。

难点：组织变革的阻力，管理创新的内涵。

【项目成果】

1. 克服组织变革阻力的方法。
2. 控制组织变革。
3. 组织创新与组织变革的异同点。
4. 管理创新的内涵。

【项目导入】

高速无人收费站来了

目前，我国的高速公路已经覆盖到很多地区了，在不堵车的情况下，出行还是很便捷的，但是现实往往不尽如人意，周末或者节假日都是堵车高发期。经过人工收费口时，因为人工收费效率低，大家要排队交费，很容易都堵在收费口，而且这种高速收费站隔一段路就会出现一个，一个来回要堵上好几次。本来选择高速是为了节省时间，但是没想到时间却浪费在堵车上。为了缓解交通拥堵国家也出台了相应的政策。

2019 年交通运输部办公厅印发了《关于大力推动高速公路 ETC 发展应用工作的通知》，明确指出要加大 ETC 车辆通行优惠力度，从 2019 年 7 月 1 日起，交通运输部将严格落实对 ETC 用户车辆通行费基本优惠不少于 5%的政策，并实现对通行本区域的 ETC 车辆无差别基本优惠。除此之外，山东、河南和广东等省份试点开通了微信、支付宝、银联“云闪付”等手机支付服务，这些支付方式对高速公路联网收费 ETC 系统是一个有利的补充。

高速无人收费站一直都是高速收费站的发展方向，一方面是节约成本投入，根据数据统计，无人收费站比传统收费站节约 33%的成本，这其中最多的就是收费人员的相关支出；另一方面是无人收费站大大提高了收费的效率。随着 ETC 的发展以及多种手机支付服务的运用，实现高速无人收费站不是梦，畅通无阻的高速时代已经来临！

任务一　冲破藩篱——组织变革

未来成功的组织，将会是那些能快速、有效、持续、系统地进行变革的组织。

——罗伯特·雅各

* 知识任务

1. 了解组织变革的动因。
2. 掌握克服组织变革阻力的方法。
3. 掌握组织变革的过程和程序。

* 技能任务

1. 能够熟练运用各种组织变革理论解决问题。
2. 具备组织变革分析的能力。

* 素质任务

1. 培养变革意识。
2. 提高变革容忍度。

任务导入

腾讯如何下定决心全面投身产业互联网战场

2018 年 12 月 18 日下午，马化腾快步走进北京西三环的一间会议室，没有休息就开始接受采访。4 小时前，他还坐在人民大会堂主席台第二排，在军乐声里接过奖牌，获得了“改革开放四十周年先锋人物”的称号。很难说这是他人生中第几个高峰。在改革开放 40 周年、腾讯公司创立 20 年的历史节点，提到即将逝去的 2018 年，马化腾说："（这是）危机感很强的一年。"

马化腾有种天生的理性。腾讯高级顾问杨国安说，听到不同意见，马化腾的典型反应是"也有道理"；当他表达不满时，通常会说"还行"，说"不太好吧"已经算是非常严厉的。共事十多年的同事们也说，很少见他情绪波动。

然而在刚刚过去的2018年，几位伙伴都感受到了马化腾的压力。剧烈变动从年初就开始了。1月以来，腾讯股价下跌40%，市值蒸发万亿元；政策方面，游戏版号停发，行业一片哀号；不利舆情顺势扑来，蔓延到4万员工的内网，引发了对于公司战略的困惑：腾讯究竟有没有梦想？

做一家受人尊敬的公司是腾讯最大的愿景。但外部批评在内部轻易引发了员工的共鸣，让腾讯高层意外。"我们对内、对外沟通都存在问题。"一位腾讯高管说，过去这一年，"压力慢慢慢慢蓄积起来"。

腾讯的危机究竟是哪一种？问题传递到公司总办（腾讯的最高管理层），总办成员们激烈讨论："到底我们现在是伤风感冒了，还是一个比较严重的病？"杨国安在腾讯滨海大厦办公室里回忆，他组织了一连串会议，一个月后得出诊断结果：不是伤风感冒，而是真正的、重大的危机。杨国安找到腾讯集团总裁刘炽平，关于危机应对的讨论最终聚焦到一个问题上：是时候进行架构变革了吗？

巨头公司一旦变革总是需要下大决心、伴随大风险。在腾讯20年的历史中，总共只进行过三次组织架构调整，上一次还是在3Q大战之后，以一系列自省动作及一场架构调整，将自己推上了移动互联网的浪潮之巅。

知识准备

一、组织变革的动因

商业战场中唯一永恒不变的就是所有事情都在不断变化。

面对世界迎来"百年未有之大变局"，加之技术革命更是暗流涌动，作为优秀企业，必须要积极地"创新、变革和转型"，只有这样才能乘风破浪、行稳致远。

"以变制变"是中国企业应对当前复杂多变的市场挑战所给出的最好的答案。任何一个组织都需要不断变革来适应内外环境的变化。什么是组织变革呢？一般来说，组织变革是指依据外部环境的变化和内部状况的变化，及时调整并完善自身的结构和功能，以提高生存和发展的能力。

要制定出科学的组织变革策略的第一步就是了解组织变革的动因。组织变革的发生是组织内外多个因素共同作用的结果，组织变革的动因可以分为外部动因和内部动因。

1. 外部动因

首先，我们需要了解组织外部有哪些因素会引起组织变革，具体来说主要有以下四项因素。

（1）社会经济环境的变化

我们所处的社会经济环境是在不断变化的，如国家宏观经济手段的改变、国家产业政策的调整以及产业机构的优化等，这些改变都会对组织产生影响，迫使组织进行变革。

（2）竞争对手的影响

当今市场竞争异常激烈，除了面对传统竞争对手的威胁，还要迎接潜在竞争对手的挑战。组织为了应对竞争压力、更好地满足顾客的需求、稳定或占领市场，也需要进行变革。

（3）社会和政治变革

国内政治局势的稳定或动荡、政治体制的变革、国家方针政策的制定、社会风气等因素都会使组织产生变革的需求。

（4）科学技术的变化

科学技术的进步以及在组织中的运用，如自动化、信息化等都会对组织产生巨大的影响，使组织的结构、组织的沟通方式、组织的效率发生变化，这些变化会推动组织不断进行变革。

2. 内部动因

除了以上这些外部因素会推动组织变革，组织内部存在的一些因素也会推动组织变革的发生。

（1）组织目标的改变

组织目标并不是一成不变的，随着组织的发展，组织目标必然会不断地调整和改变。如果组织目标在实施过程中与组织的环境不匹配，存在偏差，那就需要及时调整组织目标。

（2）组织结构和职能的变化

组织在发展中会随着内外环境的变化不断调整组织结构，如管理幅度和管理层次的划分、部门的工作任务分配等；同时也会不断调整职能，如承担新的职能等。组织结构和职能的变化都会促使组织变革的发生。

（3）组织员工的变化

近年来，组织员工的学历结构、性别结构、价值观以及心理需要等都在发生着巨变，这就要求组织要作出改变，以更好地适应新形势下的人力资源管理需求。

（4）组织内部的矛盾与冲突

组织内部的矛盾与冲突也是促进组织变革的重要推动力之一。组织在发展中不可避免地会出现内部的矛盾与冲突，如目标不一致、人际关系复杂、群体冲突等问题，这都会影响到组织的正常运行，需要通过变革来保障组织的有效运行。

管理小故事

不卖胶片卖药片，富士是怎么活出了我们不认识的样子？

在有关新冠肺炎治疗的新闻中，一种名为“法匹拉韦”（Avigan）的药物成为人们关注的焦点，2020 年 3 月 17 日我国科技部生物中心主任张新民证实法匹拉韦在新冠疫情的临床治疗中效果良好。话音刚落，次日东京股票市场的富士胶片涨停。没错，法匹拉韦正是由富士胶片研发的流感药。虽然名字中还带有“胶片”二字，但昔日的胶片巨头如今已是一家拥有综合性医疗保健和电子业务的多元化公司。

这一切是怎么发生的？猜中数字化浪潮，只是富士转型的开始。

富士胶片在摄像界的实力无须赘述，富士的华丽转型归结于富有远见的变革，因为富士在 20 世纪 80 年代就制定了数码化战略，为可能的转型做足了准备。

数字革命席卷全球，胶片的销量一落千丈，十年内下滑了 90%。胶片时代以柯达在 2012 年申请破产保护这一颇具黑色幽默意味的结局落幕。但如果只是从胶片到数码，富士转型的故事不会像今天这般传奇。

因为及时布局，富士在数码时代不乏佳作，它成为最优秀的相机厂商之一。不同于技术壁垒高不可攀且利润丰厚的胶片，数码相机的市场尽管要大得多，但利润更低，因此即使没有在这波浪潮中被拍在沙滩上，富士也没打算把宝全押在数码相机领域，应该说，它能够屹立至今，多亏了化妆品和医药这两项宝藏业务。

富士胶片的跨界从化妆品开始。你可能对富士的化妆品并不陌生，其品牌名叫“艾诗缇”（ASTALIFT）的化妆品，是一款主打抗氧化、含有胶原蛋白成分的护肤品，在其官方微博的介绍是这么写的：“源于富士胶片 70 年科研结晶，融集团在胶原蛋白、抗氧化、纳米技术、光控医疗领域积累的科学技术研发而成。”

胶片技术怎么还能和护肤扯上关系？实际上两者在技术上的差距并没有我们想象

的那么大，胶片生产中至关重要的抗氧化，也是护肤品最为看重的功效，护肤品中常见的胶原蛋白也是胶片的重要成分。在本质上，化妆品与胶片研发都与高分子化学密不可分，因此富士多年的技术积累在新的行业找到了用武之地。

既然开始卖化妆品，那么跨界到制药就更显得顺理成章，何况按照富士的规划，护肤品本来就是医疗产业链打造的第一个环节。说起来，富士与医疗的渊源比化妆品要深得多，1936 年富士就开始生产医学 X 光胶片，第一台数码 X 射线成像诊断系统也出自富士。转型后的富士，则把原本用于胶片生产的技术用到了药物研发上，如用纳米分散技术可实现药剂无须溶于酒精的分散，以检测异物。总之，在化学方面深厚的技术储备，是富士得以转型的重要原因。

但在医药行业，除了依靠自身技术，并购也不可缺少。富士这些年在医药领域也是大手笔不断，2018 年花费 8 亿美元买下 JXTG 集团控股的两家生物子公司，2019 年又斥资 8.9 亿美元买下了丹麦的一家医药公司，这次大出风头的法匹拉韦也来自富士 2008 年收购的富山化工，该笔交易花了富士约 12 亿美元。

富士的医药业务最早受到关注，正是因为法匹拉韦。和最早被视为抗新冠肺炎救星的瑞德西韦一样，法匹拉韦一开始也被用于治疗埃博拉病毒。2014 年该病毒肆虐时，法匹拉韦对一些患者起到了作用，一度让富士成为世界瞩目的焦点。富士的野心也不只是传染病研究，他们针对轻度认知障碍和阿尔兹海默症（老年痴呆）早期患者研发的药物也已在欧洲进入二期临床试验阶段。在医疗硬件领域，富士也不忘充分发挥其图像处理技术的优势，将数码相机技术引进到医学诊断成像系统中，这也是其医疗业务的核心。

今天的富士，的确如其 CEO 多年以来描述的一样，“既不是胶片企业，也不是数码相机企业，应该把它理解成一家综合信息技术公司”。

与其说富士延续了 80 多年的影像业务越来越没有存在感，倒不如说富士为自己多年的技术积累找到了新的变现方式。有了化妆品生产和制药的铺垫，今后富士再进入什么新领域想必也没什么好奇怪了。

团队任务——识别组织变革的动因

1. 任务目标

能识别出某一公司组织变革的动因。

2. 任务要求

团队学习组织变革动因的知识，选择本地一家企业，通过对相关的部门领导与工作人员进行访谈，识别该公司在哪些方面需要进行变革，并分析出促进变革的动因。

3. 任务准备

学习管理学参考文献或书籍，学习组织变革动因的知识。

制作访谈表。

4. 任务实施

步骤一：学习有关组织变革动因的知识，并制作访谈表。

步骤二：实地访谈并收集相应的佐证材料及图片。

步骤三：团队讨论确定组织变革的动因有哪些。

步骤四：以具体某公司为例，识别该公司在哪些方面需要进行变革，并分析出促进变革的动因。

步骤五：完成任务表单并提交。

步骤六：修改任务表单。

步骤七：任务反思及改进。

5. 任务记录

请将访谈要点记录在以下空格处。

组织变革需求分析：____

____

____

____

组织变革外部动因：____

____

____

____

组织变革内部动因：____

____

____

____

6. 任务成果

以下为建议表单，团队可根据具体情况进行增减及其他修改。

组织变革的动因

内部动因	外部动因

7. 任务反思

团队间分享交流后，表单修改要点为：______________________________

____

本次任务反思：______________________________________

____

8. 任务评价

评委 1	授课教师（签名）：	评分 1：	被考评小组	
评委 2	企业导师（签名）：	评分 2：	最终成绩	
评委 3	学生代表（签名）：	评分 3：	组长（签名）	
考评内容	团队任务考评标准			
考评标准	内容		分值（分）	得分（分）
	阅读不少于两篇/本参考文献/书籍并制作访谈表		10	
	实地访谈并收集相应的佐证材料及图片		20	
	完成访谈要点记录		10	
	完成团队内讨论		10	
	完成任务表单填写并按时提交		20	
	完成团队间分享交流		10	
	完成任务表单修改及任务反思		20	
合计			100	

注：以上为本次任务的评价标准（总分 100 分），供参考。要求至少三位评委（含授课教师、企业导师、学生代表）根据任务完成的质量给出分数，最后取平均分为团队的最终成绩评定。考评满分为 100 分，60~69 分为及格，70~79 分为中等，80~89 分为良好，90 分以上为优秀。

自我评价：____

____

教师评价：____

____

知识准备

二、组织变革的阻力

变革不是一时的，而是时时的。在信息时代，变化才是最好的稳定。

20 世纪 80 年代以来，组织变革已是不可逆之势，但超过半数的组织变革以失败告终，主要原因是组织变革遭到抵制。

1. 组织变革的阻力

组织变革的阻力主要来自两大方面：个人和组织。

（1）个人原因

1）心理因素。一般来说，我们会对自己所长期从事的工作感到熟悉，这在心理上会产生一种安全感和平衡感。而组织变革本身充满着不确定性，会导致人们对未来产生不安全感和恐惧感，这种心理往往会导致抵制变革的情绪和行为的出现。

2）经济因素。组织变革可能会影响到部分人的收入、福利甚至是工作，出于对个人经济损失的担心，人们会对变革持否定的态度。

3）领导因素。变革可能会打破旧的秩序，从而可能会危及部分领导者的自身地位和既得利益。而且如果变革失败，领导者可能要承担责任，因此有部分领导者对变革有畏惧的倾向。

（2）组织原因

1）组织结构因素。组织变革会打破原来各层次权力与责任的界限，调整不同层次的管理机构，当触及原有各层次管理机构的利益和权力时，就会受到这些群体的抵制。

2）组织规范因素。组织规范从制定出来就有种惯性，在较长时间内约束和规范人的行为。组织变革会改变旧的行为规范和原有的组织目标，而旧的行为规范的影响力在没有消退之前，对新的组织规范和组织目标就会形成某种抵制。

3）经济利益因素。组织变革意味着废除旧有的、过时的东西，建立新的制度和秩序，而所有这些都是需要成本的，需要投入人力、物力和财力，在人们对这种投入的预期效果感到不确定和存在顾虑时，组织变革的动力就会减弱。

4）人际关系因素。变革意味着打破原有的人际关系，重新调整组织成员之间的关系，这种新旧关系的交替和新关系的确立需要一个较长的过程。在旧有关系仍在起作用而新的关系尚未建立时，组织成员之间的关系可能会变得紧张，从而引起一些人对组织变革的不满。

2. 应对阻力的办法

面对组织中抵制变革的阻力，科特和施莱辛格提出了六变革法（six change approaches）模型。他们指出，应对变革的阻力主要有以下几种办法。

（1）教育和沟通

在实施变革之前，对员工进行宣传教育是其中最有效的一个办法。在变革前通过宣传教育，可以帮助员工理解变革的逻辑性和合理性，使员工认识到变革之举势在必行，从而减少关于变革的各种不实的传言。这个办法适合用在信息缺乏、信息不准确或对变革缺少讨论和分析的时候。

（2）参与和融合

当发动变革的领导团队缺乏设计变革的必要信息，以及员工阻力相当大的时候可以采用这种方法。通过让员工融入变革、参与变革，他们可能会顺应变革，而不是抵制变革。这个办法对消除变革中持沉默态度的员工的阻力最为有效。

（3）引导和支持

这个办法主要适合用在变革过程中各项调整引发员工阻挠的时候。员工之所以害怕变革、抵制变革，原因主要在于他们认为变革会给他们个人带来负面影响。在变革转型的过程中，管理人员应该帮助员工梳理他们的担忧和焦虑，典型方法是提供正常工作外的培训和服务。

（4）谈判和协商

这个办法适用于部分员工或部门利益受损，以及阻挠力量较大的时候。管理人员可以通过提供各种形式的激励，使员工放弃抵制。例如，可以给员工一定的权力，否决那些对员工来说有危险的变革成分，或者给予员工特殊的政策，允许那些反对变革的人通过买断工龄或提前退休等形式离开公司，以避免遭遇变革风险。这个办法用在那些阻力较大的员工身上也比较合适。

（5）控制与合作

这个办法适用于以上策略发挥不了作用或成本太高的时候。选举抵制力量的代表进入变革领导团队，是一个较为有效的控制抵制人员的方法。把抵制变革的人员引入变革领导团队，并不是指望他们对变革能做出什么贡献，只是增加个虚席而已。但这个办法如果使用不当，让抵制派的领导人物感到被耍弄了，他们可能会产生更大的抵触情绪，从而抵制变革。

（6）正面施压

这个办法适用于变革刻不容缓的时候，且最好作为其他办法均无效果时的最后一招。管理人员可以明确或含蓄地向员工施压，告诉他们如果不接受变革，可能就要面临如失业、下岗、流动或失去晋升机会等后果。

趣味小测试

变革容忍度量表

目的：本测试在于帮助你了解人们对变革的容忍程度的不同。

指导语：仔细阅读表6-1中每个陈述，并选择与你的实际看法最为接近的一栏。

表6-1　　变革容忍度量表

每个陈述在多大程度上描述了你的情况？在你同意程度的相应栏内画圈或打钩	完全同意	一般同意	稍微同意	中立	稍微不同意	一般不同意	完全不同意
1. 不能给出明确答案的专家很可能是知之不多	1	2	3	4	5	6	7
2. 我喜欢在国外待上一段时间	7	6	5	4	3	2	1
3. 像问题得不到解决这样的事是不存在的	1	2	3	4	5	6	7
4. 按日程表生活的人们很可能错过许多有趣的事情	7	6	5	4	3	2	1
5. 一份好工作是指一个人总是清楚地知道做什么以及怎样做	1	2	3	4	5	6	7
6. 处理复杂问题比简单问题更有趣	7	6	5	4	3	2	1
7. 从长远来看，处理小而简单的问题比处理大而复杂的问题会做得更多	1	2	3	4	5	6	7
8. 最有趣和有鼓动性的人常常不在乎与众不同和具有原创精神	7	6	5	4	3	2	1
9. 习惯于对新鲜事物表现出兴趣	1	2	3	4	5	6	7

续表

每个陈述在多大程度上描述了你的情况？在你同意程度的相应栏内画圈或打钩	完全同意	一般同意	稍微同意	中立	稍微不同意	一般不同意	完全不同意
10. 坚持是或否答案的人正是不了解事物复杂性的表现	7	6	5	4	3	2	1
11. 过着平静和有规律生活的人有许多事情很值得庆幸	1	2	3	4	5	6	7
12. 许多重要决策是在信息不足的情况下做出的	7	6	5	4	3	2	1
13. 喜欢参加那些大多数人我都认识的社交活动，而不喜欢参加那些大多数人我都不认识的社交活动	1	2	3	4	5	6	7
14. 那些布置模糊作业的教师或导师让我的主动性和创造力得到发挥	7	6	5	4	3	2	1
15. 大家越早获得相似价值观和思想越好	1	2	3	4	5	6	7
16. 让你用自己的方式看问题的教师是好教师	7	6	5	4	3	2	1
总分							

记分：将你画圈或打钩相应栏中的数字全部相加起来即为你的得分；得分越高，说明你对不确定性或变革的容忍力越强。

团队任务——克服组织变革阻力的方法

1. 任务目标

找到克服组织变革阻力的方法。

2. 任务要求

团队走访不少于5位各行业领导，通过访谈法记录该领导所采用过的克服组织变革的方法、该方法使用的具体情况以及取得的效果，最后总结出有效克服组织变革的方法。

3. 任务准备

根据组织变革阻力的学习，制定访谈提纲。

4. 任务实施

步骤一：制定访谈提纲。

步骤二：实地或网络访谈并收集相应的佐证材料及图片。

步骤三：团队讨论确定克服组织变革阻力的方法。

步骤四：完成任务表单并按时提交。

步骤五：进行各团队间的分享交流。

步骤六：修改任务表单。

步骤七：任务反思及改进。

5. 任务记录

请将访谈要点记录在以下空格处。

[阻力 1] 方法：____

效果：____

[阻力 2] 方法：____

效果：____

[阻力 3] 方法：____

效果：____

[阻力 4] 方法：____

效果：____

[阻力 5] 方法：____

效果：____

[阻力 6] 方法：____

效果：____

[阻力 7] 方法：____

效果：____

[阻力 8] 方法：____

效果：____

[阻力 9] 方法：____

效果：____

[阻力 10] 方法：____

效果：____

6. 任务成果

以下为建议表单，团队可根据具体情况进行增减及其他修改。

克服组织变革阻力的方法

	阻力	方法
1		
2		
3		
4		
5		
6		
7		
8		
9		
10		

7. 任务反思

团队间分享交流后，表单修改要点为：________________________________

____

本次任务反思：____

____

8. 任务评价

评委 1	授课教师（签名）：	评分 1：	被考评小组	
评委 2	企业导师（签名）：	评分 2：	最终成绩	
评委 3	学生代表（签名）：	评分 3：	组长（签名）	
考评内容	团队任务考评标准			
考评标准	内容		分值（分）	得分（分）
	制定访谈提纲		10	
	实地或网络访谈并收集相应的佐证材料及图片		20	
	完成访谈要点记录		10	
	完成团队内讨论		10	
	完成任务表单填写并按时提交		20	

续表

	内容	分值（分）	得分（分）
考评标准	完成团队间分享交流	10	
	完成任务表单修改及任务反思	20	
合计		100	

注：以上为本次任务的评价标准（总分 100 分），供参考。要求至少三位评委（含授课教师、企业导师、学生代表）根据任务完成的质量给出分数，最后取平均分为团队的最终成绩评定。考评满分为 100 分，60~69 分为及格，70~79 分为中等，80~89 分为良好，90 分以上为优秀。

自我评价：____

____

教师评价：____

____

知识准备

三、组织变革的模式

处于环境中的组织要想取得持续的成长与发展，就必须随着环境的变化进行组织变革！

组织变革的过程是怎么样的呢？众多学者纷纷提出了组织变革的模型，下面我们介绍主流的四种组织变革模型。

1. 克—金组织变革系统模型

克雷特纳（R. Kreitner）和金尼基（A. Kinicki）于 1959 年提出了克—金组织变革模型，该模型是一种系统模型，主要分为输入、变革的目标因素和输出三部分，如图 6-1 所示。

（1）输入

输入的主要是企业的内部信息和外部信息。内部信息主要包括企业的优势和劣势，外部信息主要包括外部的机会和威胁。

（2）变革的目标因素

变革的目标因素有人员、目标、组织安排、社会因素和方法五项，以人员为核心而相互影响。人员主要包括人员的知识、能力、态度、动机和行为；目标主要包括最

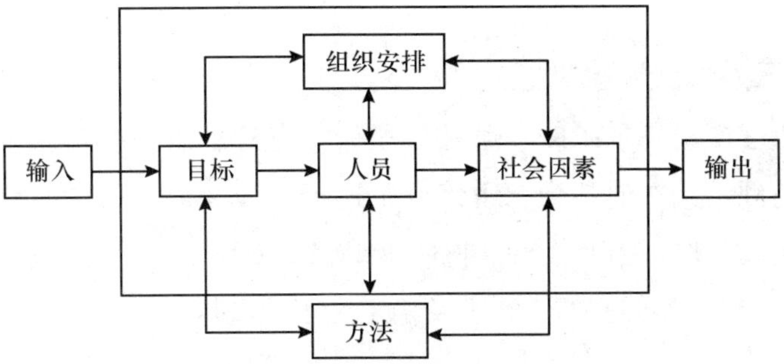

图 6-1　克—金组织变革系统模型

终的结果、优先考虑的事项、标准、资源等；组织安排主要包括政策、程序、角色、结构、奖励、物质条件等；社会因素主要包括组织文化、群体过程、人际关系、沟通和领导；方法主要包括工序、工作流程、工作设计和技术。

（3）输出

输出代表了一次变革的最终结果，可以从组织水平的结果、部分或群体水平的结果、个体水平的结果三方面去分析。

2. 莱维特组织变革系统模型

在众多组织变革模式中，哈罗德·莱维特（Harold Leavitt）的系统模型被广泛关注，它是从组织系统互相联系、互相影响的要素体系出发探讨组织变革模式的，如图 6-2 所示。莱维特认为组织是个多变量的系统，它包含相互作用的四个变量：结构、任务、人员和技术。

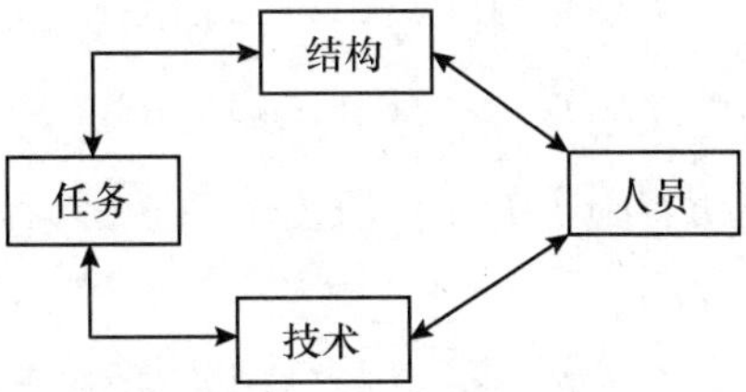

图 6-2　莱维特组织变革系统模型

（1）结构是指组织的权责体系，包括信息沟通、管理层次和跨度、工作流程等。

（2）任务是指组织存在的意义、使命以及工作任务的性质（简单和复杂、新的和重复的、标准化和独特性等）。工作任务的性质能够影响组织内个体与部门之间的关系。

（3）人员是指达成目标的个体、群体、领导人员，包括他们的工作态度、个性和激励等。

（4）技术是指组织解决问题的方法、手段和技术装备。

组织变革可以引用单一变量或者结合多个变量，但是管理人员必须了解全部四个变量的相互作用，通过改变组织的工作任务、组织结构，改变人的态度和价值观念，改变人的行为和组织成员之间的沟通程序，改变解决问题的机制和方法，来进行组织变革。

3. 勒温的三阶段变革模型

美国社会心理学家库尔特·勒温是最早研究有计划组织变革的专家，可以认为是组织变革理论的创始人。他认为，组织变革过程将涉及放弃旧的态度和习惯，并学习和建立新的态度和习惯，因此他特别重视组织变革过程中人的心理机制，“解冻—变革—再冻结”，它解释了如何开始、管理及稳定变革的过程。

（1）解冻

这是变革前的心理准备和思想发动阶段，该阶段主要是改变员工原有的态度、习惯和传统，并鼓励人们接受新的观念，刺激人们产生变革的动机。

（2）变革

该阶段向组织成员指明变革的方向和方法，使他们形成新的认识，接受新的行为方式，实现行为转化，以及通过认同和内在化加速变革的进程。

（3）再冻结

这是变革后的行为强化阶段。该阶段通过连续强化（指在被改变的人每次接受新的行为方式时予以强化）和断续强化（指在预定的反应次数间隔时间内给予强化），使已经实现的变革（如态度和行为方式等）趋于稳定化、持久化，形成模式行为。

4. 科特的领导变革八步骤

约翰·科特提出了计划变革模型，将解冻、变革及再冻结三阶段扩展为八个有明确定义的步骤。尽管在现实中这八个步骤常有重叠，但这种细分可以使得管理者注意成功实施重大变革所需的每一因素。

（1）产生紧迫感

在变革实施之前，组织的领导者应该针对相关人员的心理制造一种紧迫感。紧迫感有时是通过一系列富有创造的方法形成的，可以使人们立即意识到进行变革的重要性，并准备随时为之采取行动，

（2）建立强有力的领导联盟

有了紧迫感之后，领导者应该召集那些有一定的可信度、技能、关系、声誉和权威的人员，组建一支指导团队来承担变革过程中的领导工作。这支团队应该有着很强的责任感，并能够得到很多人的信任。

（3）构建愿景规划

指导团队会为自己的组织变革确立合理、明确、简单而振奋人心的愿景和相关战略，帮助指明改革的方向。

（4）沟通愿景规划

变革的愿景和战略确定后，需要利用所能获得的传播媒介向组织传播。这一步骤的目标是在所有的相关人员内部形成一种共识和责任感，从而准备变革。领导还应以实际行动让人们更好地理解愿景，并不厌其烦地做好沟通工作。

（5）授权他人实施愿景规划

要想在组织变革中取得成功，领导者必须对参与变革的有关管理者和员工进行有效的授权，通过授权，可以使人们有能力克服阻力、消除障碍，将变革向前推进。

（6）计划并夺取短期胜利

在进行授权之后，那些在组织变革中取得成功的领导者就会设法帮助组织取得短期成效。这是非常关键的。因为它们可以为整个组织的必要性和正确性提供强有力的证明，并为随后的工作提供必要的资源和动力。

（7）巩固已有成果，深化变革

在取得一些短期成效后，不能放松努力，领导者应该利用日益提高的信誉，改变与愿景规划不相适应的体制、结构和政策，对那些能够执行愿景规划的员工进行聘用、开发和晋升，利用新项目、新论点和变革推动者再次激活整个过程。

（8）使新的工作办法制度化

最后，组织的领导者需要加强领导，建立有效的机制和文化，通过更有效的管理和改进，明确新行为与企业获得成功之间的关系，把所有变革成果固定下来。

团队任务——组织变革过程分析

1. 任务目标

通过组织变革模式的学习，任选一变革模型分析组织变革发生的过程。

2. 任务要求

观察或分析你所在的组织（高校），预计一种可能或者正在经历的组织变革（如考勤、学分制、校企合作培养等），采用组织变革模式的相关知识对组织变革的过程进行分析。

3. 任务准备

线下知识：管理学参考文献或书籍，制作观察记录表。

线上知识：在线学习资源平台。

4. 任务实施

步骤一：学习有关组织变革模式的知识并制作观察记录表。

步骤二：采用组织变革模式相关知识对组织变革的过程进行分析。

步骤三：观察要点记录。

步骤四：团队讨论组织变革的模式。

步骤五：完成任务表单并提交。

步骤六：修改任务表单。

步骤七：任务反思及改进。

5. 任务记录

请将观察要点记录在以下空格处。

组织变革具体内容：______________________________

____

____

组织变革过程：______________________________

____

____

6. 任务成果

以下为建议表单，团队可根据具体情况进行增减及其他修改。

组织变革的过程

1	
2	
3	
4	
5	
结论	

7. 任务反思

团队间分享交流后，表单修改要点为：______________________________

____

本次任务反思：______________________________

____

8. 任务评价

评委 1	授课教师（签名）：	评分 1：	被考评小组	
评委 2	企业导师（签名）：	评分 2：	最终成绩	
评委 3	学生代表（签名）：	评分 3：	组长（签名）	
考评内容	团队任务考评标准			
考评标准	内容		分值（分）	得分（分）
	学习有关组织变革的模式的知识并制作观察记录表		20	
	根据观察表收集信息		10	
	完成观察记录要点		20	
	完成团队内讨论		10	
	完成任务表单填写并按时提交		10	
	完成团队间分享交流		10	
	完成任务表单修改及任务反思		20	
合计			100	

注：以上为本次任务的评价标准（总分 100 分），供参考。要求至少三位评委（含授课教师、企业导师、学生代表）根据任务完成的质量给出分数，最后取平均分为团队的最终成绩评定。考评满分为 100 分，60~69 分为及格，70~79 分为中等，80~89 分为良好，90 分以上为优秀。

自我评价：____

教师评价：____

任务二　迭代成长——组织创新

创新就是创造一种资源。

——彼得·杜拉克

＊知识任务

1. 了解创新的概念与本质。
2. 理解激发组织创新的环境。
3. 了解创新管理的流程。

＊技能任务

能够运用所学的创新内容来抓住创新机会，进行实践性的创新活动。

＊素质任务

培养创新意识。

任务导入

阿里巴巴人工智能客服——云小蜜

人工智能时代，很多行业得到了颠覆性的发展，客服行业便是其中之一。

一直以来，客服作为连接企业和客户的桥梁，其重要性不言而喻。但是，在长期发展过程中，客服行业又存在诸多痛点，比如，从企业的角度，客服投入的成本非常高，但大部分工作的价值回报却很低；而对客服员工来说，工作的成长空间小，技能单一，职业发展缺乏厚度。

此前，客服机器人的出现，确实承担了部分简单重复性工作，但是，其机械式的问答体系也让很多消费者心生不满。而随着人工智能技术的落地，客服机器人开始真正变得智能。以阿里巴巴的人工智能客服为例，云小蜜是支持在不同的消息端上实现基于自然语言处理的会话机器人，如网页、App 及实体机器人等。云小蜜可以实现基于本体知识库的知识咨询和问答，同时结合多轮对话配置工具，也可以将业务集成到机器人会话中，如订单查询、物流跟踪、自助退货机器人等。

十年来，阿里巴巴平台订单数增加了几十倍，但是客服团队的人员并没有增加多少，增加的任务量都被人工智能客服所消化掉，天猫“双 11”中人工智能解决了 95%的客服问题。人工智能应用将是数字经济商业模式发展的必然结果，如果一个企业的业务形态是靠数据和算法在线提供服务，那么它一定需要应用人工智能技术并使之成为未来业务发展的引擎。

毕马威2018年度创新报告中，阿里巴巴被评为地球上最具科技颠覆力的公司，排在阿里巴巴之后的是Facebook、亚马逊、谷歌等美国科技巨头。请通过网络搜索资料整理阿里巴巴在各方面的创新举措，并分析阿里巴巴为什么成为一家充满活力、不断创新的企业？

知识准备

一、组织创新概述

距离已经消失，要么创新，要么死亡。

1. 创新的提出

“创新”一词最早是由美籍奥地利经济学家约瑟夫·熊彼特在1912年出版的《经济发展理论》一书中提出的。他认为，“创新”就是把生产要素和生产条件的新组合引入生产体系，即“建立一种新的生产函数”，其目的是为了获取潜在的利润，包括以下五种情况。

（1）引进新的产品，即产品创新，是指创造一种消费者还不熟悉的产品，或一种与过去产品有本质区别的新产品。

（2）采用一种新的生产方法，即工艺创新或生产技术创新，是指采用一种产业部门从未使用过的方法进行生产和经营。

（3）开辟一个新的市场，即市场创新，是指开辟国家或某一特定产业部门以前尚未进入的市场，不管这个市场以前是否存在。

（4）获得一种原料或半成品的新的供给来源，即开发新的资源，不管这种资源是已经存在的，还是首次创造出来的。

（5）实行一种新的企业组织形式，即组织管理创新，是指形成新的产业组织形态，建立或打破某种垄断。

熊彼特的创新概念主要属于技术创新范畴，也涉及管理创新、组织创新等概念，但他强调的是把技术与经济结合起来，因而他所说的创新是一个经济学的概念，是指经济上引入某种“新”的东西，不能等同于技术上的发明，只有当新的技术发明被应用于经济活动时，才能成为“创新”。他把发明与创新分开，强调第一个将发明引入生产体系的行为才是创新。

2. 组织创新的内涵

任何组织机构就像生物的机体一样，必须随着外部环境和内部条件的变化而不断地进行调整和变革，只有这样才能顺利地成长、发展，避免老化和死亡，因此组织创新是必不可少的。组织通过应用行为科学的知识和方法，把人的成长、发展与组织目标结合起来，通过调整和变革组织结构及管理方式，使其能够适应外部环境及组织内部条件的变化，从而提高组织活动效益，这一过程就是组织创新，也称为组织开发。

组织创新与组织变革两个概念是有所区别的，但常常被混为一谈。组织变革是被组织采纳的一个新构思或新行为，组织创新是指采纳一些对于组织所在行业、市场或一般环境来讲全新的构思或行为。关于创新和变革的区别，被引用最多的应该是迈克尔·韦斯特及其同事的观点，他们从以下五个方面描述了组织创新的特征。

（1）创新必须在其引入的社会环境（如工作群体、部门或整个组织）中是全新的，尽管对于引入它的个体而言不必是全新的。

（2）创新必须是有意的而绝非偶然的。

（3）创新不是例行程序的变化。任命一名新员工替代退休或辞职的员工不能被视为创新性的变化，一个全新职位的设立才是创新。

（4）创新必须是致力于为组织、组织的某些部门或更广泛的群体创造效益（至于是否成功，是另外一回事）。有意识的破坏行为，如消极怠工或纯粹反复的行为，都不在创新之列。

（5）创新必须产生公共效果。如果某个人在工作中引入一种变化，但对组织中的其他人没有明显的影响或意义，那就不能称为创新。

3. 组织创新的基本内容

每个组织环境因子的变动与组织管理需求发展方向等存在不同，因此组织创新的类型也存在着差别，一般组织创新主要涉及以下四个方面。

（1）功能体系的变动，即根据新的任务目标来划分组织的功能，对所有管理活动进行重新设计。

（2）管理结构的变动，即对职位和部门设置进行调整，改进工作流程与内部信息联系。

（3）管理体制的变动，包括管理人员的重新安排、职责权限的重新划分等。

（4）管理行为的变动，包括各种规章制度的变革等。

4. 创新的层次类型

目前关于创新的层次类型有很多不同的观点，各国学者根据不同的划分标准和维度对创新进行了分类。

（1）按照创新强度的不同划分

按照创新强度的不同，创新可以分为渐进性创新与突破性创新。

渐进性创新是指在原有的技术轨迹下，对产品或工艺（流程）等进行的程度较小的改进和提升。某种新产品、新服务或者新战略能够显著增加企业的收入或利润，我们就可以称为突破性创新。突破性创新需要全新的概念与重大的技术突破，往往需要优秀的科学家或工程师花费大量的资金来实现，历时8~10年或更长的时间。这些创新常伴有一系列的产品创新与工艺创新以及企业组织创新，甚至导致产业结构的变革。

所有成功的企业都需要渐进性创新来满足当前客户不断变化的需求，由此实现企业的持续成长。但是这些创新还必须周期性地辅以突破性创新。

（2）根据创新的连续性划分

根据创新的连续性划分，创新可以分为连续性创新与非连续性创新。

从一个特定企业的角度说，如果创新是建立在原有的技术轨迹、知识基础上的，那么不断改进，推出新产品，就是一种连续性创新（维持性创新）。非连续性创新包括间断性创新和破坏性创新。间断性创新是指脱离原有的连续性技术轨迹的创新，包括突破性创新、裂变式创新等。面向新的细分市场，建立在新的技术轨迹、知识基础上的创新，就是一种破坏性创新。

维持性创新致力于在消费者所重视的维度上对现有产品进行改进，向现有市场提供更好的产品；而破坏性创新则要么创造新市场，要么提出一种新的价值主张来重塑现有市场。

管理小游戏

偏向虎山行

这个培训游戏能训练人们在最困难的情况下如何发散思维、开动脑筋将问题解决，完成那些“不可能完成的任务”。研究发现，能解决这类问题的人不仅有较高的智商，而且他们的情商更高，他们接收信息和传递信息的能力也高于他人，这点你将会在下面的培训游戏中体会到。

1. 把受训者分组，每组4人，然后发给每组一个任务卡，每张卡上写着一件商品的名字以及它应卖给的特定人群。要注意，这些人群看起来应不需要这些商品，实际上应该完全拒绝这些商品，如向非洲人销售羽绒服、向因纽特人销售冰箱等。总之，每个小组面临的挑战是销售不可能卖出的商品。

2. 每个小组应根据任务卡的要求准备一条30秒的广告语，用来向特定人群推销商品。该广告应注意以下三点：

（1）该商品如何改善特定人群的生活；

（2）这些特定人群应怎样有创造性地使用这些商品；

（3）该商品与特定人群现有的特有目的和价值标准之间是如何匹配的。

3. 给每组20分钟的时间，按照上述三点要求写出一个30秒的广告语，要注意趣味性和创造性。

4. 其他受训者暂时扮演那个特定人群，认真倾听该小组的广告词，根据广告能否打动他们，是否激起了他们的购买欲望，是否能满足某个特定需求来作出判断。最后通过举手的方式，统计出有多少人会被说服而购买这个产品；有多少人觉得这些推销员很可笑，简直是白费力气。

5. 选出优胜的一组，给予奖励。

团队任务——组织创新与组织变革的异同分析

1. 任务目标

掌握创新的含义，并能清晰分辨创新与变革之间的异同。

2. 任务要求

观察或分析你所在的组织（高校），预计一种可能或者正在经历的组织创新，采用组织创新与组织变革的相关知识对创新与变革之间的异同进行分析。

3. 任务准备

线下知识：管理学参考文献或书籍。

线上知识：在线学习资源平台。

4. 任务实施

步骤一：学习有关组织创新的知识。

步骤二：学习要点记录。

步骤三：团队讨论确定创新与变革的异同点。

步骤四：完成任务表单并提交。

步骤五：进行各团队间的分享交流。

步骤六：修改任务表单。

步骤七：任务反思及改进。

5. 任务记录

请将学习要点记录在以下空格处。

组织变革定义：______

组织创新定义：______

组织变革与组织创新的相同点：______

______

组织变革与组织创新的不同点：______

______

6. 任务成果

以下为建议表单，团队可根据具体情况进行增减及其他修改。

组织创新与组织变革

异同点		组织创新	组织变革
1			
2			
3			
4			
5			
6			
7			
8			
9			
10			
结论			

7. 任务反思

团队间分享交流后，表单修改要点为：______

______

本次任务反思：______

______

8. 任务评价

评委 1	授课教师（签名）：	评分 1：	被考评小组	
评委 2	企业导师（签名）：	评分 2：	最终成绩	
评委 3	学生代表（签名）：	评分 3：	组长（签名）	
考评内容	团队任务考评标准			
考评标准	内容		分值（分）	得分（分）
	阅读不少于两篇/本参考文献/书籍		20	
	线上课程资源平台学习不少于 10 分钟		10	
	完成学习要点笔记		10	
	完成团队内讨论		10	
	完成任务表单填写并按时提交		20	
	完成团队间分享交流		10	
	完成任务表单修改及任务反思		20	
合计			100	

注：以上为本次任务的评价标准（总分 100 分），供参考。要求至少三位评委（含授课教师、企业导师、学生代表）根据任务完成的质量给出分数，最后取平均分为团队的最终成绩评定。考评满分为 100 分，60~69 分为及格，70~79 分为中等，80~89 分为良好，90 分以上为优秀。

自我评价：____

____

教师评价：____

____

知识准备

二、组织创新的影响因素

> 创新的本质是什么？创新就是做别人没有做过的事情。但创新的风险很大，大部分创新往往都以失败告终。因此说创新的本质是不惧失败的勇气！创新需要一个大环境，即全社会理解失败者，宽容失败者。成王败寇这样的观点，常常是阻碍创新的重要因素。

组织创新需要在一定的环境中才能产生并且发挥效力。管理心理学对影响和推动组织创新的因素进行了大量的研究与分析，归纳起来，主要影响因素可分为内部因素和外部因素两大类。

1. 组织内部因素

从企业组织自身的角度讲，有三类影响因素对激发组织创新起着重要的作用，即组织结构因素、组织文化因素和人才资源因素。

（1）组织结构因素

有关组织结构因素对创新影响的研究表明了以下几点。

1）有机式结构对创新有正面影响。因为有机式结构纵向变异、正规化和集权化程度低，可以提高组织的灵活性、应变力和跨职能工作能力，从而使创新易于得到接纳。

2）拥有富足的资源能为创新提供另一个重要的基石。组织资源充裕，使管理者有能力购买创新成果，敢于投下巨资推行创新并承受失败的损失。

3）部门间密切的沟通有利于克服创新的潜在障碍。如跨职能团队、任务小组及其他这类组织设计都可促进部门之间的交流，从而得到创新型组织的广泛采用。

（2）组织文化因素

富有创新力的组织，通常具有共同的文化。充满创新精神的组织文化通常具有以下特征。

1）接受模棱两可。过于强调目的性和专一性会限制人的创造性。

2）容忍不切实际。不强调专一性，鼓励多种工作思路，容忍不切实际的想法和主张。

3）外部控制少。组织把规章、条例、政策之类的监控减少到最低限度，加大管理的自由度。

4）接受风险。鼓励管理者和员工大胆试验，不用担心可能失败的后果，把可能的错误作为学习的机会。

5）容忍冲突。鼓励群体中的不同意见，中等程度的群体冲突有利于调节群体气氛，从而实现更高的经营绩效。

6）注重结果甚于手段。提出明确的目标后，个人被鼓励积极探索实现目标的各种可行途径。注重结果意味着，对于任一给定的问题可能存在若干种正确的解决办法。

7）强调开放系统。组织时刻监控环境的变化并随时作出快速的反应。

（3）人力资源因素

人力资源是组织创新的基本保证。创新型组织积极地对其人力资源进行培训和开发，帮助员工实施职业生涯规划，加快知识与技能的更新。同时，给员工提供高工作保障，鼓励员工成为创新能手。在组织创新中，创新者是最关键的因素。一旦产生新思想，创新者会主动而热情地将新思想深化提高并克服阻力，以确保组织创新方案得到推行。成功的组织创新对创新者提出了许多高要求。

1）创新者对组织创新成果潜在使用者的需求和获取知识的步骤有深刻理解，并拥有对财力、物力进行必要动员和协调的地位及经验。

2）创新者拥有组织创新研究与开发方面的能力，与研发、市场销售和生产等诸部门的人员之间有密切的联系与协同。

3）创新群体拥有创新活动所必需的认知能力、个性特征和内在动机，并具有较高的自我效能感和群体凝聚力，在群体沟通模式、目标管理程序及群体决策方式等方面，对组织创新具有心理准备。

因此，组织可以通过采用灵活的、易于取得的资源，形成顺畅沟通的结构来激发和培育创新，还可以通过塑造一种宽松的、支持新思想的文化鼓励创新，以及广纳训练有素的、知识不断更新的创造性人才并给他们提供高工作保障来促进创新。

2. 组织外部因素

从组织的外部环境因素讲，市场的变化和组织所处的政治经济及社会文化环境等都会影响组织创新的整个过程。

（1）产品与服务市场变化

市场变化是组织创新的首要外部因素，其中最重要的是需求变化。组织作为市场中的供给方是为满足需求而存在的。另一重要的市场变化是竞争变化，激烈的竞争往往使组织更倾向于成为适应市场的创新型组织，并通过更低成本和更高质量取得竞争优势。此外，资本与劳务市场变化也能激发创新。例如，许多发达国家的资本市场结构最适于激发创新，某些风险资本专门寻找有发展前途的小型创新公司实行高风险、高回报率的投资策略。

（2）政治经济及社会文化因素

政治经济与社会文化因素是推动管理创新的重要外部因素。企业经营规模的不断扩大和技术层次的不断提高，使得管理理念与文化价值观的更新日趋急迫，成为组织创新的必要条件。而管理理念与文化价值观在很大程度上受到政治经济与社会文化因素变化的制约，如政府的政策、法令、法律、规划、战略等，都直接对组织创新行为具有指导意义和约束力。

组织创新过程不仅会受到组织内部个体创新特征、群体创新特征和组织特征的影响，还要受到整个社会经济环境的制约。组织创新行为又会直接影响组织绩效，包括市场绩效、竞争能力、盈利情况、员工态度等。同时，组织创新是一个渐进过程，往往从技术与产品开发入手，逐步向生产系统、销售系统、人力资源体系、组织结构发展，进而进入战略与文化的创新，表现为一种渐进创新的过程。

管理小故事

敢于创新的力量

美国有一家生产牙膏的公司，产品优良，包装精美，深受广大消费者的喜爱，每年营业额蒸蒸日上。记录显示，公司前十年每年的营业额增长率均在10%~20%，这令董事会倍感兴奋。不过，在公司进入第十一年、第十二年及第十三年的时候，业绩却停滞了，每个月维持同样的数字。

董事会对这三年的业绩表现感到很不满，便召开全国经理级高层会议商讨对策。

会议中，有位年轻经理站起来说："我手中有张纸，纸上写有建议，若您使用我的建议，必须另付我5万美元！"

总裁听了很生气说："我每个月都支付你薪水，另有分红、奖励。现在叫你来开会讨论，你还另外要求5万美元，是否过分？"

"总裁先生，请别误会。若我的建议行不通，您可以将它丢弃，一分钱也不必付。"年轻经理解释说。

"好！"总裁接过那张纸，阅毕，马上签了一张5万美元的支票给那个年轻经理。

那张纸上只写了一句话："将现有的牙膏开口扩大1毫米。"

这个决定，使该公司第十四年的营业额增加了32%。

团队任务——分析组织创新的环境

1. 任务目标

以阿里巴巴公司作为分析对象，识别组织创新需要什么样的环境。

2. 任务要求

请调研阿里巴巴公司，了解其创新环境，完成任务表单。

3. 任务准备

线下知识：管理学参考文献或书籍，收集阿里巴巴公司的相关资料。

线上知识：在线学习资源平台。

4. 任务实施

步骤一：学习有关组织创新环境的知识。

步骤二：收集阿里巴巴公司的相关资料。

步骤三：团队讨论确定什么样的环境有利于组织创新。

步骤四：以阿里巴巴公司为创新案例，具体分析促进组织创新的环境是什么样的。

步骤五：完成任务表单并提交。

步骤六：修改任务表单。

步骤七：任务反思及改进。

5. 任务记录

请将学习要点记录在以下空格处。

组织创新内部环境：________________

____

____

组织创新外部环境：________________

____

____

6. 任务成果

以下为建议表单，团队可根据具体情况进行增减及其他修改。

组织创新的环境

内部环境	外部环境

总结：

____

7. 任务反思

团队间分享交流后，表单修改要点为：________________________________

____

本次任务反思：____

____

8. 任务评价

评委 1	授课教师（签名）：	评分 1：	被考评小组	
评委 2	企业导师（签名）：	评分 2：	最终成绩	
评委 3	学生代表（签名）：	评分 3：	组长（签名）	
考评内容	团队任务考评标准			
考评标准	内容		分值（分）	得分（分）
	阅读不少于两篇/本参考文献/书籍		10	
	收集阿里巴巴公司的相关资料		20	
	完成学习要点记录		10	
	完成团队内讨论		10	
	完成任务表单填写并按时提交		20	
	完成团队间分享交流		10	
	完成任务表单修改及任务反思		20	
合计			100	

注：以上为本次任务的评价标准（总分 100 分），供参考。要求至少三位评委（含授课教师、企业导师、学生代表）根据任务完成的质量给出分数，最后取平均分为团队的最终成绩评定。考评满分为 100 分，60~69 分为及格，70~79 分为中等，80~89 分为良好，90 分以上为优秀。

自我评价：____

____

教师评价：____

____

知识准备

三、互联网时代背景下企业管理创新实践

企业，只有企图才有事业。企而创新，图而突破。

管理是企业永恒的主题，是企业发展的基石。创新是现代企业进步的原动力，是企业增强核心竞争能力、获得跨越式发展、实现持续成长的决定性因素。管理创新研究兴起于 20 世纪 80 年代，其管理创新思想如企业再造、学习型组织、知识管理等理论同时开始获得传播并在实业界产生广泛影响。管理学家将管理创新定义为“企业引入或者创造一种新的管理流程、实践、制度或者技术，并且它们能够有利于组织在创新、生产力、竞争优势等方面提升绩效”。

互联网时代的到来给企业带来了巨大的冲击和挑战，互联网、大数据、云计算等技术的广泛运用改变了当代企业面临的管理环境，迫使企业管理者必须要把握管理创新发展的新趋势、新要求，不断进行管理创新，把创新渗透于管理的整个过程中。企业不仅要增强相关硬件设施方面的技术投入，还要进行一系列的管理创新，以增强企业的竞争力。

当代企业的管理创新实践主要表现在以下四个方面。

1. 理念创新

很多企业的管理落后，归根结底是认识上的落后，要改变落后现状就必须进行管理理念的创新，理念创新是企业管理创新的灵魂。如何做到理念创新？这就要求企业勇于打破陈规陋习，克服老旧思想，树立全新的管理思路。员工是理念创新的推动者，只有理念发生变化，行为才会发生变化，企业要为理念创新营造良好的环境和氛围，鼓励企业管理者和员工践行新的管理理念。

2. 管理技术创新

科学技术对企业的经营与发展有着关键性的作用。近年来先进的网络技术以及计算机技术在企业的管理中得到了广泛应用，对企业营销管理、企业信息传递、企业组织结构等都产生了极大的影响。伴随着网络基础资源不断完善，云计算、大数据、人工智能等技术发展以及在线办公平台的积极布局，推动了企业在线办公的常态化发展。

管理小故事

“互联网+”开启线上办公新模式

2020 年新冠肺炎疫情期间，互联网科技巨头纷纷将在线办公服务开放，在线办公需求暴增，疫情等各种因素叠加或将推动中国在线办公常态化发展。艾媒咨询发布了《2020 年中国在线办公行业“战疫”专题数据监测报告》，主要就“战疫”期间中国在线办公行业的行业动态及现状进行分析，并对趋势发展进行预测。

该报告数据显示，“战疫”期间，以腾讯、阿里、华为、齐心集团等为代表的平台免费开放资源，助力企业复工复产。截至2020年2月17日，中国有超过1 800万家企业采用线上远程办公模式，共计超过3亿人使用在线办公应用系统。疫情很大程度上催化了中国在线办公的需求，在线办公行业呈现出迅猛发展态势。2020年2月3日至2月7日，在线办公概念股单周呈现强劲走势，多家云办公企业股票涨停，如苏州科达、齐心集团等在线办公概念股均出现过涨停的情况。

该报告数据显示，2019年中国智能移动办公市场规模达到288亿元，疫情催化在线办公市场爆发，随着在线办公需求增长及用户习惯养成，智能移动办公市场将更快速发展，预计2020年将达到449亿元，增长率为55.9%，中国智能移动办公市场规模也将获得持续稳步增长。艾媒咨询分析师认为，疫情期间，中国在线办公行业加速发展，主要得益于当前网络基础资源完善，云计算、大数据、人工智能等技术发展以及在线办公平台的积极布局。与此同时，因协同办公等需求提升以及产业链分工的日益明确，疫情过后，在线办公市场仍有较大增长空间，在线办公或将向常态化发展。

3. 组织创新

现代企业组织创新就是通过调整优化管理要素如人、财、物、时间、信息等资源配置结构，开展资产重置与重组，按照新的组织结构和比例关系，形成新的管理模式，使企业获得更多的效益。企业组织创新主要表现形式包括新产权制、新管理机制、新用工制，对重要人员实行聘任制和选举制，以及企业人员的调整与分流等。企业的组织创新不但要适应企业当前的经营管理需要，更要着眼于企业的后续发展，要对企业未来的发展方向、经营目标以及活动范围进行系统筹划。例如，盒马鲜生发起的“共享员工”就是一种组织创新，也推动了物流、制造等相关企业用工方式的创新。

管理小故事

“共享员工”成疫情热词，超40家企业4 000余名员工加入盒马鲜生

2020年新春由于受新冠肺炎疫情的影响，不少线下餐饮企业生意惨淡，企业休业造成其人力成本不堪重负。而在很多人居家隔离的情况之下，像盒马鲜生、美团买菜、苏宁小店、京东到家、叮咚买菜等生鲜平台，业务需求暴涨，人手极度短缺。

为此，“共享员工”成了疫情下的一大热词，包括上述盒马鲜生、美团买菜、叮咚买菜在内的多家公司，纷纷向西贝、云海肴等线下餐饮企业发出邀请，将赋闲在家的员工“共享”出去。而在盒马之后，包括物流、制造等相关企业也都纷纷利用这一用

工模式来应对此次疫情。

所谓“共享员工”，其本质是一个员工可以为多家单位服务的用工方式，这种用工方式在国内其实也非常普遍，简单来说就是兼职。

据盒马鲜生工作人员透露，截至2020年3月初，盒马鲜生临时用工队伍已有超过40家企业的4 000余名共享员工加入，而且盒马鲜生临时用工队伍不仅限于餐饮界，同时还向更多行业开放。

如今，随着疫情逐渐好转，最早发起“共享员工”的盒马鲜生，也在全国除武汉以外的城市逐渐恢复正常运营，而那些曾参与共享用工计划的大部分餐饮业员工，也都陆续返回到原来的工作岗位中。

4. 制度创新

制度创新就是把思维创新、技术创新和组织创新活动制度化、规范化，具有引导思维创新、技术创新和组织创新的作用，是企业管理创新的保证。企业管理制度的创新包括决策制度、信息管理制度、财务制度、监督制度等方面的创新，通过建立一种更优化、更高效的管理制度，综合协调企业所有者、经营者、劳动者的权利和利益关系，使企业具有更高的管理效率。例如，随着“互联网+”金融模式的不断拓展，企业的财务管理模式必须作出改变，要规范支付宝、微信等支付渠道的第三方账户管理。

管理小案例

你 替 我 搬

英国有一家大型图书馆要搬迁，由于该图书馆藏书量巨大，搬运成本算下来非常惊人。就在这时，有一个图书管理员想出了办法，那就是马上对读者们敞开借书，并延长还书日期，只要读者增加相应押金，并把书还入新的地址。

这一措施得到了采纳，结果不但大大降低了图书搬运成本，还受到了读者的欢迎。

团队任务——互联网时代下组织管理创新

1. 任务目标

通过管理创新的学习，选择任一比较熟悉的组织，以观察者的身份，观察该组织哪些方面受到互联网的影响，并分析该组织做出了哪些方面的创新。

2. 任务要求

根据组织现状选择任一切入点（人力资源管理、财务管理、营销管理等方面）提出创新措施，形成调研报告。

3. 任务准备

准备好观察记录表和面谈提纲。

4. 任务实施

步骤一：进行访谈提纲或调查问卷设计。
步骤二：实地访谈、调研并收集相应的佐证材料及图片。
步骤三：团队讨论并整理分析调研资料，形成结论并提出建议。
步骤四：完成调研报告并按时提交。
步骤五：进行各团队间的分享交流。
步骤六：修改调研报告。
步骤七：任务反思及改进。

5. 任务记录

请将学习要点记录在以下空格处。

互联网的影响：____

____

____

管理创新手段：____

____

____

管理创新建议：____

____

____

6. 任务成果

完成调研报告，并以电子文稿的形式提交。

7. 任务反思

团队间分享交流后，表单修改要点为：____________________________

____

本次任务反思：____

____

8. 任务评价

评委 1	授课教师（签名）：	评分 1：	被考评小组	
评委 2	企业导师（签名）：	评分 2：	最终成绩	
评委 3	学生代表（签名）：	评分 3：	组长（签名）	
考评内容	团队任务考评标准			
考评标准	内容		分值（分）	得分（分）
	完成访谈提纲及调查问卷设计并作为任务附件按时提交		20	
	实地调研并按要求提供佐证材料		10	
	完成学习要点记录		10	
	完成团队内讨论		10	
	完成调研报告并按时提交		20	
	完成团队间分享交流		10	
	完成调研报告修改及任务反思		20	
合计			100	

注：以上为本次任务的评价标准（总分 100 分），供参考。要求至少三位评委（含授课教师、企业导师、学生代表）根据任务完成的质量给出分数，最后取平均分为团队的最终成绩评定。考评满分为 100 分，60~69 分为及格，70~79 分为中等，80~89 分为良好，90 分以上为优秀。

自我评价：____

____

教师评价：____

____

同步训练题

一、名词解释

1. 组织变革。
2. 管理创新。
3. 三阶段变革模型。

二、单项选择题

1. 下列选项中，（　　）既不是诱发组织变革的需要，也不是决定组织变革目标方向和内容的主要因素。

A. 领导者正常更换　　B. 战略

C. 环境　　D. 技术

2. 以下关于组织变革阻力主要来源的说法错误的是（　　）。

A. 个体和群体方面的阻力　　B. 领导的分歧

C. 组织的阻力　　D. 外部环境的阻力

3. 组织变革阻力的管理对策，不包括（　　）。

A. 增强或增加驱动力　　B. 减少或减弱阻力

C. 协调领导者意见　　D. 同时增强动力与减少阻力

4. 组织变革的过程不包括（　　）。

A. 解冻　　B. 协调　　C. 变革　　D. 冻结

5. 一个科学的组织变革过程需要经过解冻、改革、冻结这三个有机联系的过程。请问以下哪一项活动最有可能反映一个特定的解冻行为？（　　）

A. 公司董事会召开专门会议针对近期出现的竞争加剧、效益下滑的情况沟通思想，从而打破沉闷，再次激发企业活力

B. 公司总经理召开一个各层次员工参加的座谈会，对近期公司运作中出现的一些日常管理问题进行反思检讨

C. 公司专门设立了一个新的机构，集中解决近几年来公司一些悬而未决的重大问题

D. 公司总经理签发了一份有省政府领导亲笔批示的传真件给公司所有部门。该传真件是一篇报道，披露了由于本公司产品质量问题而导致的一起重大交通事故

6. 按照创新强度的不同，创新可以分为（　　）。

A. 维持性创新与突破性创新　　B. 连续性创新与非连续性创新

C. 渐进性创新与突破性创新　　D. 连续性创新与突破性创新

7. 下列关于创新说法错误的是（　　）。

A. 任何组织机构经过合理的设计并实施后，都不是一成不变的，都需要组织创新

B. 有机式结构正规化和集权化程度低，可以提高组织的灵活性、应变力和跨职能工作能力，从而使创新易于得到采纳

C. 每个组织环境因子的变动与组织管理需求发展方向等存在不同，因此组织创新的类型上也存在着差别

D. 组织创新与组织变革是同一概念

8. （　　）是企业管理创新的灵魂。

A. 理念创新　　B. 技术创新　　C. 制度创新　　D. 组织创新

三、问答题

1. 组织变革中可能遇到哪些阻力？如何克服这些阻力？

2. 简述组织创新主要涉及哪些方面。

3. 通过实例说明互联网可能会对企业的经营管理产生什么影响。

四、案例分析题

华为成功的秘密

在过去的30年时间里，大多数中国民营科技企业总是逃脱不了“各领风骚三五年”的宿命，我们也听到和看到了太多关于中国民营企业崛起、衰落、倒闭的悲伤故事。但是华为却成功了！华为从2万元起家，用25年时间，从名不见经传的民营科技企业，发展成为世界500强和全球最大的通信设备制造商，创造了中国乃至世界企业发展史上的奇迹！

一、综述

华为成功的秘密就是创新。创新无疑是提升企业竞争力的法宝，同时它也是一条充满了风险和挑战的成长之路。尤其在高新技术产业领域，创新被称为一个企业的生存之本和一个品牌的价值核心。

“不创新才是华为最大的风险”，华为总裁任正非的这句话道出了华为骨子里的创新精神。“回顾华为20多年的发展历程，我们体会到，没有创新，要在高科技行业中生存下去几乎是不可能的。在这个领域，没有喘气的机会，哪怕只落后一点点，就意味着逐渐死亡。”正是这种强烈的紧迫感驱使着华为持续创新。华为把每年销售收入的10%投入研发，数十年如一日，近10年投入的研发费有1 000多亿元人民币，在华为15万名员工中有近一半的人在搞技术研发。为了保持技术领先优势，华为在招揽人才时提供的薪酬常常比很多外资企业还高。

华为的创新体现在企业的方方面面，体现在各个细节之中，但是华为不是为创新而创新，它打造的是一种相机而动、有的放矢的创新力，是以客户需求、市场趋势为导向，紧紧沿着技术市场化路线行进的创新，这是一种可以不断自我完善与超越的创新力，这样的创新能力才是企业可持续发展的基石。

二、自主创新发展之路

1. 小灵通与3G

在国际化战略中，与大多数科技公司只盯着眼前利益的“技术机会主义”态度不同，华为对技术投资是具有长远战略眼光的。在“小灵通”火热时期，UT斯达康、中兴等企业因为抓住了机会，赚了不少真金白银。相比之下，华为在“小灵通”上反应迟钝，却把巨资投入当时还看不到“钱景”的3G技术研发，华为也因此被外界扣上“战略失误”的帽子。在任正非看来，“小灵通”是个落后技术，没有前景，而3G才代表未来主流技术发展趋势。事实证明，任正非的判断是正确的。华为从1996年开始在海外布局，在国内市场遭遇3G建设瓶颈的时候，华为在海外市场开始有所斩获，一路走来，华为如今已成为全球主流电信运营商的最佳合作伙伴。

技术创新对于一个企业的国际化非常重要，但不等于说只有在完成技术创新之后才进行国际化。完全掌握了核心技术再进行国际化，这是一种过于理想化的模式。国际化的过程本身就是提高企业技术能力的过程，在“战争中学习战争”也是一种相机而动的思维。因此在1996年，华为就尝试走出国门，让国际竞争来促进和提升自身的技术创新。

2. 技术引进、吸收与再创新

实际上，华为的技术创新更多地表现在技术引进、吸收与再创新层面上，主要是在国际企业的技术成果上进行一些功能、特性的改进和集成能力的提升。对于所缺少的核心技术，华为通过购买或支付专利许可费的方式，实现产品的国际市场准入，再根据市场需求进行创新和融合，从而实现知识产权价值最大化。

目前，中国制造企业正面临着人力成本居高不下、产能过剩、高消耗等“内忧”，以及人民币升值、海外市场低迷、贸易摩擦案件增加等“外患”。对于普遍缺少品牌和技术的中国制造企业，转型和升级已经迫在眉睫。但是如何转型？怎么升级？显然不是喊几句口号和出台几项政策就能实现的。这时，华为的榜样价值再次凸显。

任正非说：“科技创新不能急功近利，需要长达二三十年的积累。”中国企业要走出国门，融入世界，做大做强，就必须摈弃赚“快钱”的心态，舍得在技术升级和管理创新上花钱，只有这样转型和升级才可能实现。华为不赚“快钱”赚“长钱”的思想值得很多企业学习借鉴。

3. 先进的企业内部管理体系

但必须指出的是，产业升级仅有技术升级也是不够的，还需要管理的同步升级。与其他国内企业一样，华为在创业之初也有过一段粗放式管理的时期，但是华为及时认识到管理创新的重要性，并不惜血本，进行脱胎换骨式的变革和提升。

在国际化进程中，华为认识到先进企业内部管理体系的基础作用。华为先后与IBM、HAY、MERCER、PWC等国际著名公司合作，不惜花费数十亿资金，引入先进的管理理念和方法，对集成产品开发、业务流程、组织、品质控制、人力资源、财务管理、客户满意度等方面进行了系统变革，把公司业务管理体系聚焦到创造客户价值这个核心上。

经过多年的不断改进，华为的管理实现了与国际接轨，不仅经受了公司业务持续高速增长的考验，而且赢得了海内外客户及全球合作伙伴的普遍认可，有效支撑了公司的全球化战略。

三、回顾总结

回顾华为的发展历程，华为几乎捕捉到了通信产业20多年来每一次发展大势和机遇。现在，云计算被视为科技界的一场革命，华为依托强大的技术研发能力，借助云计算进行产业转型升级，实现"云管端"一体化，从单纯的CT产业向整个ICT产业扩展，将终端和软件服务领域作为未来成长的新空间。

华为在全球通信业低迷期成功转型，为企业发展注入了新的活力。在2012年上半年，华为销售收入超过爱立信，逆势登顶，成为全球最大的电信设备制造商。华为下一个10年的宏伟目标是：到2020年销售收入达到1 000亿美元，用8年时间再造两个华为。

华为创立于1987年，到2012年已经走过了25年的发展历程。25岁，无论对于一个人，还是对于一个企业，都是彩虹般的年华，拥有着无限的激情和无尽的梦想；25年艰苦卓绝的奋斗，换来的是一家世界级的优秀企业；华为25年的激情飞跃成就了属于一个民族和一个国家的光荣与梦想。我们应该为华为这样拥有强大创新力的企业欢呼、鼓掌，希望越来越多的中国企业更具创新力！

1. 分析华为成功的秘密是什么？

2. 通过该案例，你可以获得什么启示？

任务拓展

创 新 为 你
——制定企业创新方案

任务内容：

1. 对某个企业进行实地走访，了解企业的组织目标、组织结构、经营范围、规章制度、企业文化等情况。

2. 识别组织变革和创新需求。

3. 针对具体情况制定组织创新方案。

方法与要求：

1. 分组进行调研，调研前制定好调研方案。

2. 选择一家正规企业进行调研，通过访谈法的形式，对企业的组织目标、组织结构、经营范围、规章制度、企业文化等情况进行访谈。

3. 对组织进行分析，识别组织变革和创新需求。

成果展示：

每组同学提交一份创新方案。

同步训练题答案

项目一

一、填空题

1. 保健因素

2. 社会人

3. 马斯洛理论

4. 技术技能、人际技能、概念技能

二、判断题

1. ×

2. √

3. √

4. ×

5. ×

三、选择题

1. B

2. C

3. A

4. C

5. C

四、论述题

见书中相关论述。

五、资料分析题

建议参考管理者角色等理论知识进行分析。

项目二

一、填空题

1. 时间、活动或事件

2. 理想

3. 计划

4. 2–1–3–4–5

5. 迈克尔 · 波特

二、判断题

1. ×

2. √

3. √

4. ×

5. √

三、单项选择题

1. A

2. B

3. C

4. C

5. B

四、材料题

略。

项目三

一、填空题

1. 环境的影响、战略的影响、技术的影响、组织规模与生命周期的影响

2. 精准分析、全员参与、简洁明快、反馈从速

3. 课题式培训、开放式培训、轮岗式培训、研讨式培训、独立式培训、度假式培训、派出式培训

4. SMART 原则

5. 创业阶段、聚合阶段、正规化阶段、精耕细作阶段

二、判断题

1. √

2. ×

3. √

4. √

5. √

三、选择题

1. B

2. B

3. B

4. B

5. C

四、论述题

要点：根据公司的业务情况来进行选择。业务联系强，采取直线职能型；有独立的多元化业务，采取事业部制。基本原则就是专业化分工，增加组织的层级。

五、资料分析题

1. B

2. B

3. D

4. C

5. A

6. B

7. A

8. C

9. B

10. 分析要点

（1）集权是指决策权主要集中在组织的较高管理层次上，分权是指决策权主要分散在组织的较低管理层次上。

（2）集权和分权对组织来讲都是不可缺少的，但集权与分权是个相对的概念。也就是说，完全集权或完全分权的组织均难以有效地运行。

（3）作为公司总裁的助理，可根据以下因素来决定一个组织是更为集权还是更为分权，并提出相应建议。

当环境稳定，低层次管理者不具有高层管理者那样作出决策的能力或经验，低层次管理者不愿意介入决策，决策的影响大，组织正面临危机或失败的危险，企业规模大，企业战略的有效执行依赖于高层管理者对所发生的事拥有发言权时，可建议采取集权方式.

当环境复杂且不确定，低层管理者拥有作出决策的能力和经验，低层管理者要参加决策，决策的影响相对小，公司文化容许低层管理者对所发生的事有发言权，公司各部在地域上相当分散，企业战略的有效执行依赖于低层管理者的参与以及制定决策的灵活性时，可建议采取分权方式。

项目四

一、填空题

1. 领导特质理论
2. 反馈
3. 执行
4. 个人影响力
5. 气质
6. 领导环境
7. 权力
8. 需要
9. 任务不清
10. 信息发送者

二、选择题

1. C
2. C
3. B
4. A
5. D
6. A
7. C
8. C
9. C
10. B

三、判断题

1. √

2. ×

3. ×

4. √

5. √

6. ×

7. √

8. √

9. √

10. √

11. √

12. ×

13. ×

14. ×

15. √

四、判断分析题

这种说法是错误的。领导素质具有先天性与后天性的特征。先天性是指领导素质的基础是遗传，从生理到气质、秉性、禀赋、智力等心理因素都有遗传，这些与生俱来的素质条件构成领导素质的先天性特征。后天性是指领导素质主要是后天学习实践锻炼的结果，即有需要、有目的地培养而来，各方面素质在社会实践中不断得到强化和发展，主要是思想道德素质、社会能力素质等。

五、材料分析题

1. 这是有关领导用人的案例。一方面说明领导的成功离不开人才，另一个方面也说明领导者能否正确用人关系到事业的成败。

正反两方面的得失：杨时斋与林肯的成功在于恰当地发挥了人才的长处，而诸葛亮则属于用人不当，错将帅才用作了将才。

对领导工作的启示：①为政之道，贵在用人，领导者必须重视人才的价值和作用；②用人必须坚持扬长避短，领导者必须克服求全责备的心理。

2. 造成青年副县长工作不利的一个最重要的原因是他作为领导者没有建立一个高效的组织机构和一套规章制度，如会议制度、上访制度等。同时他也没有调动和发挥好职能部门的作用，以致面临越级汇报，自己事必躬亲而陷于琐事的缠绕之中的情形，不能很好地履行领导者的职能。因此，现代领导必须重视和搞好领导体制的组织建设和规范制度建设，并能使制度正常运转，充分发挥职能部门的作用，尽量减少自己的事务性工作，认真履行领导职责。

六、职场挑战题

1. 这道题是一道难度较高的职场人际沟通题目，涉及与直接领导和大领导的人际矛盾和工作中的具体问题。在处理此题时一定要注意坚持工作为重，通过沟通解决冲突，切忌参与领导之间的矛盾冲突。整体思路为：完善自身报告—分别和领导沟通汇报—寻求一致完成报告。第一步，再次认真校对自己的报告，并且确定与两位领导沟通的原则。一方面，通过查看调查数据和过往资料的方式，判断报告的数据是否翔实，是否存在疏漏和瑕疵，有无易引起领导歧义的内容等，对报告进行改进、完善。另一方面，注意与领导的沟通内容和方式。从专业的角度，以工作为重，分别向两位领导汇报，不对两位领导之间的关系做任何的评价。第二步，认真听取两位领导观点的不同之处，做好详尽的记录。第三步，寻找共性完成报告。根据两位领导的意见，认真寻找共同点，尽量通过基于工作事实的沟通，使两位领导的意见能达成一致。即使未能达成一致，也尽量使两位领导能对工作进展及结果满意。

2. 第一点，将意见变通成问题提出来。当你认为领导的决策不正确时，一般不要直接反对，更不要在大庭广众之下批评领导者的决策，而是将意见变通成问题，当面向领导提出来。第二点，提出几个方案供领导选择。通过提供优劣不同的几个方案，间接地提出你的意见和主张，以使领导权衡利弊，从而肯定你的某一方案而改变原先的决策。第三点，讲究进谏的语言艺术。进谏时，必须要考虑领导者的心境、情绪、神态等因素，要设身处地为领导着想，要从要害的问题入手向领导者讲述。进谏时要有信心和耐心。

项目五

一、填空题

1. 确立控制标准、衡量实际绩效、诊断纠正偏差
2. 财务、客户、内部运营、学习与成长
3. 目标管理法
4. 关键事件法
5. 上级、同级、下级和（或）客户（包括内部客户、外部客户）、被考评者本人

二、判断题

1. √

2. √

3. ×

4. √

5. ×

三、选择题

1. A

2. A

3. ABC

4. ACE

5. ACD

四、论述题

1. 控制是指监督各项活动，以保证它们按计划进行并纠正各种重要偏差的过程。在控制过程中应该遵循以下三项原则。

（1）原则性与灵活性相结合的原则

受控者在控制过程中必须严格执行施控者的命令和决策，施控者对要完成的计划和要达到的标准不能有丝毫动摇。控制是一项十分严肃的管理工作，需坚持原则，必须严格按计划、按标准办事。对计划中存在的问题，必须及时反馈；对计划执行中存在的重大消极因素，必须坚决排除。但是，控制又是针对未来进行的管理，为了保护员工的积极性，对一些非原则性的缺点和错误，以及一些不影响大局的失误，应从正面给予帮助，积极引导，争取受控者自觉、主动地去纠正偏差。

（2）重点控制与全面控制相结合的原则

重点控制是指在计划的实施过程中，应对关系全局的重点部门和重点工作环节进行特别控制。全面控制是指对计划实施过程中的诸多方面进行一般控制。控制必须做到重点控制与一般控制相结合，以重点控制来带动一般控制，以一般控制来保证重点控制。

（3）事前控制与事后控制相结合的原则

事前控制是指在计划执行前的控制，就是在计划付诸实施前，应尽可能地将计划本身存在的不足和执行系统中存在的隐患消除掉。事前控制不同于计划，它需要采取实际行动。事前控制通俗地讲就是将问题解决在萌芽状态，尽可能地减轻不利因素给计划带来的损失。

事后控制是指在计划执行结果反馈的基础上，从中发现偏差和问题，然后采取纠偏措施纠正偏差的控制方式。事后控制的内容明确，问题清楚，也比较容易采取办法解决。但事后控制是在问题已经发生之后才采取措施，属于亡羊补牢。

2. 德鲁克的观点正是根据控制原则中重点控制和全面控制相结合的原则提出来的。重点控制在控制过程中是十分重要的。因为一项计划无论多么简单，也会涉及多个部门的工作协调，也要经过多个环节，不同部门、不同环节在计划实施中的地位和作用是不同的，有的事关全局，有的仅起配套的辅助作用。控制首先必须抓住这些事关全局的部门和环节，这样控制才最有效率。如果控制中缺乏重点，平均使用力量，控制就会打乱仗，其效果必然低下，难以保证计划顺利完成。同时，在控制系统中，全面控制也是十分必要的。如果只抓重点控制，放弃全面控制，一些部门就会放任自流。一些环节，虽然它是非关键性的，但在失去控制之后也会影响计划的完成。所以说，全面控制与重点控制是相辅相成的，缺一不可。

3. 控制的目的是保证企业活动符合计划的要求，以便有效地实现预定目标。但是，并不是所有的控制活动都能达到预期的目的。因此，为实现控制的目的，控制应具备以下四项条件。

（1）适时控制

企业经营活动中产生的偏差只有及时采取措施加以纠正，才能避免偏差的扩大，或防止偏差对企业不利影响的扩散。及时纠偏，要求管理人员及时掌握能够反映偏差产生原因及其严重程度的信息。如果等到偏差已经非常明显，且对企业造成了不可挽回的影响后，反映偏差的信息才姗姗来迟，那么，即使这种信息是非常系统、绝对客观、完全正确的，也不可能为纠正偏差带来任何指导作用。

（2）适度控制

适度控制是指控制的范围、程度和频度要恰到好处。这种恰到好处的控制要注意以下几个方面的问题。

1）防止控制过多或控制不足。有效的控制应该既能满足对组织活动监督和检查的需要，又能防止与组织成员发生强烈的冲突。适度的控制应能同时体现这两个方面的要求：一方面，过多的控制会对组织中的人造成伤害。对组织成员行为的过多限制，会扼杀他们的积极性、主动性和创造性，会抑制他们的创新精神，从而影响个人能力的发展和工作热情的提高，最终会影响企业的效率。另一方面，过少的控制将不能使组织活动有序进行，不能保证各部门活动进度和比例的协调，将会造成资源的浪费。此外，过少的控制还可能使组织中的个人无视组织的要求，我行我素，不提供组织所需的贡献，甚至利用在组织中的便利地位谋求个人利益，最终导致组织的涣散和崩溃。

控制程度适当与否受到许多因素的影响，判断控制程度或频度是否适当的标准通常要随活动性质、管理层次以及下属受培训程度等因素而变化。此外，企业环境的特点也会影响人们对控制严厉程度的判断。

2）处理好全面控制与重点控制的关系。任何组织都不可能对每一部门、每一个环节的每一个人在每一时刻的工作情况进行全面的控制。由于存在对控制者再控制的问题，这种全面控制甚至会造成组织中控制人员远远多于现场作业者的现象。适度控制要求企业在建立控制系统时，利用 ABC 分析法和例外原则等工具找出影响企业经营成果的关键环节和关键因素，并据此在相关环节上设立预警系统或控制点，进行重点控制。

3）使花费一定费用的控制得到足够的控制收益。一项控制，只有当它带来的收益超出其所需成本时，才是值得的。控制费用与收益的比较分析，实际上是从经济角度去分析上面考察过的控制程度与控制范围的问题。

（3）客观控制

控制工作应该针对企业的实际状况，采取必要的纠偏措施，促进企业活动沿着原先的轨道继续前进。因此，有效的控制必须是客观的、符合企业实际的。控制过程中采用的检查、测量的技术和手段必须能正确地反映企业经营的变化程度和分布状况，准确地判断和评价企业各部门、各环节的工作与计划要求的相符合或相背离程度，还必须定期检查过去规定的标准和计算规范，使之符合现时的要求。

（4）弹性控制

企业在生产经营过程中可能经常遇到某种突发的、无力抗拒的变化，这些变化使企业计划与现实条件严重背离。有效的控制系统应在这样的情况下仍能发挥作用，维持企业的运营，也就是说，控制应该具有灵活性或弹性。弹性控制与控制的标准、控制系统的设计有关。一般来说，弹性控制要求企业制定弹性的计划和弹性的衡量标准，且站在战略的高度，抓住影响整个企业行为或绩效的关键因素。

五、资料分析题

1. D
2. A
3. B
4. C
5. D
6. D
7. D

项目六

一、名词解释

1. 组织变革是指依据外部环境变化和内部状况的变化，及时调整并完善自身的结构和功能，以提高生存和发展的能力。

2. 管理创新是企业引入或者创造一种新的管理流程、实践、制度或者技术，并且它们能够有利于组织在创新、生产力、竞争优势等方面提升绩效。

3. 三阶段变革模型是由美国社会心理学家库尔特·勒温提出，组织变革包括了“解冻—变革—再冻结”三个阶段。解冻：变革前的心理准备和思想发动阶段，该步骤主要是改变员工原有的态度、原有的习惯和传统，鼓励人们接受新的观念，刺激人们产生变革的动机。变革：向组织成员指明变革的方向和方法，使他们形成新的态度和接受新的行为方式，实现行为转化，以及通过认同和内在化加速变革的进程。再冻结：这是变革后的行为强化阶段，通过连续强化和断续强化，使已经实现的变革（如态度和行为方式等）趋于稳定化、持久化，形成模式行为。

二、单项选择题

1. A
2. B
3. C
4. B
5. B
6. C
7. D
8. A

三、问答题

1. 大量的观察和研究表明对组织变革的抵制一般来自两大方面，即个人和组织。个人原因包括心理因素、经济因素、领导因素。组织原因包括组织结构因素、组织规范因素、经济利益因素、人际关系因素。针对组织中抵制变革的阻力，科特和施莱辛格提出了六变革法（six change approaches）模型，旨在预防、减少这些变革因素。他指出，应对变革的阻力主要有以下几种途径：①教育和沟通；②参与和融合；③引导和支持；④谈判和协商；⑤控制与合作；⑥正面施压。

2. 一般组织创新主要涉及以下方面：①功能体系的变动。根据新的任务目标来划分组织的功能，对所有管理活动进行重新设计。②管理结构的变动。对职位和部门设置进行调整，改进工作流程与内部信息联系。③管理体制的变动。包括管理人员的重新安排、职责权限的重新划分等。④管理行为的变动。包括各种规章制度的变革等。

3. 要点：言之有理即可，可以从用工方式、营销方式、管理手段等方面去分析。

四、案例分析题

1. 华为成功的秘密主要在于勇于创新。具体表现在：

（1）具有长远战略眼光。在国际化战略中，华为与大多数科技公司只盯着眼前利益的“技术机会主义”态度不同，华为对技术投资是具有长远战略眼光的。

（2）擅于技术引进、吸收与再创新。对于所缺少的核心技术，华为通过购买或支付专利许可费的方式，实现产品的国际市场准入，再根据市场需求进行创新和融合，从而实现知识产权价值最大化。

（3）管理的创新与升级。华为先后与 IBM、HAY、MERCER、PWC 等国际著名公司合作，不惜花费数十亿资金，引入先进的管理理念和方法，对集成产品开发、业务流程、组织、品质控制、人力资源、财务管理、客户满意度等方面进行了系统变革。

2. 要点：言之有理即可。例如，企业要随着组织环境的变化而变化，不能保持一成不变。创新是企业保持活力的动力。企业的创新体现在企业的方方面面，无论是技术、资源还是管理手段等方面都要有创新。